M-GTAモノグラフ
シリーズ
2

ケアラー支援の実践モデル

木下康仁=編

ハーベスト社

M-GTA モノグラフシリーズ　No.2

『ケアラー支援の実践モデル』

目次

M-GTA モノグラフ・シリーズの刊行によせて　　　　　　6

はじめに　　　　　　　　　　　　　　木下　康仁　　9

第1部　ケアラー体験の理論モデル

第1章　高齢世帯で夫が介護者の場合　　木下　康仁　16
―大都市郊外地域―

- 1　はじめに ……………………………………………… 16
- 2　介護日課の構造化 …………………………………… 20
- 3　改めて夫婦であること……………………………… 54
- 4　砂時計の時間感覚 …………………………………… 67
- 5　分析結果の実践的活用に向けて …………………… 72

第2章　中山間地における高齢夫婦間介護　佐川　佳南枝　82

- 1　はじめに ……………………………………………… 82
- 2　M-GTA による分析結果 …………………………… 83
- 3　中山間地高齢者夫婦の生き方―夫婦一体化した日常 ……… 87
- 4　土地一体的ハビトゥス……………………………… 94
- 5　地域の老化の進行―地域生活困難化の加速 ……… 103
- 6　ケアの困難性に対する地域的相互扶助…………… 107
- 7　〈地域のまなざし〉の圧力 ………………………… 116
- 8　結果の活用へ向けて ………………………………… 118

第3章 若年認知症夫婦の場合　　　　　標　美奈子　123
　——若年認知症の夫を介護する妻の介護体験プロセス——

- Ⅰ　はじめに ………………………………………………………… 123
- Ⅱ　若年認知症の介護プロセス …………………………………… 130
- Ⅲ　分析結果の実践的活用に向けて ……………………………… 164

第4章　重症心身障碍児の母親の葛藤、支援のあり方
　　　　　　　　　　　　　　　　　石井由香理・中川薫　168

- 1　重症心身障碍児の母親の葛藤状態 …………………………… 168
- 2　重症心身障碍児をとりまく状況について …………………… 169
- 3　障碍児の母親は子のケアにどのように関わってきたか …… 169
- 4　調査について …………………………………………………… 171
- 5　母親たちの葛藤 ………………………………………………… 172
  ——インタビューからみえてきた母親たちのケア意識——
- 6　重症児の母親への社会的支援 ………………………………… 181

第5章　母親が子育てに行き詰まり脱出するプロセス
　——モデルの構築とその実践的活用——　　山野　則子　183

- Ⅰ　問題の所在と目的 ……………………………………………… 183
- Ⅱ　実践モデル作り ………………………………………………… 185
- Ⅲ　実践モデルの活用 ……………………………………………… 199

第6章　イヌ・ネコ飼い主の飼育ケア・プロセス
　　　　　　　　　　　　　　　　　　　　　小倉　啓子　210

- Ⅰ　本章の概要 ……………………………………………………… 210
- Ⅱ　結果の概要　イヌ・ネコの健康状態に合わせて共に生きる。211
- Ⅲ　飼育ケア・プロセス …………………………………………… 213
- Ⅱ　体調衰退期の飼育ケア—'体調にあわせた暮らし ………… 221
- Ⅲ　終末期の飼育ケア——'救命と苦痛の軽減 ………………… 224
- Ⅳ　研究結果の援助実践への応用 ………………………………… 231

第2部　ケアラー支援の先進事例

第7章　ケアラー支援とエンパワーメント　　木下　康仁　236
　1　ケアラーを問う視点………………………………………… 236
　2　ケアラーのエンパワーメント
　　　：Caring with Confidence (CwC) を事例として………… 238
　3　ヤング・ケアラーの「発見」……………………………… 249
　4　まとめ …………………………………………………………… 252

第8章　オーストラリアのケアラー支援政策の現状
　　　　　　　　　　　　　　　　　　　　　　　木下　康仁　254
　1　はじめに ……………………………………………………… 254
　2　ケアラー支援の政策化の流れ ……………………………… 255
　3　2011年全国ケアラー戦略 (National Carer Strategy 2011、NCS)
　　　の意義 ……………………………………………………… 258
　4　ケアラー貢献認識法と全国ケアラー戦略の関係 ………… 260
　5　ケアラーの現状 ……………………………………………… 266
　6　ケアラーへの金銭補助制度 ………………………………… 268
　7　地域のケアラー支援の現状と課題………………………… 269
　　　――メトロポリタン・メルボルン――
　8　ケアラー資源センター (Carers Resource Centre) ………… 276
　9　まとめ ………………………………………………………… 277

終章　ケアラー学に向けて　　　　　　　　　　　木下　康仁　280
　1　ケアラー学への視点 ………………………………………… 280
　2　本書での検討から …………………………………………… 283
　3　ケアラーの貢献認識 (recognition) をめぐる問題 ………… 286
　4　ケアラーの現象特性と支援モデルの根幹………………… 289

M-GTA モノグラフ・シリーズの刊行によせて

　質的研究が既存の専門領域を横断する研究アプローチとして独自に領域形成したのは1990年代始め頃とされているが、以後ヒューマンサービス領域を中心に注目すべき関心の拡がりを見せ現在では定着したものとなっている。質的研究にはさまざまな個別の研究方法がありそれらを総称して質的研究法と呼ばれているが、その共通特性は、人間の複雑で多様な経験をより自然な形で表現されたものとしての質的データを用いている点にあるといえよう。

　M-GTA（修正版グラウンデッド・セオリー・アプローチ）はそのひとつであるが、1960年代に社会学者バーニー・グレーザーとアンセルム・ストラウスによって提唱されたオリジナル版GTAを抜本的に再編成し、深い解釈とシステマティックな分析による理論（説明モデル）の生成とその実践的活用を重視する質的研究法である。M-GTA研究会がわずか数名の勉強会としてスタートしたのは2000年2月であったが、約15年間の活動を経て現在では会員500名の規模に成長している。専門領域も看護・保健、社会福祉・ソーシャルワーク、介護、リハビリテーション、臨床心理・カウンセリング、学校教育・日本語教育、経営・キャリア、そして社会学など多岐にわたり、定例研究会を中心に、修論報告会、公開研究会、合同研究会、合宿などの多様なプログラムを展開している。

M-GTA は、研究会会員はもとより、それ以外の多くの研究者にも活用され、多数の研究成果が学会報告や研究論文として発表されている。会員に限っても修士論文はむろんのこと博士論文も成果が蓄積されてきており会員による著作の刊行も続いている。その一方で全体としてみれば、M-GTA の研究方法、分析方法としての理解が徹底されていない場合もみられ、また、最も重要である研究結果の実践への応用も未だ十分には拓かれていないという課題を抱えている。こうした状況に鑑み、M-GTA の分析例であると同時にその成果の実践的活用までを視野に入れたまとまった研究例の提示が必要になっている。本シリーズは M-GTA 研究会の会員による研究成果を、M-GTA に関心のある人、そして、具体的な研究成果の現場での活用に関心をもつ人の両方を読者として想定し、コンパクトなモノグラフとして刊行するものである。どちらの関心から入っても両方の理解が深まることを意図した編集としている。

2015年2月
小倉啓子、水戸美津子、木下康仁
M-GTA 研究会を代表して

http://m-gta.jp/index.html

はじめに

木下　康仁

　ケアラー (carer) とは文字通りケア (care) をする人 (-er) のことである。一般的には「介護者」となるが、「養育者」の場合もあるし「介護・養育者」とみる方が適切な場合もある。身近な他者の日常生活、日々を生きるという営みを支えたり、他者によって支えられることは人間が社会を形成する根幹であり、その意味でケアラーは常に存在している。しかし、多くの場合その位置づけと役割は家族の定義要件と重なるため当然視され、注目されるとしても負担の大きさとその軽減など二次的な扱いとなりやすい現状にある。つまり、家族を構成する人間としてケアラーが存在するのではなく、例えば嫁、妻、母の役割として介護や養育が当然とされ、その結果、その役割は家族内的問題とされ外部からの支援につながりにくく孤立した状況となりやすかった。あるいは、伝統的家族役割が社会規範としては薄らいでも現実的必要性からケアラーとなる家族員がいてもやむを得ないと受け止めやすい。その結果、ケアラーの実態はあいまいなままにおかれ、以前よりもむしろみえにくくなっている。オブラートに包まれた家族像は社会一般の意識には違和感をもたせないが、それだけでなく本書で明らかにしているように実は介護や養育でケアラーの支援に関わっている専門職の意識が専門性ゆえにケアラーを理解できていないという逆説も

みられる。

　では、ケアラーという新しい言葉がなぜ今必要なのだろうか。

　日本において介護の問題が家族の責任から社会的課題へと大きく転換し始めるのはおおむね1980年代後半以降であり2000年から開始された介護保険制度によって介護の社会化が制度化されることとなる。この背景には人口の高齢化や家族の形態や機能の縮小化、ジェンダーの視点やライフスタイルの個人化などさまざまな変化があるのだが、すでに十分論じられているのでここでは指摘するだけで十分である。言うまでもなく、介護保険は二号被保険者（40歳以上65歳未満で加齢による特定疾患にかかっている者）も含まれるが主体は65歳以上（一号被保険者）を対象とする制度で、介護や養育を必要とする他の人々は別制度の元におかれている。現状においてケアラーは制度的に分断され、統一的視点から社会的関心事となることも、制度横断的に支援の施策化が図られることも依然として困難な状況にある。

　ここで確認しておきたいのは、介護の社会化によって家族が介護役割から解放されたわけではなく、したがって高齢者介護を突破口にケアラーの位置づけと支援が既存の制度を横断して成り立ってはいないということである。社会保険制度として包括的である介護保険であっても対象となるのは要介護認定を受けた個人であり、家族による役割は現実的に残り続けただけでなく、高齢化の進行は給付対象者の増加と保険制度としての財政基盤の脆弱化をもたらしてきているから、家族の介護役割の現実的必要性と重要性は実は高まってきているという点である。介護保険の意義を前提としても、家族介護の状況は深刻度

を増しているが介護保険自体がその実態を逆にみえにくくしている。家族介護者といっても現状では「誰が、誰を、どこまで、どのように」をめぐって多様化、流動化しているので、家族として括ること自体が説明力をもたなくなっているし、単身者、独居者も増加している。介護保険サービスの利用が主軸となって個別の介護状況を構成することが一般的になってくると、家族介護者はサービスが届かない部分の担い手として多様な形で組み込まれる構図となり、出口のない消耗戦で疲弊していく。社会規範では家族であるからとされ、制度的には要介護・要養育者の存在を前提とする従属的規定の対象のままであるこうした状況の偏りに対してバランスをとるためには、ケアラーという独立した位置づけを一方の極に設定する必要がある。

現在求められているのは、ケアラーの体験を俯瞰できる立場の設定ではないだろうか。つまり、家族内役割を前提とし特定の境遇にある人の特定の役割と捉えるのではなく、誰もが一生のうちで何らかの形で経験するものと一般化し、それをライフスタイルの一部と位置づけることができる。そうすると、ケアラーはかけがえのない役割を果たしているのだが、それだけのために生きているのではなく、その人自身の生活と人生が保障されるべき存在であるという考えが導かれる。

しがたって、この転換にはケアラーの概念化が不可欠となり、単に介護者、養育者と同義とするのではなく、新しい意味を託さなくてはならない。ケアラーとは専門的、職業的ケア従事者ではなく、対価として金銭的報酬を受けず、インフォーマルな立場で身近な他者の日常生活をさまざまな形でサポートしている人々と定義される。ただ、インフォーマルといっても現在では孤立した環境でケア役割を担っている場合は少なく、公

的なサービスを受け、専門職とも日常的に相互作用の関係にある場合が一般的である。また、家族関係にある場合だけでなく、近隣住民や友人などの場合も含まれ、ケアの内容は介護、養育、精神的サポートなど多岐にわたり、その程度も重度の身体介護から日常の見守りなどまでいろいろである。対象となるのは日常生活を独力で送ることが困難な要介護高齢者、慢性疾患をもつ人、心身に障害をもつ子どもや成人などであり、一方ケアラーの側もまた高齢者から子どもまでが含まれる。つまり、地域社会での生活を共通項に一定の関係性により年齢や人生段階が多様な人々がサポートを受ける立場にもなり、ケアラーにもなる。その期間や担う役割も一定ではない。ケアラー役割は人々の人生、日常生活の自然な延長線上に生じてくるのであり、したがって、老老介護といわれる場合のように高齢のケアラーもいれば、本書の第二部で述べるように家庭事情により成長過程の子どもがケアラーの場合も存在する。ヤング・ケアラーと呼ばれているが、ケアラー支援に先駆的に取り組んでいる国々では近年支援の対象として大きな関心が寄せられている。日本では老老介護への関心が高いのと対照的であり、ケアラーの捉え方の違いという点ではヤング・ケアラーへの関心は象徴的でもある。

　少し補足すると、一般化した視点によりケアを受けていた、あるいは受ける側と思われていた人たちが同時にケアラーでもあることになる。例えば成長発達過程にある子どもはケアの対象であるが、親の問題などにより家庭で幼い兄弟を見たり家事を行う場合のようにケアラーでもある。こうしたタイプは生活状況により高齢者、慢性疾患患者などにもみられるであろう。特別な例のように思われるかもしれないが、一般化し一つの具

体例として理解することでケアラー全般の理解と支援の必要性が射程に入ってくるのである。

そこで本書は、いまだ十分に理解されていないケアラーの多様性とその体験を再構成し理論モデル化を図るとともに、その結果をケアラー支援のために実践活用する課題に取り組んだ成果をまとめたものである。この目的に適した研究方法として、質的研究法M-GTA（修正版グラウンデッド・セオリー・アプローチ）を統一的に採用した（木下、1999、2003、2005、2007、2009）[1]。また、ケアラー支援の先進事例としてオーストラリアとイギリスを取り上げている。

本書は二部構成とし、第一部では高齢者夫婦間でのケアラー体験を大都市郊外地域の場合と西日本の中山間地の場合について、次いで若年性認知症の夫を介護する場合、そして、重度障碍児の場合、子育て支援と虐待防止の場合、コンパニオン・アニマルの場合についてそれぞれ理論モデルにまとめている。単に分析結果を提示するだけでなくケアラーである当事者の経験世界を理解し、それに基づいてどのように支援に活用できるかを検討、提案している。

第二部はケアラー支援の先進事例として政策面での展開が非常に進んでいるオーストラリアについて論じている。また、ケアラーへの支援を当事者の力量形成、すなわちエンパワーメントを目的として英国で開発されたプログラムを具体的に紹介、検討している。

ケアラー支援の必要性が理解されさまざまなレベルで拡充していくためには、なによりも当事者を日常生活レベルで理解することが不可欠であり、支援の施策化が充実していくためにはライフスタイルとしてのケアラー体験という一般化した認識が

社会的に共有されていく必要がある。本書の目的はこの点にある。

　本書は当初の予定よりも大幅に遅れての刊行となったが、本研究の遂行にあたり国内外でさまざまな形でご協力いただいた方々にこの場を借りて深謝するとともに、拙い内容ではあるが本書がケアラー支援の充実に向けた議論を活性化することを希望するものである。

　研究プロジェクトを代表して

木下康仁

　本書は科学研究費補助金（基盤研究 B、課題番号 21330124、2009〜2012年度）「ライフスタイルとしてのケアラー（介護・養育）体験とサポートモデルの提案」（研究代表者・木下康仁）の成果をまとめたものである。

注
1) 第三章のみ記述分析でのまとめとなっている。

第1部　ケアラー体験の理論モデル

第1章
高齢世帯で夫が介護者の場合
—— 大都市郊外地域 ——

木下　康仁

1　はじめに

　(あなたは)ご自分の体験がないでしょ。こういうことってのは、たとえば介護のこととかね、そういうのは経験している人としていない人ではずいぶん受け止め方が違う。で、どうしても落差がでてきますよね。そういう意味で本当の姿をつかむっていうのは非常に難しいかなっていう気がしますね。僕自身も、以前と今とではずいぶん考え方も変わってきたし、どう受け止めたらいいのかってことも違うな。(D氏、67歳、妻、63歳、要介護度5)

　この章[1]では、大都市郊外地域における高齢夫婦世帯での夫による妻の介護プロセスを分析テーマとし、介護者である夫を分析焦点者としたM-GTAによる分析の結果すなわちグラウンデッド・セオリーを、実践への活用の観点を重視して報告する。D氏の語りにあるように"本当の姿"とは当事者にあってさえ変化するものであるが、妻を介護中の夫、21名への半構成的インタビュー調査に基づき彼らの日常的経験を再構成し理論モデルとして提示することを目的とする。

　M-GTAは分析結果の根幹を図(結果図と呼ぶ)と簡潔な文

章（ストーリーラインと呼ぶ）によって提示する。高齢夫婦世帯において夫が要介護状態にある妻を、介護保険を利用しながら介護している日常は、介護行為や家事を行いつつサービスを利用しながら現実を切り盛りしていく【介護日課の構造化】[2]と、介護状況において妻との関係に意味づけを更新していく【改めて夫婦であること】のバランスによって安定がはかられている。しかし、現実対応領域と関係性領域からなるこのバランスは、一般に思われている以上に複雑にして複合的な役割を果たしている老夫によって支えられているが、介護者もまた高齢であるため近い将来の不安定さを内包する【砂時計の時間感覚】との相互作用となっている。図が示すように、老夫による妻の介護プロセスはこの三者の関係が中核をなしている。

　その中でもっとも大きな比重を占めているのが【介護日課の構造化】であり、これは、一日の夫の行動が妻の介護を中心に規定されてくる〈介護合わせの生活リズム〉と、ホームヘルプや訪問看護、ディサービスなどサービスを利用するための生活リズムの調整である〈サービス合わせの生活リズム〉という性質の異なる生活リズムのバランスで構成され、そのために重要となるのが、介護生活が展開する中で必要となる介護行為や家事を行いながら同時にサービス利用に伴う種々の調整作業をしていく〈介護者スキルの蓄積〉である。単に介護スキルではなく介護「者」スキルであり、後述するように方向性が異なる動きを特徴とする二つのタイプの生活リズムを"合わせていける"介護者としての力量とその経験的蓄積を意味する。

　【改めて夫婦であること】は、介護者である老夫が介護状況を受け止め、妻の介護を担うことの意味づけを日常的に行っていく作業であり、愛情をキーワードとする〈愛情文脈化〉を中

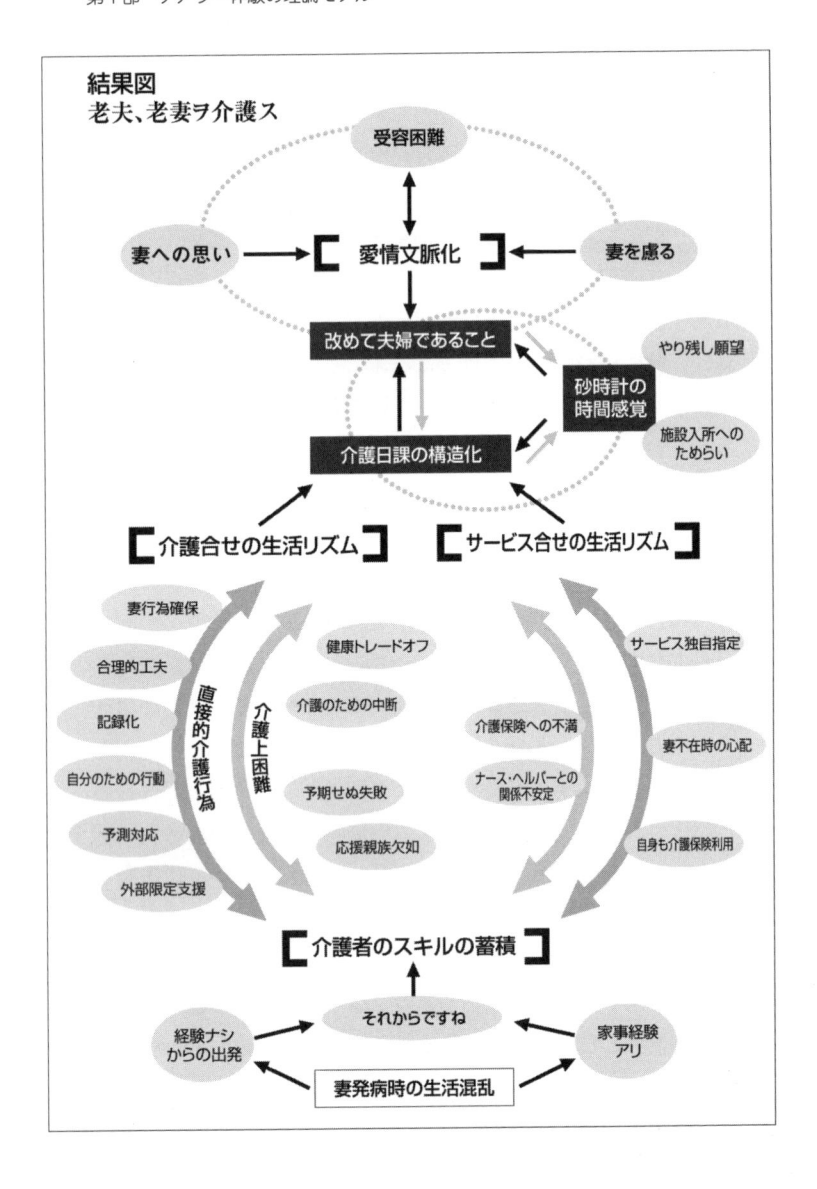

第1部 ケアラー体験の理論モデル

結果図
老夫、老妻ヲ介護ス

- 受容困難
- 妻への思い → 【愛情文脈化】 ← 妻を慮る
- 改めて夫婦であること
- 砂時計の時間感覚
  - やり残し願望
  - 施設入所へのためらい
- 介護日課の構造化

【介護合せの生活リズム】　【サービス合せの生活リズム】

直接的介護行為
- 妻行為確保
- 合理的工夫
- 記録化
- 自分のための行動
- 予測対応
- 外部限定支援

介護上困難
- 健康トレードオフ
- 介護のための中断
- 予期せぬ失敗
- 応援親族欠如

- サービス独自指定
- 介護保険への不満
- 妻不在時の心配
- ナース・ヘルパーとの関係不安定
- 自身も介護保険利用

【介護者のスキルの蓄積】

経験ナシからの出発 ← それからですね → 家事経験アリ

妻発病時の生活混乱

18

心に構成される。また、【砂時計の時間感覚】とは近い将来の不確実さとその不安に耐え、【介護日課の構造化】と【改めて夫婦であること】との間に現実的時間意識を持ち込むことを意味する。

　老夫を介護者とする在宅での夫婦の生活は危ういバランスで維持されているのであるが、主要3カテゴリー、とりわけ【介護日課の構造化】にみるように単純構成ではなく3つのサブカテゴリーとその関係から多層的に構成されている。このことは、大きな柱（カテゴリーのレベル）が倒れれば当然在宅生活の危機に直結するのだが、実はそれ以前にさまざまな小さなリスク（サブカテゴリーや概念のレベル）があることを示唆しており、したがって、ケア専門職は老夫を中心にみた介護生活の全体像を理解することにより、大きな危機が生じる前に小さなリスクの位置と深刻さの程度を予測でき、方向性をもってより効果的にサポートを提供することができるようになる。

　一方、うごきの特性（M-GTA の用語では現象特性と呼ぶ）としては、介護者である老夫の日常行動は要介護状態の妻と空間的に一緒にいることが基本となり、それに対して居宅内であれ、あるいは、一時外出であれ、生活維持に必要なさまざまなことがらを行うために"一時的に妻のもとを離れられるか、そして、間に合うように戻ってこれるか"にあると考えられる。離れられるのは妻が寝ている時、他の誰かがみている時、あるいは、ディサービス利用時のように妻の方が離れている時、なかには稀に妻を連れだし一緒に出かける場合（同伴移動）もみられるが、こうした移動調整は妻の状態に影響を受けるから重度化すると一時的に離れることは回数や時間の両方で一層困難な作業になりやすく、介護負担だけでなく生活維持も困難度を

増していく。しかも、妻との距離感は物理的移動の場合だけでなく心理的な面にもおよび、妻がショートスティや入院などにより自宅から離れている時であっても十分なケアを受けているかどうかが心配になるなど、介護者である老夫の関心は妻から離れられなくなる傾向もみられる。

2　介護日課の構造化

【介護日課の構造化】は、介護保険の利用により日常生活が一定のスケジュールで組み立てられ、個別性の強い介護者の役割や行動がそれと調和することで生活を安定化することと定義され、〈介護合わせの生活リズム〉、〈サービス合わせの生活リズム〉、〈介護者スキルの蓄積〉の3つのサブカテゴリーから構成される。この組み合わせによりサービスを利用しながら老夫は妻の介護や介助、家事を行っている。

　私はね、7時半起床。それで食事の準備したりして、大体8時15分かな。(NHKの連続)ドラマに丁度間に合いますわ(笑)。ドラマ見てる間、本人幸いね、首出してうっと食卓の前に手ついて食事(摂取)はできる。それは助かりますよ。むろん長く時間はかかりますよ。いちいち、手でこう、口に入れてやらなくちゃならない。終わるのは9時半だね。歯磨くでしょ、顔を洗ってもってかなきゃならんでしょ。それでクリームつけたり。薬飲まして。それで部屋に連れてって、寝かせるわけ。オムツは代えなきゃあかんしね。紙オムツだからね。それで、寝かせる。そうすると最近は、リハビリの人が来て、なるべく椅子に座らせてくれる。本人も早く良くなりたい、歩きたいっていうわけね。ほんとは

ね、もう駄目なんですけど。…月曜日は、午前中に入浴（サービスが）来るから。で、2時から買い物いかなあかんです、4時からヘルパーさん来るから。…水曜日は午後に看護婦（師）さん来るから午前に買い物。…（K氏、84歳、妻、77歳、要介護度5）

　介護日課の構造化を示す語りである。
　生活リズムとは一日24時間を構成する規則性で、食事や睡眠などのもっとも基礎的行為、炊事や掃除や洗濯などの家事、学校や職場への行き来やそこでの活動、それにそれ以外のさまざまな社会的、日常的活動を内容とし、誰であっても通常は安定したパターンとなっているものであり、日常生活を基盤において支えている。一般に夫婦での生活では共同生活を送る上での共通の生活リズムとそれぞれ個人の生活リズムが加味されバランスが図られる。
　ところが、高齢夫婦世帯で夫が妻を介護している日常は、本来安定しているこの生活リズムが狂う。そのため、夫は介護や家事をこなしながらそれを安定化しなくはならなくなるのだが、苦戦を強いられる。ここでは分析焦点者である老夫を中心にみているが、生活リズムが狂うのは介護者だけではない。むしろ、要介護の妻本人にとって切実であり、一緒に生活している夫婦にとって深刻な生活維持の問題となる。
　生活リズムという視点は、一人ひとりを一人の人として理解するための戦略的な視点を提供する。介護者である老夫とサービスを提供するケア専門職はともに要介護者のケアのために協働しているのだが、他方で両者は決定的に異なる。生活を共にする介護者の場合には自分の生活リズムが混乱させられ調整が難しくなるのに対して、職業的介護者は「自分自身の」生活リ

ズムは基本的に調整できるということである。仕事を離れれば自分の生活に戻れるからである。施設勤務であればシフトで夜勤が入っても明ければ自分の生活リズムに戻れる。ところが、在宅介護の場合、昼夜逆転と呼ばれる問題を考えればわかるように、介護者は自身の生活リズムの中でその歪みに対応しなくてはならない。これがよく言われるように在宅介護は24時間ということの意味である。むろん、ケア専門職にとって夜勤は負担が大きく労働条件も厳しいであろうし、ホームヘルプであっても利用者の食事時間を優先すれば自分の生活リズムにしわ寄せがでることがないわけではない。ただ、在宅介護者に比べれば、ケア専門職は仕事を離れれば時間的、空間的に自分の生活を確保できる。生活リズムとは本来誰であっても生活人として保障されるべきものであって、在宅での介護者とて例外にはならないという認識の共有が必要である。

さて、【介護日課の構造化】は〈介護合わせの生活リズム〉、〈サービス合わせの生活リズム〉、そして、〈介護者スキルの蓄積〉の三者で構成されるのであるが、次に三者の関係を具体的にみていく。

2-1 介護合わせの生活リズムと介護者スキルの蓄積

〈介護合わせの生活リズム〉とは妻に必要な介護や生活維持のために必要な家事などを行うことにより、介護者である老夫の一日24時間のリズムが偏っていくことを意味し、〈介護者スキルの蓄積〉とは必要なことがらを実行でき、その力量をそれまでの経験から夫が有していることである。介護者スキルが十分でなければ必要な介護や家事が行為としてできなくなり、ま

た、介護に合わせた生活リズムが維持できないと妻への介護が適切なタイミングで行えないことになる。妻の状態が悪化したり老夫が体調を崩したりすると対応力は落ち、〈介護合わせの生活リズム〉と〈介護者スキルの蓄積〉のどちらか一方あるいは両方に問題が発生しこのバランスは安定を失う。

　私ね、朝ないんだ、朝、何時におきて、夜何時に寝るっていうそういう生活じゃないの、２４時間体制だから。だからね、一応布団をひくのが夜の１１時頃かな、そう、ひくのがね。たたむのが朝、大体、８時頃かな。うん、だけど、それ、寝てる（眠っている）わけじゃないんだ。あの、寝てもね、１時間以上、寝たことないよ。うん、これ、母（妻）さんのやらなきゃならないから。だから、物理的に無理ですよね。うん全く、その寝るのがゼロじゃないけどね、だけどあの、無理なんだよね。だから、ほら、普通の人の感覚で考えるとね、違うんだ。何時に起きて夜は何時に寝るとか。母さんが夜昼がないから。(L氏、66歳、妻、65歳、要介護度4)

睡眠は生活リズムの根幹である。眠れないにもかかわらず、夜に布団を敷き朝たたんでいる。布団を敷いてたたむという生活習慣行為は行っていても、実際には介護のために介護者の夜の時間は浸蝕されていく。こうして介護に合わせることで生活リズムは偏っていく。

　三時間ごとに、（妻の体を）返して、おしめとか、夜中もね、夜中もよ。（夜）8時に大体寝せるんですよ、9時，10時，11時ね、11時になったら、今度（体の）向きを変えて、左だったら

右、右だったら左にして、おしめ変えて、今度、12時、1時、2時の時間に起きて同じことをやる。2時だから（次は）3時,4時,5時、5時になったら、今度また起きるんだ、大体。それは大変、…慣れたけどね、やっぱり疲れるね。（G氏、77歳、妻、79歳、要介護度5）

（夜）9時に寝てもですね、痰が多いときなんか、ほんっと1時間から30分おきにずーっと朝までそういう状態が続いていたんです。(M氏、妻、要介護度5)

このように夜間に行うことは体位交換やおしめ代え、あるいは、痰の吸引などである。妻の要介護状態が重度化すると、ケアは24時間対応になるから夜間にも及ぶ。睡眠が寸断されそれだけでも影響は大きいのだが、生活リズムからみると問題はそれだけでは済まない。一日24時間の中でしわ寄せが起きていく。

いまは昼夜逆転しちゃってるんですよね。昼間寝て、夜起きてる。それに私があわせてるんですよ。そうしないと、こっちが普通どおり寝ちゃうと、あのね、(私を)呼ぶんですよ。(それで、私が寝るのは)早くて(夜中の)1時。ただし火・木・土だけは8時起き。ゴミを出さなきゃいけない。これを忘れると溜まっちゃいますからね。(C氏、73歳、妻、71歳、要介護度5)

十分睡眠をとれなくても、曜日によっては朝の用事のために所定の時間に起きなくてはならない。ゴミ出しのパターンは通常であれば生活リズムを乱すものではないが、夜間がこのよう

な状態であれば「8時に起きなければならない」夫の生活リズムは当然影響を受ける。ゴミ出しは介護サービスではないが、日常生活上怠るわけにはいかないのである。

あるいは、介護のために食事のリズムが変則になり、食事内容もバランスが悪くなる。食事は、睡眠に次いで生活リズムの主要な部分である。

　(妻に流動食を)飲ませながら自分も食事って言うのはね…あの、たまにあるんですけどねぇ、大変ですよ。自分が食べんの一生懸命だともうこっち(妻は)寝ちゃってるんです。…だから大体昼も、それから夜も(妻が)寝てるときにこっちが食べる。だから中間、昼、長いですから、大体4時か5時ごろに、私、パンと牛乳でつなぐわけですよね。ええ。(訪問看護師は)それがいけないってんですよ。肥満のもと。ちゃんと三度食べなさいって。少しでもいいから三度食べなさいっていうんですけど、それがちょっとねー。ダメなんですよね。(C氏)

さて、もう一度図に戻ろう。図の〈介護合わせの生活リズム〉と〈介護者スキルの蓄積〉をつなぐ中心の位置に配置されている概念が「直接的介護行為」と「介護上の困難」で、両側の概念群はそれに関連することがらを説明している。左側の実線は「直接的介護行為」に関連する肯定的なもの、右側の網かけの線は「介護上の困難」に関連する失敗経験や阻害要因になりやすいものなど否定的な意味合いの強いもので、どちら側であっても介護の実践経験は〈介護者スキルの蓄積〉となっていく。実線側と網かけ線側が向かい合って表示されているものは、おおむね対比的関係にある。夫の生活リズムは妻のニーズが変化

すればそれに対応して変化していく関係にあるから、日々の介護実践で経験的に身につけたことがらが介護者スキルとして蓄積されていく。この"うごき"が、実線と網かけ線の矢印に含意されている。

2-1-1 直接的介護行為と介護上の困難

直接的介護行為：

　この概念は〈介護合わせの生活リズム〉と〈介護者スキルの蓄積〉をつなぐ位置にあり、夫が妻に対して行っている介護行為全般を指し、非常に多様な内容となっている。直接の介護行為だけでなくそれに関連し夫婦の日常生活を維持するために必要な家事なども、この概念に含む。例えば、食事摂取が困難な妻に食事介助をするとしても、調理や片付けがあり、献立作りや材料の買い物があるというように一つの介護行為は家事とも連動している。介護と家事を分けるのはサービス提供側の枠組みであり、当事者たちにとっては一連のプロセスなのであり、そのどこかが途切れると食事自体ができなくなるので基本的に介護と家事は分離できない。介護者の視点にたてばまずこのとらえ方が重要で、施設に入居しトータルなサービスが提供されている場合と異なり在宅生活ではサービスはこうした一連のプロセスの、ある特定部分を肩代わりしているにすぎないことになる。しかも、後述するようにサービスがあるからといってその特定部分を完全に肩代わりしてもらえるわけではなく、今度はそのサービスの利用に付随しての仕事が介護者に新たに発生することもまれではない。

　したがって、夫の日常行動のほとんどは「直接的介護行為」

によって占められている。介護に関する研究ではその詳細を明らかにすることに力点がおかれがちであるが、ここではこの概念一つでその全体をとらえる。

妻への直接の介護行為は、一日の時間の流れにそって行われる。朝起きるとおむつ替えやトイレ誘導、歯磨き、洗顔、着替えなどのいわゆるモーニングケア、流動食を含めて朝食の準備と介助、糖尿病や腎臓病があれば血圧と血糖値の測定やインシュリンの注射、昼食、昼間の買い物、入浴、夕食、イヴニングケア、夜間対応、等々、等々、老夫たちは在宅介護のフルメニューの世界を実践している。

しかもそれだけでなく、トイレの回数が多い妻にとってトイレットロールが使いにくい場合には昔風のチリ紙を買ってきて夫は夜寝る前に二枚ずつ折って用意する（これも介護者スキルの一例）というようにいろいろな工夫をしている。必要なことをしているのだが、単に決まったことだけをするのではなく介護や家事に関係する細かなところでのさまざまな工夫もここに含まれる。

介護上の困難：

老夫は〈介護合わせの生活リズム〉と〈介護者スキルの蓄積〉のバランスの中で「直接的介護行為」を行っているのだが、その際に本人が困っている、戸惑っていると現在認識していることなどを指すのがこの概念である。定義上、包括的な内容となる。夜間の対応だけでなく、一階と二階の移動、車いすへの移乗など体力を要する行為が挙げられる。朝、昼、晩の三食の食事作りも同じ内容ばかりにはできないため、大変である。家をあけられない、季節の変わり目に女性の下着の買い物に戸惑う

こともある。

　より複雑なのは介護や家事を行う際に、アルツハイマー病に典型的にみられるが受け手である妻とのコミュニケーションが円滑にいかない場合である。夫は必要な介護はしているのだが、妻の反応によりストレスが蓄積する。

　風呂場に2つバケツに水入れといて「汚した物はこん中入れとけよ」っていう風に言ってるんですけどもね、なかなかねえ、入れないんですよ。でもねぇ、あの、パンツなんかもねぇ、小便で濡らすとねぇ、乾くまで部屋に置くんですよ。だから部屋が臭い。だから、それで、乾いた物を今度水の中入れとくとまたそれが臭い。だから、風呂、始めはね、(自分が)風呂入ってた時それを洗って…たんですけどね、とても風呂の中へ入ってね、あの、あれなんですよ、心がね癒されないんですよ、この野郎ってね、感じになっちゃうからね。だから、それで今、昼間それをやって、風呂へ入る時やる事はやめてって言う風にして。(O氏、69歳、妻、67歳、要介護度4)

それだけではなく、O氏の場合、こうした食い違いは日常的なやり取りで頻発している。

　(妻は家族が部屋に入るのを)うん、嫌がる。娘が来てくれたときでも嫌がる。…「娘達が来るとね、なんか無くなってるんだよ」とかね、とんでもないこと言い出すんですよ。昨日なんかね、娘が「歩いてお買い物に行くから駅の方でなくてもどこでも何か買える物ない？」なんて親切に聞いてやったらね、「それはあるけどお前には頼まないよ。」とかね、「お前じゃ駄目」とかね…

感謝の言葉までは望まなくてもせめて協力的であってほしい、少なくとも気持ちを逆なでするようなことはしないでほしいと思っても、病気の特性を理解できないと介護者は体力的な大変さ以上に精神的に消耗する。そして、こうした食い違いは当然妻との関係性に影響を与えるから、後述するように【改めて夫婦であること】にも関連する。

2-1-2 妻行為の確保、必要行為の合理的工夫、介護関連記録化と健康トレードオフ

妻行為の確保：

　これは老夫が自分で行うことができることでも敢えて行わず、妻ができることは妻にさせることである。

> 食器の後片付けは私が全部やりますね。で家内は何やるかっていうとね、あの洗った皿を拭いて、家内は力がないしね、えーあのつまり膝関節症もありますんで、長く立っていられないわけですね。だから、きれいに洗えないから私が洗ってね、拭くのを家内がやるわけです。(F氏、71歳、妻、76歳、要介護度1)

できる範囲で妻が洗濯物をたたむようにする場合などもあり、家事を担ってきた妻がその一部を継続できるようにしている。そして、妻が実際にはできなくなってもどうするかを判断して、夫に指示することにより役割意識は維持できるようにする。

　リハビリの視点で考えられているし、要介護者としてではな

く共同生活者としての妻の存在が読み取れる。在宅生活は要介護者と居住環境との相互作用の接点が豊富に見出せるので、介護者である夫にこうした配慮があれば残存能力を自然に活かせる機会は多い。

この点は妻の日常生活動作になると、もっと強く反映されている。夫が直接介護しようとすればできることであっても、妻のことを考え本人にさせる。

> 夜は、あのー、ポータブル（トイレ）使うんですけどね。昼間はね、あのー、ポータブルは使わせないんですよ、そうしないと全然歩くことがないから。それで、ここでテレビを見て、ここからトイレまで、玄関すぐ横にトイレがあるでしょ。そこまで行く間でも、ま、歩けるからね。(B氏、81歳、妻、77歳)

「妻行為の確保」は家事であれ身体動作であれ、要介護状態の妻に対して介護者である老夫がある程度余裕をもっていることを示唆する。したがって、この概念がみられるのであれば、老夫が状況をそれなりにコントロールできているとみることができよう。

必要行為の合理的工夫：

老夫は妻の介護ニーズに対応しているのであるが、日常生活上必要なことを工夫して合理的に行っている。介護は相手のあることなので工夫の余地はあっても限られるが、家事の世界はやろうとすればいろいろな工夫が可能となる。例えば、洗濯。

> (夕方) 6時53分にね、NHKの次の日の天気予報があります

でしょ。それを見てね、明日はお天気がいいとか悪いとかによって、ほいで、明日お天気がいいとなると、晩に洗濯しておいて、そいで、次の朝起きたらすぐ干すと。お天気がいいと、あのーうまくいくと一日で済みますんでね。どうしてもその天気予報は、見なくちゃならない、ですよ。(B氏、81歳)

そして、食事の準備に関しても。

　近頃はあのー自分で何と何と何をね、買ってこなきゃだとか、こんな風にしてみようかだとかね、えーもう彼女（妻）は全然考えるのよそうと思っちゃってるらしくて、なんらその考える気がないから、こっちが考えないとマンネリ化しちゃうわけですよね。食べ物で同じなんていうんじゃね、いかにも情けないんで。(J氏、妻、要介護度2)

他にもさまざまな例が見られた。洗濯一つにしても乾し方やたたみ方、上手な乾かし方など細部も多様である。年老いてから言わばフルタイムで介護と家事に取り組むことになった男性たちが試行錯誤を経ながら安定したスタイルを作ろうとしているわけであり、合理的な工夫は一つの重要な特性である。妻の介護という課題に直面して夫たちは長年身についた対処方法、いわば仕事モードが在宅介護状況で復活、作動しているともいえる。この点は次とも関係する。

介護関連記録化：
　妻の介護をするようになり、日常的に記録をつけるようになる。家計簿が一般的だが、それだけではない。

第1部　ケアラー体験の理論モデル

　いつも同じの食わせるとまた文句いわれそうな気がするんで、僕は、あの、暦、ちっちゃい暦にですね、いつ何食べてたかって言うのを全部書いて、書き込んでね、とにかく1週間以内に同じのを食べさせないように、…例えば、肉じゃがを前にいつ食べさせたかっていうと、ここで食べさせたとか、そういう風にしてできるだけね、1週間以内に同じのを食べさせないような計画は立てて。…大変なんだよ、悩んでんだよ。何にしたら良いかなあって。(スーパーで) これは安いからね、これにしようっていう事じゃなくて、やっぱり、計画に沿っていったほうが絶対にって言うのがあって。(O氏、69歳、妻、67歳、要介護度4)

　食事は毎日のことであり、計画的にするために記録をつけて参考にしている。
　妻の病状に関しても継続的に記録している。

　ここに赤 (い) 字が書いてあるでしょ。ここの中にメニエル、メニエル、メニエルって書いてあるでしょ。ここ、みんなメニエル (の発作)、このぐらい倒れたの。最後になったのは6月の25日。X病院に治療行くようになってから、メニエル (の発作を) 起こしそうになったら、頓服もらってんだ。…ああ、今全部で、26回ぐらい起きたんだな。(H氏、70歳、妻、67歳、要介護度2)

　メニエル病の発作がこれまでに「26回」という反応から、こうした記録が過去の確認でありながら現在の状況を受け止める時間軸となっていることがうかがえる。
　また、こうした記録付けは今後も続けると想定できることか

32

ら、現在から将来への時間志向も組み込まれている。この点がはっきりするのが、漠然とした将来というよりも現在進行しているサービスの利用に関しての記録である。サブカテゴリーである〈サービス合わせの生活リズム〉と〈介護者スキルの蓄積〉にかかわることだが、記録化と関連するのでここで取り上げる。

　訪問看護に週に1回来るんです。これはまぁ僕黙っていてもいいんだけども、あの結局私が平常観察をしているので、その観察報告をしなきゃならないんですよね。で本人に、が聞かれても、本人はとんちんかんで、えーなんていうかな。あのぴったりと答えられませんからね。答えることは少ないから、まっ、いつもあのー話ができないわけじゃないんですけどね。えー、私の記録に基づいて、えー説明しなきゃならない。(P氏、77歳、妻、75歳、要介護度2)

報告のための記録であり、必要に迫られてであろう。しかし、記録をつけるということはそのこと自体だけでなく、内容面、つまり、妻のどこに注意してみているかという介護者の観察の視線があることになる。

健康トレードオフ：
　介護者である夫も高齢であるからさまざまな健康問題を抱えているが、自分の健康問題を最優先できない状況にある。腰や膝の不調や高血圧症、ぜんそくなどから、緑内障、眼底出血、急性腸炎、腸閉そく、腎臓結石、胃がん、膀胱がんなどが挙げられる。自分の問題で救急車を呼んだことや入院経験もみられ

る。受診はしていてもその日程は、妻の介護日課に大きな影響がでないように二の次にしてやりくりしている。

一方、そうした優先順位はあっても、夫が定期的な受診が必要となると、その時は妻のための〈介護合わせの生活リズム〉が一時的に棚上げされ、夫（自分）中心のスケジュール調整となる。

また、夫も介護保険の要介護認定を受けることで、あるいは、その結果軽度であれ要介護の認定を受ければサービス利用に接続されるので健康問題のトレードオフ状態が専門職、特にケアマネジャーによってチェック可能となる。この点は、後述する。

2-1-3　自分のための行動と介護のための中断

自分のための行動：

老夫たちは妻の介護の日常の中で、自分のためのことや自分がしたいことをしていないわけではない。そのためにはサービス利用などとのタイミング合わせが重要となる。

> その間（妻がディサービスに行っている間）で私何しているかというと、それこそあちこちね散歩に出かけたり、ま、普段も散歩に行きますよ、1時間2時間ね。で例えばこの間の水曜日にはね、あのーT温泉ってゆうのがありますよね。…えぇ、あの、日帰りの温泉浴場があるんですよ。(F氏)

このように自分のための行動はその間の手立てができるのが条件で、妻を一人残していくわけにはいかない。かつての職場の同僚や大学時代の同窓会などに出かけるため、半年前に

ショートスティを申込み、その予定を幹事に連絡して日時を決めてもらう場合もある。
　しかし、そうしたやりくりができなくても自分のバランスをとるために趣味を続ける。

　趣味が無かったら神経衰弱になっちゃう、もう次から次へ、病気があるわ、本人は病気で泣くわ、もー、(笑)そんなん大変ですわ。それで…意識不明の時に何でそのままほっといてくれなかったのか、そのままにしてくれたら死ねるのにとかね、そんなこと言い出してさ。ま、そんなこと言いおったら、色んなこと考えおったら外になんか絶対遊びにいけないでしょ。外行けない。外行くのも大体1時間半。だから…今水墨画と日本画をやってるわけですよ、2階で…絵とかやっとるから良いけどね、趣味が無かったらそらもう駄目ですわ。(K氏)

　84歳のK氏は、要介護度5の77歳の妻を介護している。そうした日常にあって、趣味を続けることの意味が語られている。

介護のための中断：
　対照的に妻の介護のために、自分の趣味や活動を中断せざるを得ない場合は多い。

　この部屋、彫り物 (を) 僕がやってからね、(退職後に)…やろうと思ったら、本人 (妻) が怪我して本人の部屋になっちゃった (笑)。道具いっぱい入っている、押入れのなかに。(いろいろ見せながら) 途中まで彫った…そう、これもそうです。夜に彫って。

…そのつもりで(部屋を)作ったんだけど、(妻の)部屋になっちゃった(笑)。(G氏)

〈介護合わせの生活リズム〉は一日のスケジュール面への影響だけでなく、夫の生活自体を再編させていく。時間的にも活動内容的にも自分のための部分が侵食され、介護者はいよいよ"介護者化"されていく。

2-1-4 予測対応と予期せぬ失敗

予測対応:

　かなりの確率で予測できる事態に対してあらかじめ対応しておく。例えば、自分が病気で現在の役割が果たせなくなる場合に備えて日常的必要品を必要以上に用意しておくのもその一例である。

　病気ってのはね、あの自分がなりたいと思ってなくてもなっちゃうんだよ。だから、普段から慣れていないと。私が持病で(を)持ってるでしょ。そのためにね、ものを買うのがね、みんな複数になっちゃったのよ。しょうゆならしょうゆを必ず予備を買っておくの、すべてね…倒れたときの為に。もし買い物に行かなくちゃ行けないことがないように。野菜なんかもいつも冷蔵庫一杯にしちゃうわけ。(H氏)

さらにこれまでの経験から自分が急の入院のときに対応しやすいように考えたサービスの利用をしている。例えば、ショートスティを利用しているのだが、定期的な利用を複数個所で

することでいざという時にショートが利用できるよう「顔つなぎ」をしている。

今後起こりうる事態への事前対応とは別に、現在の介護状態を改善するために居宅を改造することもこの概念に含まれる。規模は大小幅があるが、トイレや浴室などに加え、妻が移動しやすいように手すりの設置や、車いすなしでの移動ができるように居宅内を大規模に改造することもある。

予期せぬ失敗：

介護が試行錯誤のプロセスである以上、失敗もまたさまざまに経験されている。良かれと考えてしたことが、結果的に効果の中断になったり逆効果になる。住宅改造のようにお風呂場を改造しても妻が入るのを怖がってしまえば利用できないし、初めは活用できていても状態が変われば利用できなくなる。

物的環境であればまだ納得もしやすいが、妻の身体に対しての失敗は良かれと思って行っただけに影響が大きい。

 彼女ね、(食事が)流動食ばっかなんですからねぇ。…じゃつまんないだろうってジュース、間に飲ましてたんですよ。そしたら歯が溶けちゃって。全部溶けちゃって。そう。で、磨いたってダメなんですって、もうはじまっちゃうとね。もうゴムみたいになって、でポロっと落ちちゃう。金だけかぶせてあった(歯)は平気だったの。…だから一本だけ残ったの。(それで)下唇噛んで切っちゃう。それが逆に危ないんですって。しょうがない、麻酔かけてとりましたよ。…何本かは呑み込んでいたみたいですけどね。それはねぇ、恐ろしいなって思いましたね。あんまり糖分の多いジュースをやってると歯が溶けちゃうって。これはちょっと気が

つかなかったぁ。(C氏)

2-1-5　外部限定支援と応援親族欠如

外部限定支援：
高齢夫婦だけの生活であっても、介護する夫に対して近隣住民の手助けがないわけではないが、近所であるだけにありがたいこともあれば単純にそうとも言えない時もある。

　このご近所の方も、みんなうちの状態知ってますからね。駅まであのー、バス停やなんかで待ってると、「駅まで行くんだったら、どちらおいでですか？」っていうと、「〜駅まで行きます」って言うと、「じゃあ、車に乗って、一緒に乗っていってください」とかね。嫌でもあの、ご近所の方が親切にしてくださるんですよ。親切にしていただけるけども、家の中に入ってヘルパーさんの代わりまではできませんのでね。ほいで何かあったら買い物は、あのー、言ってください、してあげますよって言ってくれるんですけどね。あのー、よそ様の買い物っていうのはなかなか難しいですからね。あんまり高くってもいけない、安くってもいけない(笑)。頼まないでね、自分でねー、やってますからね。(B氏)

先の例のようにアルツハイマー病のため歓迎されず、まるで物盗呼ばわりされても父のために孫を連れて時々手伝いに来る娘たちのように、限られてはいるが子供からの応援がみられる。
　応援に来るのは娘たちとは限らない。

次男と三男が交代で話し合って、病院に行くとき必ず一人来るわけよ。ただ、三男坊が今、仕事柄、海外出張が多いんですよ。今日もアメリカで二週間ぐらい行ってるわけだど。…その間、次男が仕事を休んで、来たりしてる。(H氏)

この次男はまた、食事作りを始めた父親に、参考にしやすい料理の本を探してきている。

応援親族欠如：

子供など親族からの助けがなく、あるいは、助けを期待せず、夫が自分でみている。子供がおらず、兄弟姉妹がいても住んでいるところはまちまちであるし、「それぞれ色々問題をかかえているもんですからね、実際問題として私が全面的に今見ているんです」(B氏)となる。子供がいても仕事や子育て等々で、助けにはならない。

子供家族との関係には微妙さがあり、介護者である老夫が現状に納得しきっているとは言い難いのも事実である。

私、うん、息子いるでしょ。だけど、全然、介護について協力してくれって言ったことない、うん。(面接者：それは、なぜですか)それは、あれだよ、私は、息子の性格を知ってるし、それから、息子の連れ合いいるでしょ、その性格も知ってるし、それで、向こうがほら勝手に来てね、なにか、母（妻）さんのためにやってくれるなら拒まないよ。それ、拒まない。だけど、定期的にそれをやってくれ、あれやってくれなんて、絶対に言ったことないよ。(L氏)

2-2 サービス合わせの生活リズムと介護者スキルの蓄積

〈サービス合わせの生活リズム〉とは、要介護の妻が介護保険によるサービスを利用するために、介護者である夫がそのために必要となる生活リズムの調整を行うことを意味する。そして、その過程での経験が〈介護者スキルの蓄積〉となっていく。中でも、〈介護合わせの生活リズム〉との関係では「直接的介護行為」を中心として介護行為のスキルが重要になるのとは対照的に、〈サービス合わせの生活リズム〉ではケアマネジャーやサービス提供者とのさまざまな調整やサービスを利用するための準備が大きな比重を占める。

　　家内はですね、毎週水曜日にディサービスに行っていますね。だいたい8時50分に迎えが来て、4時20分に（帰りを）迎えるというタイプですかね。だからそうなってくると、あの、朝急がさないと、待ってもらうことになるからね。えー、8時50分には家を出るように少しずつ、私がね、うるさく催促しているわけですよ。(F氏)

データの前後を補足すると、いつもは朝6時に妻を起こし、朝食に時間がかかるので終わるのが10時頃になるのだが、ディサービスを利用する水曜日は送迎バスが8時50分に来るのでそれに間に合うように妻を準備させなければならないという意味である。朝食が10時頃に終わるのは〈介護合わせの生活リズム〉で実際に通常はそうしているから、〈介護合わせの生活リズム〉と〈介護者スキルの蓄積〉はかみ合っている。一方、毎週水曜日8時50分に来る予定になっているディサービスへ

の送迎車に妻を間に合わせるのは〈サービス合わせの生活リズム〉となり、催促し準備をさせることは〈介護者スキルの蓄積〉があるからで、この状況に対応できているのでこの両者もかみ合っている。介護者である老夫が前者の通常パターンを、水曜日には後者のパターンにスイッチしていることになる。

　日常的生活の一コマとしてごく普通に見えるこの作業は、しかし、それほど単純なことではない。送迎バスは時間通りにきて、遅れるわけにはいかない。他の利用者やサービス提供者に迷惑がかかるからである。〈介護合わせの生活リズム〉は夫への負担は大きくなるが妻のニーズに対しては的確なタイミングでの対応となり、時間をかけた朝食は夫婦が在宅で一日を送るのであれば適切である。これに対して、〈サービス合わせの生活リズム〉は決められた日時と場所で、所定の準備をして、合わせなくてはならない。それは介護者の責任となるから、柔軟さはなく厳格さが求められる。

　すでに、昼夜逆転の妻の介護で夜間何度か対応していても週に3日はゴミ出しのために朝8時に起きなくてはならないC氏の例をみているが、介護保険のサービスではないがこのパターンも基本的には同じである。他にも、次のような例がみられる。

　　夜寝られないことですね。しょっちゅう起こされるから。それで、よくヘルパーさんが皆さん午前中に見えてるから、その間に寝てたらどうですか、とこう言われるんですけど、午前中ヘルパーさんがみえてる間に私があの、買い物に行くわけですね、食料の。…それで、ヘルパーさんが9時半にみえて、それで、10時に店が開きますからね、ヘルパーさんが11時半までですから、そ

れまでの間に、材料を買って帰ってくるというような状況で。午後はどこにも出られない。ですから、材料を買いに行くだけじゃなくて、銀行だとか、郵便局だとか、色々ありますわね。で、それもとにかくその全てが私一人でやらなくちゃならないというのが、あの、現状なんですよ。(B氏)

これはホームヘルプの場合だが、ヘルパーに来てもらえば介護者である夫がその間完全に休めるのではなく、逆にその時間を使って生活上必要な他のことをしなくてはならない。ヘルパーが言うように仮眠をとれればB氏の〈介護合わせの生活リズム〉は偏りが多少是正されるであろうが、現実にはサービス利用に合わせてしなくてはならない事柄が発生している。

むろん、サービスの利用により夫が時間的な余裕を持てる場合もある。次のように、妻がディサービスに行っている間が、貴重な自分の時間になっていることがうかがえる。

そういう(妻がディサービスを受けに行っている)時に(駅周辺)へ出たりね、するわけなんですけどね。ディサービスってのは10時から午後4時までってことになっていますから。うんやっぱし自分で本読んだり、それから時々は買い物に行ったり、デパートがいろいろあるでしょ。○○デパートというのがありますよね。それのね、七階にかなり広い書店があるのですよ。(F氏)

同様の例は、「自分のための行動」のところでも説明した。一時的にせよ、妻と離れるためには段取りが必要であり、ディサービスやショートスティのように妻が自宅外でケアを受けている時がその機会となる。

〈サービス合わせの生活リズム〉は介護保険によって専門的に提供されるサービスの時間特性としてスケジュール化されている。これは一般の社会生活を秩序立てている標準的時間である。仕事の時間といってもよい。介護保険によるサービスが妻の要介護状態にできるだけ対応させて組み立てられているという面はあるにしても、現実には希望通りにはいかずさまざまな条件によって規定される。この点を理解するには一旦スケジュール化された後の変更のむずかしさを考えれば、サービスが標準的時間、社会一般における時間特性で成り立っていることが理解できよう。むろん実際には予定変更は決して珍しくはないのだが、許容幅はそれほど多くないし例外的なこととして扱われる。

だから、サービスを利用することはスケジュールを守ること、守ろうとすることが前提になっているのであって、標準的時間はそれに合わせるよう介護者に対して強制的影響力を伴う。

したがって、〈サービス合わせの生活リズム〉は介護者を"サービス利用者化"し、その生活スタイルを言わばサービス仕様にしていく。この傾向は直接の対象者である要介護者本人にも言えることではあるが、それ以上にマネジメントをする介護者に当てはまる。介護者は利用者のために調整を行わなければならないからである。実際、ホームヘルプ、ディサービス、訪問看護、訪問リハビリ、ショートスティなどいろいろなサービスを利用しているとスケジュール管理を含めた総合的なやりくりが発生し、さらにサービスの種類と利用度が増していくと生活全体がそのスケジュールによって複雑に規定されてくる。介護者が意識しているいないにかかわらず〈サービス合わせの

生活リズム〉と〈介護者スキルの蓄積〉のバランス関係がもたらすのは、介護者のマネジメント・スキルの強化である。

実際、介護者の日常はかなり忙しく、二つの生活リズムが拮抗しギリギリのバランス状態となる。

> 色々あるわけですよね。もう一日の時間ってのが、ものすごく短い。人がね、ちょっと来ると、自分の中の時間割がいろんなことでもって変わってくるでしょ。そうすると今度、自分の休息がなくなってきちゃうんだよね。(H氏)

一日の行動が関連して組み立っているため、予期せぬ来客や一時的な訪問があるだけでしわ寄せが発生している。補足すると、週4日ホームヘルプ・サービスを利用しているH氏にとって「人がちょっと来る」ことは、〈介護合わせの生活リズム〉とも〈サービス合わせの生活リズム〉とも異なる出来事であり、余裕がないとこうしたごく普通のことが大きな影響を及ぼしかねない。

次に、〈サービス合わせの生活リズム〉と〈介護者スキルの蓄積〉に関係する概念を対比的関係にまとめて説明する。

2-2-1 サービス独自指定と介護保険への不満、ヘルパー・ナース関係不安定

サービス独自指定：

これは、所定のサービスは一応受けるのであるが、実際には自分の判断で妻に最も必要なサービスをしてもらうことである。次が好例である。

ヘルパーさんはね、午後に入ります、1時から3時までの間、土曜日とね、水曜日。…掃除頼まないの、僕は。二人だけだからね、会話があんまりないでしょう、夫婦の会話って。(刺激が)ないと痴呆(認知症)になってくる。だから、あの普段、私は皆おしめ全部、取り替えますからね。…それ(を)きれいに洗ってもらう。その程度してもらって、あとはね、お話、と本を読んでもらうこと、そういうことを頼んでるんだよ、ヘルパーさんに。掃除はいいんだ、僕が(できるし)、たいして(家は)広くないんだから。洗濯だって、ほら、機械に入れるんでしょう。できれば食事は配食でしょう。土日だけですから、僕がつくればいい。…(夫婦)二人だけだと、話が本当に決まっちゃうからね、ほとんどないでしょう。…だから、だったらね、他人様(ヘルパー)が来た時に、話してもらって、子供さんのことだとかね、孫のことだとかね、お宅はどこにいたんですか、どこの生まれですかね、そういう話が、少しずつ変わってくるけどね、そういうことをやってもらったりして、話をね、それから、あと本読んでもらったり。(妻の部屋に行って本を持ってきて)今、この本を読んでもらっている、『少年H』(妹尾河童の戦時期自伝的小説)。(G氏)

こうした柔軟さは現在では許容されなくなっているが、介護者である夫の判断としては十分、理解できる。サービスが単品でそれ自体が目的化すると介護は矮小化されるが、ホームヘルプであれ、サービスが要介護者と介護者に対してその提供者であるヘルパーの関係性をつなぐものと考えることができれば、ヘルパーは第三の人間として社会関係の世界が導入できる。サービスを目的と同時に媒介とする発想と実践があれば、その

効果は相乗化できる。

「サービス独自指定」は妻のことを考えてのことであったから、先に見た「妻行為の確保」と関連し、介護状況にある妻を夫がどのようにとらえているかを示している。この傾向は夫婦の関係性のあり方ともつながる。

介護保険制度への不満：

この具体例は多い。保険料や自己負担額など費用への不満もあれば、実態に対応できない資格制度上の問題もある。

　ちろん、助かってますよ、助かってる部分は。(しかし)間違ってる(部分も)、ありますよ。肝心なところは抜けっちゃってるんだな。…俺がやってるんだから、うん、経管栄養だって、吸引だって、私がやってできるんだから。俺が、俺みたいな、ばかがやってもできるんだから、(ヘルパーに)できないなんてことはない。だから、さっき言ったように、実際になんかあったとき、事故がおきたときに、訴えられたらどうしようかというのが頭のなかにあるかのな。(L氏)

また、ヘルパーだけを自宅に残して自分たち夫婦が外出できないなど、制度上の理由でできないことへの不満もある。

ヘルパー・ナースとの関係不安定：

信頼関係があればそれに立脚した不満がある一方で、実際に訪問してくるヘルパーやナースに対しての不満もある。介護者や利用者はヘルパーやナースを指名することはできないし、途中交代も基本的に受け入れるしかない。

ホームヘルパーさん…もう少しになると、家の中の何がどこにあるかというのをみんな理解しちゃうようになるんですよ。で、私がいなくてもできるようになる。そうすればね、私はもっといろんなことができる。散歩もできる、運動もできる。で、たまたまヘルパーの人が、変わるかもしれないという話をするわけですね。それは困ると。また新しい人が来たんじゃねえ、困ると。うちの厨房の中のね、何がどこにおいてあって、食器はどこに置いてあるかとか。やるほどだんだんみんな理解していくの。で、家内の食事の好みってのを段々、段々分かってくるの。(H氏)

　これはサービス利用に伴う介護者負担の変形例とみることもできるが、ヘルパーはいつ誰が来ても同じなのではなく、自分たちの生活の様子や妻の状態をよく理解してくれた人は協働のパートナーとなるが、別の人に変われば慣れて理解してもらうまでの作業が介護者である夫の側にその都度発生することを指摘している。

　むろん、ていねいな引き継ぎによってこうした問題へは対応できるのではあるが、うまくいっている場合には変わってもらいたくはないのは自然なことである。制度上の制約や、相性や能力とは別の問題で、制度化されたサービスは提供者が誰であるかに左右されない標準化レベルを志向するのに対して、人間関係はそれぞれの人格的要素を抜きには成り立たないからである。

　その一方で、不満ではなく、ヘルパーの行動を見てその力量に気づくこともある。

　ヘルパーとうまくいっている場合であっても、継続性が心配

となり、不安定さの一因となることもあれば、妻の言動がヘルパーやナースに不快感を与え、印象を悪くすることを心配することも、関係不安定化の具体例である。

　訪問看護はね、今ね、あの、来てくれてる方はね、非常に、あの、頑張ってくれる方でね。その人も始めはね、(妻の部屋に入って)「こりゃ臭いわ」なんて言ったらね、(妻は)それをすぐね、ケアマネージャーに言いつけたんですよ。「あの看護婦(師)さんは冷たい。臭いって言うんだもん」とかね、言い出すんです。それで、(その看護師は)注意されたみたいでね。…汚い所も何でも、段々段々慣れてくると、もうその人は良いんだけども、例えば、その人が例えば夏休みで来れないとき、…新しい看護婦さんを連れてきた。あの、見習をね、一緒につれて来たんですよ。でも女房が、水、なかなか水分を摂らないんでね。…(その見習い看護師が)朝ヨーグルトかなんか食べるのも良いわねって話をしてたらね、「あんた私の事知らないで何言ってるのよ！あたしはヨーグルト嫌いなの」と(妻が)言ったら、看護婦さんビックリして「あ！ごめんなさい」って言う様な状態だから、なかなか慣れるまではね。(O氏)

2-2-2　妻不在時の心配

　〈サービス合わせの生活リズム〉と〈介護者スキルの蓄積〉の関係は妻がサービスを利用できるようにすることであるが、実際にそこまでは行っても心理的に任せきれない場合もある。入院やショートスティのように比較的長く不在となるときに、介護者である夫が示す反応である。

(妻が)入院してるときは、やっぱり、逆に言うと、心配ですもん。ああ、トイレ、うまく起こしてもらってんのかな、とか。…うん。できたらやりたくないです。自分でやったほうがわかるから。ところが、やっぱり私の体もあるから。(D氏)

　人に、まかせるのは、ちょっと気になるのね。五日間、ショートスティにいく日だって、僕、いっぱい書いて、行くたびに書いてた。最近、書かなかったんだけど、最初の頃はいろんなことを書いてね。神経は切れているんだから(感覚が)分からないし、2, 3時間に体、寝返りさせてください。便所は、あの、排便は二日か、三日…いろんなことを書いてあるんですよ。何回か行っていると、向こうも分かってると思うんですけどね、(G氏)

介護者として自分の方が妻の状態も必要なこともよくわかっているので、任せてはいるのだが心理的には任せきれないのである。これは〈介護合わせの生活リズム〉と〈介護者スキルの蓄積〉が成立しすぎている結果とも考えられるが、他方、〈サービス利用の生活リズム〉との関連では〈介護者スキルの蓄積〉が十分ではないと解釈できる。利用が増えていくと徐々に慣れていく面はあるにしても、サービスに任せることは重要な介護者スキルである。

2-2-3　自身も介護保険
　介護者である夫も高齢であるから、中には自身も介護保険の適用を受け自分用のサービスと妻のサービスとを組み合わせることができる。夫婦での生活であるから、どちらのサービスとして提供されてもホームヘルプは夫婦の在宅生活を支える。

2-3　介護者スキルの蓄積

　ここまで〈介護合わせの生活リズム〉と〈サービス合わせの生活リズム〉、それぞれとの関係で〈介護者スキルの蓄積〉について説明してきた。このサブカテゴリーは時間的な概念である。これには二つの意味があって、一つは妻の介護が始まってからの時間であり、もう一つはそれ以前に介護者スキルに関係する経験の有無とその内容である。

2-3-1　妻の発病による生活混乱と"それからですね"

　妻が要介護の状態になることによって夫はさまざまな対応をせまられ、それまでの生活パターンが変化する。脳血管障害、転倒骨折などのように発病、発生が急な場合には急激な変化に見舞われ、リューマチや進行性難病などでは比較的緩やかな変化となる。

　家庭での分業がはっきりしていると、断絶の影響も大きい。

　　私は家庭のことは一切やった事ない。家事から何から一切やった事ない。お金のことから税金のことから全て彼女がうちのなかのこと全部やってくれた。だから私は何も知らなかった。…その私が急に、私がね、隣近所、親戚とかとの付き合いとか、税金から家計のことから私がぜんぶやらなきゃなんなくなって、何が何だかさっぱりわからなくなった。もう暗中模索の状態で。…どうしたらいいんだかわからない、当初はね。やっと今はなんとか。
　　(E氏)

当時を振り返って「やっと今は何とか」と語っているように、これまでの過程で介護者スキルがさまざまに習得され蓄積してきている様子がうかがえる。

病気や怪我であれば大変であるがまだ状況は理解でき具体的な生活面の混乱に直面する場合は、まだ受け止めやすい。しかし、アルツハイマー病の初期には生活自体の問題以上に関係性の問題が先鋭化してくる。理解し受け止めようとする以前に、夫は戸惑い、混乱する。

　それで、最初、まだ、今みたいに（言動が混乱する）前にね、（ある大学病院）の医療相談に行ったんですよ。…で、そん時もね、急に医療相談（員）と、あの、話をしてた時にね、「あたしはね、家で閉じ込められてんの」って（妻が）言うんですよ。そしたら、相談員の人、びっくりしてね、どういうことって言うから、「だって部屋に入れられる、閉じ込められてんだもん」て言う。でね、俺言ったんですよ。女房はね、ちゃんとベランダのある日向のところ、私はね、北向きの台所の隅っこで、そこの奥にね、昼間も電気つけなけりゃいけないようなところにいるんだ、どっちが閉じ込められてんだってね。それで、その時も、その相談員さん、びっくりしてね。え、そう言う言い方をしたんですね。(O氏)

"それからですね"：

妻が要介護の状態になってから、ある出来事、ある変化をきっかけにそれまでの状況が変化する。直接の介護ニーズであったり、在宅での生活状況の変化であったりするのだが、介護者である夫には質的な変化のエピソードとして語られる。例えば、夜中に布団に失禁したのがきっかけで精神的に不安定に

なり、性格が変わったように夫に対して自分の気持ちをぶつけるように変わる場合などがみられる。

2-3-2　経験ナシからの出発と家事経験アリ

妻を介護する日常生活は夫を新たな現実に直面させることになったが、すべてがそうであったわけではない。中にはそれまでの人生での経験が呼び起こされ、受け止め方にも影響を与えている。

経験ナシからの出発：

妻の発病以前には、家事はおろか介護の経験はなかったので、新たな経験を急に開始することになり、その経験を蓄積していく。それまで家のことは妻に任せきりの傾向が強く、いきなり対応を迫られる。とくに、食事作りの大変さが語られる。

> それであの、自分は厨房ぜんぜんできないでしょ。それで色々努力したわけですよ。…結局すべて私がやらなくてはいけない。そこで、次男がですね、食材、食事用の本をくれたわけなんですよ。その本がですね、『基本の和食レシピ』というやつなんです。これをだいぶやって、全部すべて、いろんなものを網羅して、ここに丸があるでしょ。これが私が今まで紹介させて来たやつなんですよ。この中のレシピに基づいて、すべてをやってきたんですよ。もう数はちょっと数え切れませんけどね。(H氏)

食事は毎日、三食用意しなくてはならず、そのためには献立を考え、買い物をし、調理と片づけまで、作業量だけでなく思考量も求められる。しかも腎臓病の妻には減塩食というように

必要に迫られながら、食事作りから治療食作りへと進んでいる。こうしたことも介護者スキルとして蓄積されていく。

妻への直接介護についても、これまでの関わりが振り返って語られる。

　女の人が旦那の世話をするというのは問題はないのだろうけど、今まで一切女房の身の回りのことやった事ない人が自分の女房の下の世話までするということになると、相当抵抗がある。これはね、ホトホト困った、慣れるまでは。そのためにはね、どうしても夜の8時を過ぎたら水を飲ませない、とかね、何も固形のものを食わせないとかそういう事まで考えちゃいますよ。それでね、ケアマネージャーにさんざん怒られたんですよ。(E氏)

以上いくつかみたように、経験ナシからの出発であっても直面する課題に取り組む過程で介護者としてのスキルは相当に蓄積されてきている。定年退職後の生活適応の大変さに比べれば、家事や介護の生活への取り組みの方がまだましであったという感想もある。日々何をしたらいいかを決めなくてはならなかった退職後の頃と比べると、家事と介護の生活は大変だがすること、しなくてはならないことがはっきりしているのでその違いが実感されている。

家事経験アリ：
　妻の介護者となった老夫が、すべて経験ナシからの出発であったわけではない。それまでの人生で経験してきたことが、新たな課題状況に取り組む際に参照される。軍隊での調理経験、結婚前の自炊経験、共働きでの家事分担、病弱な妻の入退

院などである。好んでしたわけではなかったが、こうした経験が否定的に受け止められていない点も注目される。

3 改めて夫婦であること

　高齢夫婦世帯における夫による妻の介護生活は、前節で述べたように【介護日課の構造化】によって現実的に成り立っている。しかし、彼らは夫婦の関係にあり、単なる在宅介護でも老々介護でもない。彼らの人生と生活の延長に現在の介護生活があるのであって、夫は在宅介護者である以上に「妻の」介護者なのであって、彼が日々行っているのは妻のためであり、自分たち夫婦の生活のためである。それゆえに妻の介護者である生活は、夫にとって、夫婦であることの意味付けを継続的に行っていく過程であり、それが【介護日課の構造化】と調和することによって安定が図られていく。

　【改めて夫婦であること】とは、介護経験を通して生まれてきた夫婦であることへの新しい意味づけや現状への受けとめを指す。このカテゴリーを構成するのは、〈愛情文脈化〉である。これは、妻との関係性について夫が行う意味付け作業の核となる概念である。これに影響を及ぼすのが「要介護妻の受容困難」であり、また、夫が妻について抱く「妻への思い」と、自分が妻の状態であったらどのように感じるのかを表す「妻を慮る」の両概念が〈愛情文脈化〉による意味付け作業に材料を供給する。

3-1　要介護妻の受容困難

　要介護の状態にある妻を夫が受け入れられないときに語られ

るのは、元気だった昔の妻である。日常的なやりとりにおいて妻との摩擦やズレは珍しくはないのだが、老夫は〈妻への思い〉や〈妻を慮る〉ことから自分なりに意味付けし、受け止めている。そのキーワードが、後述するように、愛情である。ここで説明する概念「要介護妻の受容困難」はそうした作業がむずかしい場合を指す

　最初のうちはまだ相手（妻）病人で、私がサポートしてやらなければと、そういうような事を思っていても、長い日常生活の中ではね、昔を知ってる、元気な時の彼女を知っているから横着だという風に思ってしまう。つまり、こっちの側から計算するとね、昨日やった事をまた今日はついやってくれないというように。…どうしてもその昔の元気な時とやっぱ比較、比べてしまうというか…そうですね。昔はみんなやってくれたし、みんなできた。同じことを今度は私にさせて、昨日はできた事を、何で今日はできないんだと（思ってしまう）…だからそれはまずいとは思うんだけど。(E氏)

夫は妻に対して必要な介護をしている。しかし、妻の反応を受け止めきれず自分でも自分の理解の仕方が「まずい」と分かりながらイライラが残る。そこで参照されるのが昔の元気だった頃の妻である。かつての妻と現在の妻の対比は明らかに「違う」事実として自分を納得させるためとも考えられるが、この構図では現在の妻を受け入れることがブロックされてしまう。ただ、夫は自分の受け止め方が「まずい」と分かっているので今後変わる可能性はある。

3-2 妻を慮ると妻への思い

妻を慮る：

　妻がどういう思いでいるのかを、自分を妻の立場に置いて夫は推測的に理解している。

　例えば、B氏（81歳）の場合である。

　　本人がこの前もこの土地半分私にくれて、私と別れましょうかって言うから、別れるならいつでも別れるよと。しかし、別れたら誰がお前の面倒を見てくれるんだと。兄弟で面倒見てくれる人がいるかと。いるんだったらいいよと。だけど実際問題としてそういうのは誰もいないわけですからね。それはもうそれっきり言わなくなりましたけどね。…すると今度は入院させてくれ施設に入れてくれと。だけど入院するとかしないとかってのは自分が決めることじゃなくって、病院の先生が（決めることで）…お前が入院をしたいから入院できるって問題じゃないよと。

　B氏は「結局自分が施設に入れば、私が楽になるだろうっていうことでそう言うわけですね。本心じゃないと私は思っているんです」と、妻の反応を読み取っている。他の人はわからなくても、妻のことは「わかっている」。

　　ですからね、何やかんや言いながらも、その、自分の家にいるのが一番良いし、夫婦で喧嘩しながらも、自分の家にいるということのほうがいいと私は思ってるんですよ。

　次は、要介護度5のアルツハイマー病の妻を介護しているL氏の受け止め方である。

結局、ほら、こうゆう病気、何が原因かわからないよ。何が原因かわかんないけど、たとえば…発病の引き金になるのが、ほら、こっち（夫である自分）にあるのかも知れないしね。だから、分からないけどね、だから、母さん（妻）、もっと他の人と一緒（結婚）だったほうが、良かったのかな、なんということを思うことがあるね。でも、まあ、あれだね、縁があったんだろうね、やっぱり、縁があったんですよ。…私は、あの、人を殴った記憶はないからね、母さんに殴られたもん。それは、なんというんだろう…錯乱というか、あの、自分のこの、非常に、ほら、私は、自分がなったことないけど、やっぱり、どんどんどんどん、自分がおかしくなってね、そういう不安やなんかでも、あれだね、やり場がなかったんだろうね、きっと…そういう意味じゃ、本当にかわいそうだよね、やり場ないもんね、自分がおかしくなっていうことは分かるんだからね、本人は。

　自分は人を殴ったことなど一度もないが、介護している妻に殴られたことを語っている。そして、妻がなぜそうした行動をとったのかをこのように理解している。

妻への思い：
　現在の状態にある妻についてというよりも、これまでを振り返って語られる妻への思いを指す概念である。

　　結婚生活も含めて事業も順調に来るってことは、大勢いて僕だけの力じゃないんで、社員の力もあるけれども、家内の力も大きかったわけだし、その、特に心配もしないで、任せて、それで今

日まで来られた事に対して、あのその、まぁ家内のずいぶんの苦労があったと。えーそれで不幸にして、まぁこんなことになったと。したがってまぁ、今までの苦労に対して報いてやりたい。(A氏)

類似の例は豊富にみられる。

　私はほら、どっちかって言ったら、これ(妻)が病気するまで、あんま家庭に…、あの、どちらと言えば仕事オンリーできたから。ええ。だから、無理させたところもありますからね、体を。だから、子供産むから休んでくださいっていうのを、出産のとき、私、仕事行っちゃってたんです。ええ。そういうのがあると思いますよ。仕事優先だった。(D氏)

一方、妻の介護を経験して妻の果たしてきた役割について気づくこともできる。

　これはね、不思議なもので、自分がこうやって介護する側に立ってみて、よく家内は子供たち三人をね、立派に育ててくれたなと。こういう感謝の気持ちもある。(H氏)

具体的には優先順位を入れ替え、今は妻を第一に対応している。

　だから、自分の生活より、家内のことを優先的に考えて、ものを買うにしても、これなら食べてもらえる、これなら食べられるって。要するにそれが優先になっちゃうんだな。…昔は私が中心

に物事をね、考えて作ってくれてたけどさ、今逆だもんね。…昔は自分だけが引っ張っていくっていうかな。自分でわが道を行くということが多かったわけだね。家内が付いてきてくれたから。(H氏)

3-3 愛情文脈化

図にあるように「要介護妻の受容困難」と対照的な位置にあり、「妻を慮る」や「妻への思い」から具体的内容を供給されながら、自分が妻を現在介護していることを夫が意味づける形式が〈愛情文脈化〉である。妻との関係について愛情をキーワードに語るのであるが、その意味は多様である。多様であっても、現在の状況を受け止め、妻の介護者であること、要介護状態の妻の夫であることを、受け止める文脈となる。

さて、〈愛情文脈化〉については、次のD氏が最もわかりやすい。少し長いが引用する。

そうですね、一番やっぱり大事にしたいっちゅうのはですね、このままの状態でですね、(妻の)病気が悪化しなくてですね、もっと長生きしたいっちゅうのがあるですね、…人間って不思議なもんで、年とって初めて夫婦のよさが出てくるんですよ。これは。若いときはですね、お互いに健康だから、どうでもいいんですよ。早い話が、これが年々、年取っていくでしょ、もう後が短くなったらですね、やっぱり2人で一緒にいる時間を少しでも持ちたいっていうのがありますね。…早い話が、ここで別れたらですね、一生会うことないわけですからね、もう。ねえ。そしたらですね、お互いにいとおしくなるんですね、やっぱりね。…

今になって初めて、少しでも2人で、こう、長生きしてやる。

ええ。それがやっぱりあれですね、愛情の表現でしょうね。ええ。若いときはそうも思わなかったですけどね、やっぱり、まず考えなかった。最初、介護した当時もなかったですよ。ここ、ほんの2、3年前からですね。少しでも、ほら、長くこのままの状態でいきたいという、あれで。うん。だから、私ができることがあったらやっていきたいっていう、それが出てきたのは最近ですよね。…だんだん、だんだんですね、人間、こう、やっぱり不思議ですね、やっぱり、長く住んでどるうちに、やっぱり愛情というのは芽生えてくるんですね。ええ。だから、(妻の)病気がなかったら、おそらく私も気づかなかったでしょうね。

リューマチで要介護度5の妻をこれまで7年間介護してきているD氏は、若い時でもなく、介護が始まった頃でもなく、2,3年前から愛おしさが芽生えてきたという。共に在ること、限りある時間の中での一緒の生活の意味が、自然に「愛情」という言葉に結晶化している。

次も類似例である。

現在自分にとって一番大切な人はやっぱり妻だよな。でその理由はっていうと、やっぱり50年近くね伴侶として共同で今日までやってきたわけだからね。同志だもんな。それから、一番大事なのは。うーんそうねぇやっぱり思いやりだろうな。うーん。まぁ愛、愛なんかってもなー。やっぱり思いやりだろ。なぁ。…今ああして全然動けなくてさ、居眠りばっかしていて(笑)…まぁただいま言えることはこれ以上ね病状が進まないで1年でも2年でもできるだけ長くね現状維持であってほしいと、いうところでしょうな。(I氏)

I氏はアルツハイマー病で要介護度4の妻との生活である。同じ意味であるが、I氏には「愛」よりも「思いやり」の方がしっくりくるようである。

　D氏はストレートに表現しI氏もそれに準ずるが、彼らは率直に表現している方であり、むしろ例外的である。〈愛情文脈化〉の愛情の意味は直接表現されることは少なく、解釈によって「愛情」ととらえることができるものである。老夫たちの世代では自身の夫婦関係を語る時の言葉としては馴染みがなかったこともあろう。しかし、関係性を特徴づける要素ではあったから、その表現は現在の介護状況にあって実に多様な表現により語られる。

　愛情という言葉を持ち出すが、ストレートな表現ではなく逆に否定的な意味で語ることによって、愛情を表現することもみられる。次のG氏は中間を行き来しつつ結局は義務でないことを確認して、自分では否定しながらも「愛情」であることに語りつつ気づいていく。

　なんと言うんだろう、今まで、二人でこう生活、50何年やってきたという、何だろうね、これ、なんていうんだろう、なんと表現、そこが難しいんですけれどもね、向こう（妻）は感じないよ、たぶん、向こうはもう分からない。義務というふうでもあるかもしれないね、これは。やるのが当たり前っという感じもあるね。僕の場合は、義務じゃなくて、義務だったら、とってもできないでしょう。…愛情？愛情かも知れないね、分からないね、僕、自分では愛情だと思ってないけど。愛情かな、他人様から見れば。愛情かも知れないですね。義務だけではできないかもしれな

いね、馬鹿らしくてね。(G氏)

愛情は屈折した表現にもなりやすい。

　私は100歳まで生きようと思っているんですよ。家内はどうせ先に逝くだろうからね。そのあとですね、私はね、おおいに老いを楽しもう、あーいや、老いとは言わないなぁ、えぇ、余生を楽しもうと思って、がんばっているんですけどね。…といって家内がね、1日も早く逝ってくれとは思っていないんですけどね。口にはときどき出すわけですよ。早く逝ってくれよ、もう私は助かるってね。もう40何年一緒にいるんですよ。えぇ。しょっちゅう離婚、離婚なんてね、離婚すると脅かしていたんですけどね。結局、でもなんか40何年。(F氏)

どちらが「脅かしていた」のかインタビューでは尋ねていないのだが、前後の文脈から判断すると、夫と妻、それぞれからのようである。夫婦の関係はさまざまであろうし、愛情なるものの形も一様ではなかろう。が、それが夫婦関係の中心要素だとすれば離婚は愛情の否定ともなりうる。だが、離婚、離婚と言いつつ40年以上共に生活してきた夫婦には"離婚＝愛情"という当事者間でのみ成り立つ記号となっているのかもしれない。

　妻に対して「言ってはいけないこと」を守るのも、愛情表現である。

　まぁ苦労もしたし、かわいそうだと思うしね。だってもー普通の体じゃないんですもん。…話もできないし、返事も返ってこな

いからね。とにかくもう自分でできるだけのことをね、やってやるしかないんですよね。…言ってはいけないっていうことは結局、自分（妻）がやっぱし病気になっちゃってね、俺に対してさ、迷惑かけてるっていうようなあれも、あったかもしれないんだよね。それで結局別れてもいいとかさ。そのようなあれがあったのね、やっぱりね。それからやっぱりさ、あのーんー自殺とかしそうになったりさ。そのような、考えられないことをね、やっぱりね、色々ありましたよ。そりゃもう病気になってから、結局病気がさせたっていってもしょうがないですよね。どうにもなんなかったから。俺はだからもうねぇ結局一緒になった以上はさ、(別れるとかは)一切考えたこともないしさ。(M氏)

自分がこのような状態になり夫に迷惑をかけているという思いが妻にとってどれほどのことかM氏は理解し、今では流動食で口もきけなくなった妻の介護への決意である。

愛情はまた、夫婦の関係要素から保護的関係要素へと変質することもある。L氏は、認知症で要介護度5の妻を介護している。

ショートスティってあるでしょ、それは使えばいいってみんなゆってくれるんだよ。だけど、うちの場合全然、当てはまらないんだよ、つまりね、あの、母さん（妻）のそばについていて、私と同じようにやってくれるとこなんてないもん、うん、ない。たとえば病院でもショートスティできるよ、三日とか四日とかね、あるいは五日でも、あずかってくれる。だけど、私と同じように(吸引が)できるわけがない。…(今家では)洗濯でしょ、それから、おむつ交換でしょ、それ(体位交換)もやる、それも入る。もち

ろん入る。それから、目薬あげたりとか、顔拭いたりとか、そういう母さん、つまり、母さんが自分でやることを私が代わりにやっていることだけ…

　入院させたらね、母さん死んでるよ、姥捨て山みたいなもんだからね。病院に勤務している人はそんなことないというかもしれないけど、だって、手当ての仕方が全然違うもん。やっぱり、あの、わたしが、好きなようにやっているようには無理だからね。この母さん、俺が選んだんだ。…

　私の考えは、うん、母さんは、わたしが選んだ相手で、あの、予期してない病気になっちゃったと。母さんは、自分では、もう、何もできなくなっちゃった。だから、私がみてあげるというそれだけの話だね。非常に、なんていうんだろうね、ぜんぜん、面白くない答えかもしれないけど、うん、実際そうだよ。でなかったら、もし、そういうこと考えたらね、できないよ、やってられないよ。…でも不思議に、早く逃げ出したいとは思わないね。不思議に、全然思わない。ただ、体がきついことは確かだよ。ねむいしね、だるいし…。

　妻を「母さん」と呼ぶL氏は、日々の行動も意識の面でも妻の介護者として自身を"フルタイム化"している。自分の生活と一体となり手放せなくなったようにみえるから、フルタイム以上のコミットメントになっている。「すまぬ、すまぬを、背中に聞けば、馬鹿を言うなとまた進む」と『麦と兵隊』という軍歌を引いて、妻は戦友、現在の心境にぴったりだという。危うさと紙一重のこうしたヒロイズムが、L氏による〈愛情文脈化〉の特徴である。

　最後に、もう一つの文脈化の例をみておこう。

しかも、そういう裏切りがどんどんどんどんわかってきて、すでに、愛情、愛情とかそんな問題じゃなくなってきてるわけだから、だから、もう、ほんとにあの、何て言うか、もう、ボランティアという、ボランティアでやってるというね、感覚でしか、感覚でいかなきゃですね、とても続かないと思いますね。ただ、ほんとに愛して、愛情がずーっと続いていたんだったらどうかなと思うんだけどね。続いてないから、もう、いきさつ上仕方がないという、ボランティアみたいな感じでやるんでしょう。…こういう風に変わってきて、もう、あの、ボランティアだと思わなきゃ、愛情あったらもっと辛いなあと、…今、今ね、もう有り難味なんて全然感じてないからね、本人は。ね、自分が、何もできなくなっちゃって、全部やってもらってんだっていう有り難味なんて一つも感じて無いから。こっちも仕事と割り切るよりしょうがない。割り切れるけども、向こうが申し訳ないとかね、今までの生活これで幸せだって、こうなってすいませんとか、そういう風な本当の気持ちがね、本人から表れてきたらね、もっと辛いと思いますよ。無い方が、むしろね、あの、ボランティアと割り切れる方が、むしろね、僕は、まだ楽かなという気がしますね。(O氏)

　今ではアルツハイマー病であることを理解しているが、冒頭の「裏切り」とはまだ病気が原因と十分理解できていなかった頃のことを指しているのだが、その気持ちは今もまだ生きている。12, 3年前のことであるが、妻が怪我で入院中にいろいろなことがわかってしまう。自分で調理をしなくてはならなくなったO氏は、台所の戸棚の奥に古い缶詰がいっぱい詰め込まれているのを発見する。中には破裂した果物の缶詰もあっ

た。台所の片付けに一週間もかかる。また、外出用のバッグが押し入れから30個以上も出てきて、その中にはパチンコ玉とチョコレートが入ったものがあった。パチンコに凝っていた時期があったようである。他にも同じ下着が数十個使われないまま購入されていた。自分が必死で働いていたときの妻のこうした行動は、O氏にとっては今でも「裏切り」なのである。

10年以上の時間を経てもそうした感情が生々しく残っているは、現在妻のために食事作りを始めかなりの介護を担っているのに、妻からは文句ばかりで感謝やいたわりの言葉がないやり取りが続いているからである。妻は自分に都合の悪いことには黙って答えない。上記の引用だけでなく、例えばトイレを汚す。

「お前ちゃんと座ってやったらこういう風な汚れ方はしないよ」とね。手前の方におしっこが漏れてて、前の方にはうんちが出てる。それで、その、「どうやって、どうやってやってんだ」とかね、聞くんだけど、隠すんですよ。言わないんです。絶対言わないんです。そう言うのは返事をしない。それで、例えば、トイレの、あの、後で見せますけども部屋のね、畳の上に御座を敷いてあるんだけども、そこんとこにうんちこぼしたりなんかしてる。

O氏については、すでに汚れものの洗濯の例をみてきた。妻のこうした言動が「裏切り」の気持ちを今でも生々しいものにしている。面倒をみてもらいながらいちいち文句をつける妻とは夫婦の関係とは思えないし、愛情もなく、ボランティアだと割り切ろうとしている。妻の介護の責任を担い日々実践しているのであって、責任を放棄しているわけではなく、手を抜い

ているわけでもない。むしろ、食事一つにしても自分のことはさておき、妻のために献立や材料をいろいろと検討している。その自分を語るのに、ボランティアという言葉を使っている。O氏はボランティアを定義してはいないが、夫婦としての愛情はすでに崩壊しているようにもみえる。しかし、「妻の」介護者であり続けている。

　ボランティアは社会的関係を指す。仕事でもなく義務でもなく、自発的な善意の他者である。O氏にすれば「善意」は余計と思うであろうが、この意味は必要で、愛情が変換されたものと考えられる。つまり、同質のものを別の設えに置き換えることで、介護者としての自己を維持している。愛情を否定しているが、これも愛情の一つの文脈化であると解釈できる。

　そう解釈するのは、妻への愛情が本当に続いていたら自分にとっては辛いし、また、妻から感謝の言葉が出れば、それはそれで自分も辛いし、それ以上に妻はもっと辛いだろうと思っている。愛情が無邪気に語られればその瞬間にギリギリのバランスで成立しているそれ自体を破壊してしまう場合もあるのである。ボランティアと割り切るのが「まだ楽なのである」。それが介護者としての自分自身を支える見方になっている。

4　砂時計の時間感覚

　【介護日課の構造化】と【改めて夫婦であること】とともにコアを形成するのが【砂時計の時間感覚】である。これまでの議論で散見されたように、高齢夫婦世帯で夫が妻を介護する日常は安定が図られるが、どこまで対応ができたとしても残された時間は短く、妻の状態も、そして、自身にも何が起きるか将来

は不透明であるが、遠くない将来に何かが起きるであろうことは確実でもある。過去と現在と未来との境界が崩れかけたような時間意識をもたらすように思われ、現実的なこと、夢／非現実的なこと、自身の死後も妻の介護者であろうとすることなどが混然と、しかし、矛盾なく成り立っている。夫婦という関係性の終焉を見据えたところでの問題であり、自分の死の受け止めとも異なり、また、要介護状態にある妻の死への受け止め方とも異なり、あくまでも介護者としてこの問題に直面するときの複雑さがある。

　【砂時計の時間感覚】の中心をなすのは、一言でいえば、将来への不安である。【介護日課の構造化】との関係では現実的選択肢としての「施設入所へのためらい」が、また、【改めて夫婦であること】との関係では「やり残し願望」が関係している。

　将来への不安は、不安への備えとして語られる。究極的な備えは、妻より先に自分が亡くなる場合に対してである。

　家内が「もし私が倒れたら、私（家内）はどうすればいいんだろうか」っていうことがものすごく心配になって、もーそればっかりこう言うわけですよね。だけどこればっかりはもうどうしようもないって。それで、とにかく自分（妻）は何も出来ないから、結局そのー、全ての準備をしてくれと言うことで、それでもう、お墓ももう20年ぐらい前に、…それから去年、一昨年…生前の戒名ももらいましたしね、永代供養料も払いましたしね。もう全てあのー、全部、あのー、そういうものは用意してあるんですけどね。(B氏)

確率としては要介護の妻よりも夫が先に亡くなることはあり

うるので、要介護状態であれば逆にそのときのことが心配になるのであろう。しかも、先々への備えは墓や永代供養料だけでなく、その前の段階も、また、その後のことも含まれる。

　これはね、(夫である自分が) 死亡時の対処事項ってことでね、全部ここに書いてあるんですよ。…(自分が) 入院した時には下手な延命工作はしないで。そいで、とにかく生きてる間に、その私の名義の郵便局とか預金を全部下ろしなさいと。死んでからだと面倒だから。ま、そういうことも書いてあるんです。…葬儀が (ある団体に) 前から入ってますからね。(そこを) 病院の看護婦さんかまたは事務員の人に言っておきなさいとかね。…
　そいから、銀行は担当者が誰だとかね。…大事なものは、貸し金庫に、銀行の貸し金庫にはこういうものが入ってるとか、通帳がね、年金証書が入ってるとか。ほいで年金証書も、そのー、すぐ返してしまうと、今度遺族年金をもらう時に、また面倒だから、遺族年金の手続をしてから、返しなさいと。そいで、それがあのー、一週間から10日以内でしょ。それから、あのー、税務署にも、あのー…例えば8月に亡くなってるとしてもそれまでの間年金が、二か月に1回ずつ入ってますからね、やはりそれは税理士さんに頼んで、そのー、税務署に届けなさいと。それだから遺言書は書いてあるけども、法だと、妻が4分の3で、残り4分の1の遺留分を、請求された場合には兄弟がおりますからね、請求された場合には、権利を放棄しない限りは法の適用を受けますよと。それでね、それからね、1から10まで細かくね、あのー、これ書いてあるんですよ。(B氏)

驚くほど細かなところまで段取りをしているが、どれも現実

となれば重要な内容であり、介護者としての自分が先に死んで不在となってもその役割が遂行されることへの執念のようなものが感じられる。この発言はB氏の先々への備えが完璧に近いことだけを語っているのではなく、おそらくこのようなレベルの気配りによって日々妻の介護にあたっていることをも意味している。トータルな責任意識である。

自分が先に逝くか、介護を担えなくなる現実的可能性への対処も検討されている。

> (妻の) 弟さんに一切後継をお願してあるんですよ。だから後はね、後はね、もう最後は (この家を) 処分して施設に入っちゃう。私が残ったときにはね、この屋敷を全部引き払ってそれを元手に施設に入る。(C氏)。

あるいは、医師から人工透析が時間の問題と言われ、そうなったときのことを心配しつつ、腎臓に負担の少ない食事を作るなど、できるだけその時が来るのを遅らせようと努めることもある。

将来の不安が現実的であるがゆえに逆に考えようとしないのも一つの対処方法となる。

> だから、えー考えたくもないし、結果的にあんまり考え付きませんねぇ。…将来の事については、…やっぱりね、ここ (自宅) を離れられないですよ。(A氏)

施設入所へのためらい：

先のことではなく、現時点で妻を施設に入れるべきかどうか

はためらわれる。そうすれば介護状況からは脱出できるが、満員のため簡単に入れないし入れることへの複雑な気持ちがある。

 きるだけは入院させたくない、施設へ入れたくないわけですから、ええ。私が元気な間は。私がもう動けなくなったら、これはやむを得ないですもんね。(D氏)

やり残し願望：
 残された時間の短さは、いったん過去に向かいやり残したことをこれから行いたいという、現実的というよりも願望として表現される時間志向を特徴とする。

 うん、家内が治ったらね、旅行しようと思ってるの。これまでのやり残しがいくらでもあるの。というのはね、私がね、高年齢まで働きすぎちゃったの。たまたま会社を辞めてね、家内と旅行しようと計画を立ててたの。そうしたら、こうなっちゃって。…そうそう。だから、家内が治ったら、急いでそういうところにいきたいと思うし、もう日本中の隅から隅までドライブしたいと思う。(H氏)

H氏もこれが限りなく夢に近いことは知っている。それでも二人の将来に向かう時間志向をもとうとするのは「今日一日、今日一日」と時間との戦いの日常があるからである。
 対照的に、妻が病気になり、やり残しをつくらないようにと実際に願望を前倒しで実現することもある。

家内が病気になりましたから、だから、先がそんなに長くないっとなりましたから、海外旅行にいったんです。せっせと行ったんです。4年間で16回行きました。それは、すごいことじゃなくてですね、これまでの絵とか、美術とか、(自分は)そういう興味はそれほどなかったんですが、先が短くなったんだろう、お互いにね、その間、できるだけ、同じ趣味を持ってね、やったほうがいいだろうと思いますけど、一生懸命、僕も家内に趣味を合わせてですね、やったんですよ。…

　これは、去年行ったんです…北海道、いいでしょ。…旅行というのは絆だったかも知れませんね、あの、僕が勤めていた間はね、海外旅行はね、連れていったことないんですね、全然。悪い、悪いと思ってましたけれどもね、病気になってくるとね、あれ(妻)はもうスペイン語が好きでしで、スペインに行きたい、行きたい、ずっと、前から言ってたんですよ。それがね、すごく悔やまれましてね。病気で最初に手術したときにも、もう、どんなことがあっても連れて行くつもりで、連れて行ったんですよ、それで、海外旅行を始めた。幸いにも体力ができてきて、できるように。4年間、帰ってきたら3ヶ月ぐらいかけて計画を立てて、一度にまあ、1週間か3週間。それが、すごく楽しい、病気でしたけど、楽しいことですよね。(Q氏)

5　分析結果の実践的活用に向けて

以上が分析テーマを高齢夫婦世帯における夫による妻の介護プロセスをとし、分析焦点者を介護者である夫としたM－GTAによる分析の結果、すなわちグラウンデッド・セオリー、理論モデルである。介護プロセスが構造的にとらえられたので

はないかと考えている。分析焦点者である老夫の姿から、単にがんばっているとか、いつまで続くか心配だといった類いの印象を超えた、人間としての強さ、雄々しさが感じられるのであり、それに応えようとすることがこの結果の実践的活用につながる。

グラウンデッド・セオリーは説明と予測に有効であることが求められ、とくに予測に関しては分析結果の実践的活用と一体となる。高齢者ケアに詳しい読者は自身の経験に照らしてすでに一定の評価ができるであろう。

ところで、評価との関連でいうとM-GTAによる結果は分析焦点者を介して一般化可能の範囲が設定されるという点を確認しておきたい。つまり、今回の場合であればこのグラウンデッド・セオリーは特定の21名の調査協力者のデータから生成されたものであるが、この21名についてだけ説明するのでなく、類似状況にある他の多くの老夫たちについても説明と予測に有効性を持ちうるであろう。これが一次的な一般化可能範囲である。次に、この分析結果は分析焦点者とは異なるが類似した役割にある介護者、例えば高齢夫婦世帯で妻が夫を介護している場合や他の条件下での在宅介護に当たっている介護者にとっても部分的には有効であろう。これが二次的一般化可能範囲である。この分析結果が二次的範囲でも活用可能であることは、ケアマネジャーなどからの反応でも確認されている。

すでに論じてあるので簡単に触れるにとどめるが、グラウンデッド・セオリーは研究対象についてすべてのことがらを説明するものではなく、明らかにすべき問いである分析テーマに対して、主要な特性を相互に関連付けてまとめたものである（木下、1999、2003、2007）。一つの理論モデルであって、それ

をもとに、応用者／実践的活用者は自らの現場において必要な修正を施しながら最適化していく。これが、グラウンデッド・セオリーがプロセスとしての理論であるとする所以である。

　実践的活用の観点からこの結果を少し具体的にみていこう。

コアのカテゴリー関係からみると…：

　現実対応領域である【介護日課の構造化】と関係性領域である【改めて夫婦であること】とのバランスがとれているかどうか、そこに【砂時計の時間感覚】が制御された関係にあるかどうかが大きな判断ポイントとなる。【介護日課の構造化】が成立しなければ在宅での介護は現実的に破綻していることになり、【改めて夫婦であること】が成立しなければ介護者である夫が精神的に追い込まれている可能性がある。そして、【砂時計の時間感覚】が崩れてしまうと不安が高じてしまい【介護日課の構造化】と【改めて夫婦であること】の両方を不安定化しかねない。この三者のバランス状態をみることで現状のアセスメントがトータルにできる。

【介護日課の構造化】からみると…：

　〈介護合わせの生活リズム〉と〈介護者スキルの蓄積〉がかみ合っているかどうか、〈サービス合わせの生活リズム〉と〈介護者スキルの蓄積〉がかみ合っているかどうか、そして、この両者のかみ合わせのバランスがとれているかどうかが判断のポイントとなる。求められる介護者のスキルは動きの違う生活リズムの調整作業でもあるからどちらかに偏っていないかどうかに注意を払う。

　〈介護合わせの生活リズム〉と〈サービス合わせの生活リズ

ム〉はともに介護者の一日24時間を規定してくるので、前者の偏り、とくに睡眠不足など影響の大きい問題に対しては改善に向けて後者を工夫する。これはサービス内容と同時に生活リズムの改善として検討する。例えば、夜間にスポットケアが提供されれば介護者の負担は大きく軽減される[3]。また、日中帯のホームヘルプにしても訪問時間が介護者にとってできるだけ休息となるように工夫したい。介護者役割から一時離脱するにはディサービスに出かけている時間は貴重である。少なくとも、サービス利用に付随して新たな負担を生じさせないよう配慮することである。このように生活リズムに着眼することで介護者支援は具体的に対応できる。

一方、老夫たちが必要な介護スキルを身につけることも重要であり、今回の結果は〈介護者スキルの蓄積〉を強調しているが、具体的な介護行為や家事行為のスキルについてもその力量の見極めや指導が必要となる。

〈介護合わせの生活リズム〉と〈介護者スキルの蓄積〉の関係…

仮にサービスを一切利用せず老夫が一人で妻を介護する場合は、この関係だけとなる。これだけで【介護日課の構造化】を成り立たせるのは現実的には無理であり、今回の調査ではサービス利用が組み込まれているので、こうした極端例は含まれていない。ただ、理論的設定としてはおさえておくとよいだろう。なぜなら、サービスを全く利用しないケースはほぼないとしても、利用可能なサービスを拒絶して孤軍奮闘している場合は実際には少なくないからである。

具体的着眼点としては、直接的介護行為に関連して肯定的概念（妻行為の確保、合理的工夫、介護関連の記録化、自分の

ための行動、予測対応、外部限定支援など）がみられるかどうか、逆に、介護上の困難に関連して否定的概念（健康トレードオフ、介護のための中断、予期せぬ失敗、応援親族欠如など）がどの程度みられるか、をチェックすることである。前者は介護状況をコントロールできていることを示唆するし、後者が増えれば余裕がなくなりつつあるといえる。大きなリスクの前に小さなリスクの発見はこのレベルで行うことができる。

　また、肯定的にせよ否定的にせよ、おそらくここで明らかにできた概念は一部であって他にも当然あると考えられるから、自分で気がついた概念を新たに追加することで自分の関わる場面での最適化に向けてこのグラウンデッド・セオリーを修正していける。

　また、これらの概念は個々人によって重要さに比重があると考えられるから、その人にとってどれがとくに重要であるのかを特定できるとさらに焦点を絞った支援を提供しやすくなる。先に説明したようにできるだけ対の形でまとめてみたが、例えば介護者にとっての「自分のための行動」と「介護のために中断」の影響の大きさの比較は、介護役割以外の生き方に関わるので慎重な見極めが必要となる。

〈サービス合わせの生活リズム〉と〈介護者スキルの蓄積〉との
　関係…
　仮に夫が直接的介護行為をまったく行わずサービスだけを利用して【介護日課の構造化】を図ろうとすれば、この関係だけとなる。私的に介護者を雇うのであれば話は別であるが、現実にはこうした例はまず考えられないから、これも理論的設定である。

この関係について述べる前に、サービス・メニューの決定に言及しておきたい。介護保険が提供するサービスの種類は決まっており、サービスは利用者（要介護者）のニーズに対応して決められるから、多くの場合、比較的単純なパターンの組み合わせとなる。スケジュール化の煩雑さ――それは多くの場合、担当者を張り付ける周旋作業のようなものである――はあっても、ケアマネジャーも慣れればさほど本気で頭を使わなくてもこなせるのかもしれない。しかし、マネジャーのやりがいは、サービスが単品で自己目的化するのではなく、あるスポットに投下することで在宅生活全体を支えるような戦略的なメニューを提案することである。〈介護合わせの生活リズム〉と〈介護者スキルの蓄積〉の関係を診断すれば、要介護者（今回であれば妻）のニーズに対応し、同時に、介護者の生活リズムの偏りを是正するにはどうしたらよいのかが考えられるはずである。

さて、〈サービス合わせの生活リズム〉と〈介護者スキルの蓄積〉の関係は、〈介護合わせの生活リズム〉だけでは偏っていきがちな介護者の生活を一般的社会生活の側に引き戻す働きがある。つまり、標準的な時間の世界を持ち込むことでサービスの利用は【介護日課の構造化】の成立と維持に実は大きく寄与している。この理解がまず大事で、そうすると、着目すべき点としては大きくは〈サービス合わせの生活リズム〉と〈介護者スキルの蓄積〉のバランスがとれているかどうか、さらに絞って言えば、個別的な〈介護合わせの生活リズム〉と標準的な〈サービス合わせの生活リズム〉との調整がもっとも困難な点はどこかを見つけることである。例えば、いつもは10時頃まで朝食にかけている中で水曜は朝8時50分のディサービス

の送迎バスに間に合わせる場合のように、二つの生活リズムのどの点での調整が介護者にとって負担であるのか、そして、それが許容範囲かどうかを判断するのである。サービス利用時に接する介護者の様子を注意深く観察すれば、この判断はしやすい。

【改めて夫婦であること】からみると…

　ここでのポイントは〈愛情文脈化〉に注がれているエネルギーとその内容である。ここで老夫が妻の介護を引き受ける意味づけ作業が行われるのが、すでにみたように愛情の表現は非常に幅があり、分析者の解釈力が試されるほどである。ただ、どのような内容であれ、妻との関係が意味づけされ、現在の介護状況を受け止める文脈となっているかどうかが着目点である。中には、介護者として現状から逃げられないために強引とも思える意味づけ作業をすることもありうる。つまり、妻との関係性から文脈化が図られる場合だけなのではなく、現在の介護状況の維持のために、つまり、なぜ自分が妻の介護を担わなければならないのかに答えを得るために文脈化が行われる面もないとはいえない。そして、過剰な愛情文脈化、心理的に"手放せない/手放さない"状態になるとそれにより夫は出口を自分で封じることになるから、専門職、とくにケアマネジャーは本分析結果全体を踏まえて夫の状態を判断する。

　過激な発想に思えるであろうが、【改めて夫婦であること】と〈愛情文脈化〉との関連でもっとも重要な判断ポイントは〈愛情文脈化〉の停止、すなわち、妻の介護者であることの解除を提案することであろう。一種のドクターストップである。なぜなら、夫も高齢であるから在宅介護の生活は破綻的な出来事が起

きるまで実は継続できる"危険"がある。十分理解されていない点であるが、これは介護保険制度がもたらしかねない、見えにくい"危険"である。夫が自ら放棄するわけではないから、その場合はケアの対象を夫に切り替え、介入的コミュニケーションが必要となる。

　共倒れへの対処は起きるのを予想しながら起こるのを待つのではなく、その前に身近な外部者がストップをかける責任がある。現状ではケアマネジャーがもっとも重要な役割を担っている。ケアマネジャーは介護者と要介護者との間でていねいなコミュニケーションをすることで、こうした判断ができる。端的に言えば、今回の結果図全体に向い合う位置にいるのがケアマネジャーである。

【砂時計の時間感覚】からみると…
　【介護日課の構造化】と【改めて夫婦であること】が時間でみれば「現在」であるのに対して、【砂時計の時間感覚】は独特の時間ではあるが方向性としては「少し先／将来」である。ただ、その内容は不安であり、それへの備えを特徴とする。したがって、この部分に着目し、不安が他の二つのカテゴリーを混乱させないように注意する。不安が備えとセットである場合はまだコントロールができていることが示唆されるが、不安だけに偏ると介護者であることが限界に近くなっているのかもしれない。

　既に指摘してきたことに加えて、最後に、今回の理論モデルをより効果的に実践活用するために三点ほど挙げておこう。第一に、サービス利用の側面をさらに組み込む必要があるのでは

ないかという指摘である。ケアマネジャー、看護師や理学療法士、作業療法士などの医療専門職との関係、居住地域のサービス供給状況やそこでの関連専門職の力量評価の概念が考えられる。専門職の視点にたてば自然な見方であるが、このモデルは分析焦点者を介護者である老夫とした分析であるためすべての概念、サブカテゴリー、カテゴリーの主語は分析焦点者である。したがって、専門職が分析焦点者である夫を介してこれらの点について追加したり、実践活用の成果を取り入れて修正していける。

　専門職は独自の見方をもち多くのことを"知っている"。しかし、そのことは"知らない"こともたくさんあることでもある。分析焦点者を夫とすることで介護者としての日常の複雑さ、サービス利用の背景や影響などこれまで当然視していた事柄や、訴えのない事柄についてこの理論モデルを使うことで気付けるであろう。

　第二に、介護期間によって概念の比重が大きく異なるのではないかという時間的、経過的側面である。今回の分析結果は時系列的変化を段階として説明するものではなく、どの状況にあってもこの分析テーマと分析焦点者の設定においては理解でき、説明力を有し、かつ予測に有効であることを目的にしている。言い換えると、[介護者スキルの蓄積]や【介護日課の構造化】のように概念の中に必要な時間的要素を組み込んでいるので、時間的側面、比重の異なる点は個別のケアの中でそれぞれの当事者について専門職がウェイト付けしていくことができるように考えられている。

　第三に、具体的な修正可能性として、「直接的介護行為」の前提に夫が妻の心身機能を適切に理解しているかどうかに関する

概念が考えられるという指摘があった。実務経験から結果図をみて着想されたものであり、実践活用に当たり組み込むことができる。この例は、提示されたグラウンデッド・セオリーを修正しつつ活用の最適化を図ることを具体的に示している。

これまで述べてきたように、分析結果のグラウンデッド・セオリーを実践活用する際、応用する場の特性を組み込みながら修正し最適化を図る方法は通常カテゴリーやサブカテゴリーなどの大きな軸の構成に関してというよりも、それらを構成する概念レベルと考えるとよい。応用者に過剰な負担がかからぬよう、そこまでの完成度が期待されている。

注
1)　本章はM-GTAの分析例として『質的研究と記述の厚み：M-GTA・事例・エスノグラフィー』(木下、2009)の第一章「老夫、老妻ヲ介護ス」を短縮化し、さらにヒューマン・サービス専門職からのコメントを参考に加筆したものである。なかでも桜美林大学大学院老年学研究科老年学専攻における筆者の授業を履修した方々の協力に感謝する。
2)　便宜上、カテゴリーを【　】、サブカテゴリーを〈　〉、概念を「」で表記する。「　」に関しては図にあるものが生成された概念で、本文中では通常の使用方法で「　」をつけている。なお、結果図はデザインにより若干変わっているので、注意していただきたい。
3)　この種の例として、スウェーデンにおけるナイト・パトロールの様子が参考になる (木下、2009、第三章)。

第2章

中山間地における高齢夫婦間介護

佐川　佳南枝

1. はじめに

　中山間地における高齢夫婦間介護では、都市部とは対照的な中山間地における高齢夫婦間の介護をテーマとしている。中山間地域とは、国土の7割を占める、都市や平野を除いた山がちな地域のことであり、過疎化が進み高齢化率が高い地域である。本研究においては、こうした中山間地に暮らす高齢者たちの介護を含んだ日常の世界が、公的なサービスや地域のインフォーマルなサポートを受けながらどのように成り立っており、そのなかで夫婦の関係性やケアがどのように意味づけられているのかを明らかにすることを目的としている。

　訪問調査は2009年6月と9月に中国地方の中山間地の2か所の地域にて行い、21名の介護者にインタビューを実施した。聞き取り調査を行ったのは中国地方の中山間地にあるA町とB町である。2010年当時の人口はA町が約3,200人、高齢化率44.5％、B町が約4,800人、高齢化率37％であった。過疎高齢化が進んでおり、産業は農林業への従事者が多い。本稿で用いたインタビューデータは2009年6月から同年8月までの現地調査によるものである。これらはICレコーダーにより録音し、文字に起こしてデータ化した。各町の保健師、元保健師、

ケアマネージャーをインフォーマントとし、対象者を紹介してもらった。文中に出てくるCさんは、元保健師である。尚、文中の固有名詞等は全て仮名である。

インタビュー内容は1日の生活と介護の様子、サービス利用の実態、夫婦のバイオグラフィー、夫婦の関係性の変化などを中心に1時間半から2時間程度インタビューした。対象者の内訳は、女性介護者13名、男性介護者8名、認知症介護12名（男性介護者7名、女性介護者5名）、身体介護8名（男性介護者1名、女性介護者7名）、身体＋認知症介護1名（女性介護者）となっており、インタビューはそれぞれの自宅にて1時間半から2時間程度実施している。分析手法はM-GTAにより、分析焦点者は中山間地で夫婦間介護をしている高齢者、分析テーマは中山間地における高齢者夫婦のケアを含んだ生活実践のプロセス、とした。分析は配偶者へのケアを含んだ日常生活がどのように構成され、どのように営まれているのかに注目している。

2. M-GTAによる分析結果

文中では、カテゴリーを【　】で、サブカテゴリーを〈　〉で、概念を［　］で囲んでいる。

都市部と比べて経済的に豊かではない中山間地では、生活していくために夫婦どちらもが働くことが一般的であり、［夫婦協業体制］という、性別役割分業とは反対の概念で表現される。そのために男性も当たり前のように家事をこなし［男性家事の日常化］がなされている。夫婦は農業など同じ場所で働いている場合も多く、都市部の夫婦と比較して結婚以来多くの時

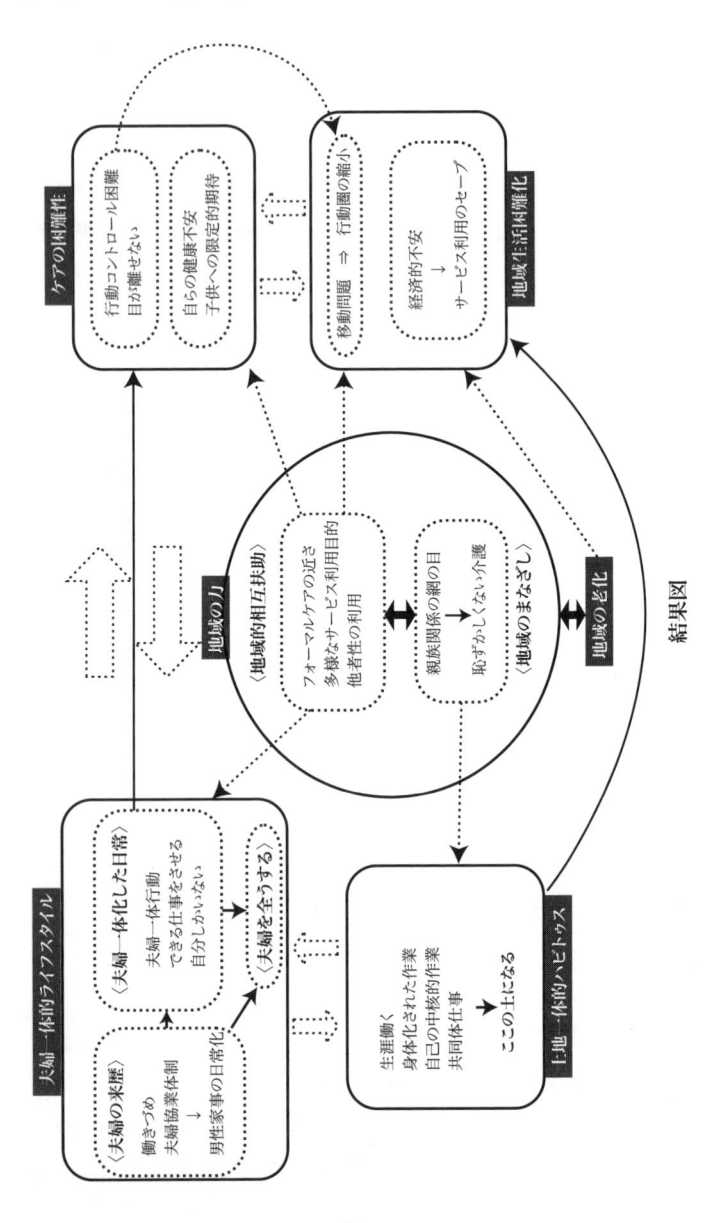

第1部 ケアラー体験の理論モデル

ケアの困難性
- 行動コントロール困難 目が離せない
- 自らの健康不安 子供への限定的期待

地域生活困難化
- 移動問題 ⇒ 行動圏の縮小
- 経済的不安 ↓ サービス利用のセーブ

〈地域的相互扶助〉
- フォーマルケアの近さ 多様なサービス利用 他者性の利用
- 親族関係の網の目 恥ずかしくない介護

地域の力

地域の老化

〈地域のまなざし〉

夫婦一体的ライフスタイル

〈夫婦の来歴〉
- 働きづめ 夫婦協業体制 → 男性家事の日常化

〈夫婦一体化した日常〉
- 夫婦一体行動 できる仕事をさせる 自分しかいない

〈夫婦を全うする〉

土一地一体的ハビトゥス
- 生涯働く
- 身体化された作業
- 自己の中核的作業
- 共同体仕事
- ここの土になる

結果図

間を夫婦で共有してきた。高齢となった現在も【夫婦一体的ライフスタイル】をもっている。またケアラー自身、自分の田畑や軽作業のほか、草刈りや神社の管理など共同体を維持する役割を担っており、生涯働いて先祖から受け継いだ田畑を守り、その土地で生涯を終えることを願う土地への帰属意識が強い【土地一体的ハビトゥス】をもっている。時間により区切られ構造化された都市の介護者の生活と比べて、中山間地における介護は生活の流れのなかで、比較的緩やかに位置づけられている。

　中山間地での生活は地理的環境や自然環境、社会変動に大きく影響を受けており、【地域の老化】が進行するなかで買い物、受診などのための［移動問題］が深刻で、車の運転ができることが中山間地で暮らすひとつの条件となっており、郵便局の統廃合、買い物問題、交通の問題など、高齢者が住み慣れた地域で生活することが難しくなる【地域生活困難化】が進行している。乏しい年金に頼る生活では［経済的不安］から介護保険の［サービス利用のセーブ］も余儀なくされている。〈夫婦一体化した日常〉は、とくに認知症の場合［目が離せない］［行動コントロール困難］といったことから妻や夫から離れられない距離的・心理的拘束感を生じさせ、［行動圏の縮小］をもたらしている。

　こうした【地域生活困難化】、【ケアの困難性】に対して、【地域の力】がそれを支えるものとして機能しており、住民同士お互いに支えあう〈地域的相互扶助〉が行われている。〈夫婦一体化した日常〉においては閉塞的な空間のなかで、介護者のいうことを聞いてくれずに難儀するというような【ケアの困難性】が高まる場合も多いが、地域の隣人が介入するという［他者性

の利用］でうまくいく場合もある。また保健師、ケアマネージャー、デイサービス職員といったフォーマルなケアラーも地域の共同体の一員であるため、フォーマルなケアを提供しながら一方で隣人としてインフォーマルなケアを提供するといった［フォーマルケアの近さ］という特徴があり、デイケアやデイサービスに、リハビリだけではなく買い物に連れて行ってもらう、夕食も作ってもらって持って帰るというような［多様なサービス利用目的］で来ている場合も多く、生活支援のための柔軟性をもったサービス提供が行われている。

　一方でこうした【地域の力】は、〈地域的相互扶助〉としてのプラス面だけでなく、ケアラーへの圧力として働く場合もある。〈地域のまなざし〉として表したのがそれである。中山間地においては夫と妻は全くの他人ではなく、親戚関係にある場合も多い。地域は［親族関係の網の目］が複雑に張り巡らされている。そうした〈地域のまなざし〉を感受して、とくに女性ケアラーは［恥ずかしくない介護］をしなければならないという有言、無言の圧力を受ける。彼女らは舅や姑を介護した後に夫を介護するという介護の連続を体験しており、そうした家族にも言えない思いを家族会やフォーマルなケアラーなど「他者に話す」ことによってストレスを発散させている場合も多く、これも［他者性の利用］のひとつといえる。一方、男性ケアラーの場合は、「話すこと」よりも「何かをすること」で発散されている場合が多い。たとえばアユ釣りや神楽など伝統芸能を子供たちに教えることなど、その人の核となるような［自己の中核的作業］をもっている場合もある。また［共同体仕事］のような役割をもったり、［生涯働く］こと自体が生きる力であったりもする。中山間地の生活では夫婦とも生活の中、人生の中で

［身体化された作業］をもっており、ずっとこの地で生き、［ここの土になる］という【土地一体的ハビトゥス】がしみ込んでいる。

　中山間地の夫婦の間の親密性は、無意識のうちに夫婦間の感情のなかに根づいている。介護をすることになって改めて夫婦であることを問い直し、介護する理由を自覚するというよりも、これまで厳しい自然環境や経済環境のなかで共に生活を営むために［働きづめ］で支えあって生きてきた〈夫婦の来歴〉から、最後まで一緒に暮らして〈夫婦を全うする〉のは当然と考えている。

3. 中山間地高齢者夫婦の生き方―夫婦一体化した日常

　〈夫婦一体化した日常〉は、〈夫婦の来歴〉という、これまでの夫婦の関係性が影響した日常の行動様式である。都市部と比べて経済的に豊かではない中山間地では、生活していくために夫婦どちらもが働くことが一般的であり、［夫婦協業体制］という、性別役割分業とは反対の概念で表現される。日々の方便を得るために夫婦で複数の仕事をすることも多かったのだが、年老いてくると家の近くでできる畑仕事などを夫婦一緒にするようになる。一日のなかで夫婦が共に過ごしている時間が長く、［夫婦一体行動］をとることが多い。脳卒中から片麻痺となった夫を介護するＤさんは次のように語る。(以下、＊は筆者)

　造林公社。あれは農業をしながら。その仕事をするごろは、あそこの田んぼも返しとるし、あのころ山田のもつくりよったかな。それから、よその山の下刈りにいったり、たまに深山カントリー

第1部　ケアラー体験の理論モデル

(働いていたゴルフ場)の休みのときに私もついて下刈りに一緒に行ったり。山に行くときは家で心配しとるより、ついて行って心配しとるほうがいい。(＊：やっぱり心配なんですか。)機械を持ってるだろう、遠くの急な山に入っとるだろう。なんぼ元気ないうてもケガしとるときにわからんけ。戻りが遅いときには、どがいしたんかのぅ思うて、家で心配しとるよりはついて行ったがいい思うて。お父さんが、何かあったときは大きな声をせえよっていうけど、お互いが機械を使っているから聞こえりゃあせんかったが。(＊：じゃあ、ご夫婦ですごい働かれたんですね。)いんや、どこもなあ、あのころは誰もが働きよったよ。うちだけじゃない。みな手仕事だけえなあ、どっこも。子どももねえ、遊ぶ子はおらん。みな忙しいときには手伝いよったけえ。

Dさん夫婦は農業の傍ら、森林の伐採や土木作業や工場、ゴルフ場のキャディーなど様々な労働を行ってきた。忙しい日常のなかでは、男性も当たり前のように家事をこなし［男性家事の日常化］がなされてきた。インタビューを行ったほとんどの男性ケアラーはとくに食事を作るのは当たり前だと語っており、「やらにゃ、うちらは生活ができん」と答える。ある男性は、街中で暮らす婿や娘の婿が料理を作らないことを驚いていた。夫婦の忙しい労働の合間で家事は当然のように分担されてきた。

あのころはもう、朝5時ごろから起きて。歩いて行って苗を取って。まあ家内が先行ってなぁ、わしが弁当をこしらえて行って。

「そうしないと生活ができなかった」という答えが決まった

88

ように返ってくる。夫婦は一緒に農作業をしている場合も多く、都市部の夫婦と比較して結婚以来多くの時間を夫婦で共有してきた。高齢となった現在も〈夫婦一体化した日常〉を送っている。そして認知症がまだそれほど重度化していない場合、［夫婦一体行動］をとるよう努める。

たとえばＥさんの場合。Ｅさん85歳、妻81歳。Ａ町に住む。Ｅさんは妻と独身の息子の三人暮らしである。妻は認知症の初期とみられる。一度、急激に悪化したというが、今はだいぶ周辺症状もやわらぎ、落ち着いて生活できている。妻は通院しており薬は飲んでいるが、まだ要介護認定は受けておらず、ミニデイサービスを利用する。妻も結婚当時は農作業をしていたが、工場ができると電気部品や縫製工場などに勤めた。インタビューにも同席しており、途中でコーヒーなどを淹れてくれるが、「あなたはどこから来なさったの」と同じ質問を何度も繰り返している。夫は最近では妻の行動パターンも読めるようになり、うまく対応している様子である。できる家事や農作業はなるべくさせる。［できる仕事をさせる］ことが症状を落ち着かせている一因ともなっている。夫婦の日課は、朝は散歩に出て、帰ればコーヒーを飲む。近隣の人々もそうした夫婦の姿を微笑ましく見守っている。午前中は少し仕事をするときもあるが、比較的ゆっくり過ごし、午後、農作業や草刈り、道具の手入れなどの仕事をする。

　　天気がよければまた散歩して歩こうと思う。天気がよければこちらを回ったり、あちらを回ったりして。いつも回るコースを変えるんだ。だからＣさん（インタビューに同席していた元保健師）の近くのほうまでわざわざ歩いていくんだ。あのほうは行ったこ

とがないだろう。だけぇな、行ったことがないところに連れてい
く。(C：ああ、やさしいこと。) だから朝は10時ごろに大抵コーヒ
ーを飲む。今のとおり、散歩に行って戻ったら必ず連ろうて飲む。

　若いうちは三人の子供たちを箱に入れて夫婦で子供を脇で見
ながら、草を刈ったり田植えをしたという。今も田や畑仕事は
規模を小さくして行っており、夫が農作業に出かけると家でひ
とりになった妻は寂しくて夫のところへやってくる。

　　草だけはこの前、(妻と) 連ろうて刈ったりしたんだ。(妻が) 刃
　も研いどるが、いい具合に研いどらんけぇ。今ごろは「一人でお
　れば寂しいけぇ、やれん」と言って。それでわしは田んぼのほう
　に行くんだがな。ゴソゴソやって来るんだな。

　夫は認知症が始まって少しずつ異変の生じた妻の行動パター
ンを承知しているので、おおらかに対応している。エンドウ豆
の殻が固いので、取らなくてもいいと言うのだが、畑に来ると
忘れて豆を取る。それでもせっかく取ったエンドウの中の豆を
使って夫はおかずをこしらえる。妻も呆けてきたといっても、
雑草を抜いたりと、農業にはそれなりにできる仕事がある。夫
もそれを理解して鷹揚に対応しているのである。
　Eさんの妻には、物忘れだけでなく、もの盗られ妄想もあ
る。「人が盗る」と言っては、精米した米もあちこちに隠す。通
帳も着物のあいだなど思いがけないところにしまいこんで分か
らなくし、再発行してもらったこともある。彼女は「お客さん
が二階にいる」と夫に告げる。通常は、もの盗られ妄想は身近
な他人である嫁を犯人とすることが多いが、この場合は夫や

息子が犯人とはできずに、ちょっとした身辺の異変（自分が動かしたことを忘れてしまい、誰かがやったと思う、など）から"幻の同居人"の妄想が形成され、その「客」がいろいろなものを盗ると思いこんでいる。幻の同居人は両価的存在であることも多く、彼女はその「お客さん」にご飯までもてなそうとしている。それで何合炊けばいいのか、ご飯はこれで足りるか、と確認しにくる。夕方がたいへんだとＥさんは話す。夕食のおかずは仕事から帰ってきて息子が作る。夫婦とも共働きの中山間地では、ほとんどの男性も食事は作れる。だがＥさんの家では現在でも、炊飯と掃除は妻の役割となっている。

> 最近はいい具合に炊くわ。この頃は飯を炊く水の量もだいぶん分かるようになった。目盛りがあるから全部何合入れればいいようにあったが、この頃は手でやる。わしは昔から飯炊きは手でみんなやりよったけぇな。

Ｅさんは、妻が目盛りが分からなくなったことに気づいて、手を水につけて計る昔ながらのやり方をやるように助言した。こうした方法に切り替えてから、失敗はないと語る。

Ｆさん夫婦はＦさん84歳、妻は82歳でＢ町に暮らす。インタビュー当日は、妻はデイサービスに行っていた。妻は2、3年前に物忘れが始まり、介護度１で週一回デイサービスに通う。ご飯を炊こうとしてもスイッチを入れ忘れるとか、洗濯ものを干すのを忘れている。週に１回、一泊二日で隣県の娘が様子を見に帰ってきて、掃除などをしてくれている。Ｆさんの場合は、妻に農作業は手伝わせていない。「外の仕事はさせやせ

ん。やっても子どもがつついたようなことでな。たとえば畑の草取りを言うても、取りくさし（途中で放ってある）だ」妻は大体、家では脳トレのドリルをやったり、新聞の昔話を読んだり編み物をして過ごす。妻は楽天的性格でデイサービスも人に会ったり、話を聞いたりの交流が楽しみで通っているという。外の仕事はしないものの、食事の用意は自分がするものとしている。ただ昔と較べて薄味であったり、味付けが決まらないし、賞味期限などをチェックする様子もないが、Ｆさんはこのように話している。

　魚やなんぞ切るときには魚屋のおばさんに習っていたというから、わしよりはよう切る。一昨日かな、クロダイのようなものを買ってきて、鱗がごっつうて、これはやれんってブツブツ言いよったで。まぁ、魚をこしらえるのは、わしよりはだいぶ上手な。

　魚の処理はとくに若いうちに実践をとおして［身体化された作業］となっていて、今でもうまくできる作業である。そのほか洗濯も干すのを忘れていたりするので、夫が確認したり、掃除は週に１度、娘が行うなど補完されながらも妻の主婦役割は維持されている。
　彼らは妻にいまだ残っていると考えられる［身体化された作業］の活用をし、農作業なども［できる仕事をさせる］ことを行っている。言語的な記憶はあてにならなくなっても一般に手続き記憶とよばれる身体化された記憶は失われにくいということが暗黙のうちに了解されているからであろう。

　［夫婦一体行動］での会話の中でお互いに過去を振り返り親

密性を確認することもある。B町に住むGさんは、病院や施設で使う布オムツをたたむ作業を請け負い、ほぼ毎日、認知症が始まった妻と二人で行っているという。

　協和リネンて、おしめ屋さん (病院・施設等のリネン類の洗濯業者) があるんですわ。そこのおしめをたたんどるんです。まあ、あれをやめりゃあなあ、よけい呆けようけぇ思うて。まぁわしゃあ運転せんが、あれはしよったんだがね、運転もせんようになった。それやめりゃあ、よけい呆けるけぇ思うて。(＊：こう、作業しとるとき、二人っきりじゃないですか。どんな感じなんですか。ずっとこう、黙々とやるんですか。それともいろいろおしゃべりしながら？) しますで、"おしゃべり"を。(＊：どんなおしゃべりを？) まぁ、あそこにゃ、あれがあった、あそこにゃ、ああいうもんがあるとか、いろんなことをね。そうするとまぁ、はぁ呆けとるけぇ、とんちんかんを言うんだがな。まあ、話がね、右だ言やぁ左だ言うとのことがたまに出るとけんかになる。腹を立てるしなぁ。だんだんあれがひどうなったなぁ。(＊：昔話とかはされる？ 昔こんなことが、若いときあったなぁみたいな話とかされる？) まぁ、「好きだ言うて、あんた来たろうが」いうて、あればっかり言いやがるけぇ。(＊：それ結婚されるときの話？) それがなぁ、やっぱりそういうことは覚えとるんだろう思うな。しつこいけぇ、わしも面倒くさいけぇ、「ああ面倒くさいこと言うな」言うがね。

中山間地の夫婦の間の親密性は、無意識のうちに夫婦間に根づいている。介護をすることになって改めて夫婦であることを問い直し、介護する理由を自覚するというよりも、これまで厳しい自然環境や経済環境のなかで共に生活を営むために[働き

づめ]に働き、様々なことを乗り越えてここまできた〈夫婦の来歴〉があるのだから、最後まで夫婦として一緒に暮らし、関わりあい〈夫婦を全うする〉のは当然と考えている。次に語るHさん夫婦のように中山間地ではなんらかの親戚関係で婚姻している場合も多い。

　そういうとこはね、なにか考えりゃ、やっぱし、うちの血のつながりがあるからそうなるんじゃないかと思って。いわゆる世の他人さんと結婚したんでないこぅにな。そういうのがあるんじゃないかなって私は思う。それはそんなに仲がようて愛情があってとかいうような他人よりもね、何でさぁね、気持ちいうか、心構えいうか、憎めんところがあるんですわね。……まあ置いてみちゃろう思うんだがね。あれにゃ、頼るもんがおらんのだけぇ。うちのおばさんにゃ、頼るもんがおらんのだけぇ。……うん。だって、そんなの乗り越えて今来ているから、辛抱しようと思ったらできんことはないいうて私は言うんです。命があって。うん。できるだけ辛抱して人に迷惑かけんようにしたらいい、いうて。行けるところまで頑張るいうて。私は2人でそんなして。

Hさんは、ずっと夫婦円満できたわけではなく波風もあったけれども、そうした〈夫婦の来歴〉のうえに、親戚関係にあることを〈夫婦を全うする〉の理由として語っている。

4. 土地一体的ハビトゥス

中山間地高齢者と労働する身体

　ケアラー自身、草刈りや神社の管理など共同体を維持する役

割を担っており、先祖から受け継いだ田畑を守り、その土地で生涯を終えることを願う土地への帰属意識が強い【土地一体的ライフスタイル】をもっている。

　彼らは幼いときから家を手伝い、農業を中心に林業、養蚕、土木業などの労働に従事し［生涯働く］。それらの労働は生きるための切実な手段であると同時に、実践をもって学ばれ身体化され、それはまた彼ら自身の生き方ともなって、「人格と一体になった」ハビトゥスを形成している。また80を過ぎた現在でも、ほとんどの人が規模は縮小していても農業などの労働を行っている。

　先のＦさんは、圃場整備や機械のおかげで老人も農業を続けられると言う。「百姓は金にはならんが、仕事はあるんだ、する気になりゃ。その代り、金にならんけん、ただ奉公じゃ。運動のようなもんじゃ」と話す。こうした中山間地に暮らす高齢者たちは、幼いころから労働の習慣を身につけている。Ｆさんは終戦の明くる年に結婚して、農業をしながら炭焼きをしていたことを語り始めた。

　　このほうは、終戦明けはみな炭を焼きよった。あの当時、ここに36軒くらいあっただ。……炭いうものは家によって炭を包装する、萱(かや)で菰(こも)いうがな、包んで出すもの。あれを年寄りでもなんぼでも編まれるんだけん、一家総動員でやられる仕事なんだ。男であれ女であれ、弱いけりゃあ弱いなりに。みんなであれを編みよった。それが昭和30年ごろになってから、燃料革命でガスがはやったり、油類に押されて自然消滅じゃなぁ。炭でもあのころは、誰のが１等になる、金賞をもらう、銀賞をもらういうように、村で品評会をやっていて盛んな時代があったんよ。世の中が

ように変わったけぇ、話にはならん(笑)。(＊：炭焼き小屋みたいなのがあったんですか。)うん、ここらはあの道路もなぁんだし(ないんだし)、こっちの道路もなぁんだし、それだけえ、これから上の者は炭出し小屋をつくってここで検査を受けよった。今道路になっているが、あの当時の道路は馬車道をちょっと拡げたくらいのもので、バタンコいうて三輪車がありよった。あれで、買いに来たりして持って去によんなった。(＊：炭はもうかったんだ。)炭は案外ええんで。ところが、今のとおりだ、ガスや油の燃料革命でやれんようになったなあ。それから今度は土方にみんな行きだして。まだ家がどんどん建つころは、みな山に入って背中に負って出てな。広島のほうから来て、業者が山を買ってやるようになったらここまで背負って出ても、それでも合いよった(儲けがあった)。今は、ああいうことは全然、夢のような話だ。

炭焼きは子どもから年寄りまで一家総動員で取り組んでいた労働だったという。現在の高齢者たちは小さいときから労働を手伝わされて育ったのであり、働くということは小さいころより実践のなかで身体化されてきた。しかし中山間地の労働は自然環境や社会状況に左右される。炭焼きがだめになると瓦工場へ17年、土木作業に17年出たという。農業はそうした仕事から帰ってきてから行った。中山間地では、専業農業という人は少なく、たいがいは土木作業に出たり、工場に勤めながら、またいくつか仕事を変わりながら農業を続けている。「よく働かれましたねえ」と言うとFさんは「働くいうか、あずった(もがいた)よのう」と笑う。

共同体仕事

第2章　中山間地における高齢夫婦間介護　（佐川）

　このインタビューは田植えが終わり、田のまわりの草刈りに人々が精を出す時期に行われた。Fさんは田が下に見渡せる縁側でお茶を飲みながら話していた。「草刈りはほんとに大変よ。草は遠慮なしに伸びるんだけぇ」。大きくなった草では手に負えないので、一月に一回刈っていかないといけないという。だが、Fさんは今の生活や生きてきた人生に満足していると語る。

　　上を見れば限りがない。わしには似合ったような、ちょうどいいなと思うとる。人から見りゃ、そりゃあ奴隷のように見えようが。それはしょうがない。（＊：これからの望みは？）これからの望みはなあ、仕事をしよって、みんなに手をかけんように、ころっと死にゃええがなと思う。草刈りに行って戻らんけぇ、行ってみたら死んどったいうたら、自分にはあれが一番ええんだって言うんだ。

　しかし共同体の一員として草刈りと同じように町内の役をやるという義務が内面化されている。Fさんは耳が遠くなっており、会議に出ても人の話が正確に聞き取れなくなっていることに不安を感じている。

　　町内の役がある。この方で最大の役が行政連絡委員いうんよね。あれが一番山なんだが。わしら耳がつんぼうでな、一対一で話すときにはまあまあできる。会議やなんぞというたら話の内容がわからんけぇなあ。大ウソを話しても仕事にならんけぇ、困ったもんだわと思うんだが。……よっぽどやれん場合には子どものところに行かにゃやれんかなと思うが、大概は行きとうない。本当は、このままここで死んだほうがええ。えっと長生きをしただ

97

けぇ、もういつ死んでもええ。死ぬ順番が来んけぇ。

「なんとかしてここにおりたい」「ここで死にたい」と［ここの土になる］ことを願うFさんは、老いて地域の役に立てなくなり重荷になることに苦痛を感じている。

　元気いうても、今言うとおり、話をしても人の話が聞こえん。聞き分けられん。人に世話ばっかりかけることになるけぇ、やれんのよ。本当のところは嫌なんじゃ。（＊：世話をかけるのは嫌？）うん、嫌なんじゃ。このごろはあまり水害がないけぇ、水害やなんかがあったときには、道路が傷んだら応急処置を。最終的には役場が直しちゃるが、通られんようなところができたときには、何とか通られる方法をというようなことをするが、それの船頭だけぇなあ。物事を決めるのに誰かリーダーがおらにゃあいけん。行政連絡員は役場の連絡事項をみんなに伝えるんだけぇ。

災害などの緊急時には行政連絡員などの果たす役割が大きい。そうした共同体の重要な役割をうまく果たしていけないのではないかというのがFさんの今の将来への不安である。

自己の中核的作業

　Eさんは若いうちは農業の傍ら土方、それから林業関係に移り、木挽き（木を切り出して、木材に加工する）をしていた。人を12、3人使ってやっていたこともあるという。丁寧な仕事に誇りを持っている。地元では鮎漁の名人としても知られ、解禁になると川へ向かう。鮎も生業のひとつである。この近辺の川は鮎が食べる苔の香りがよく、よい鮎が獲れる。しかし今年

は妻の調子が心配で、ためらっている。同行してくれた元保健師のCさんは「今年は鮎掛けに行かんの?」と聞く。

> ほとんど7月20日から後に行く。あれまではあまり行かんのん。土用に入った魚でなければ、味がようないし、何もがようないし。まだたくさん獲る。……去年は600幾ら獲った。竿ばっかり、こうやってやる(待ち針釣りの所作をしてみせる)。(＊:何歳くらいから釣っておられるんですか?) 25、6ぐらいからずっと行っている。わしのお爺(じい)うのが、人に負けんように鮎を獲ろうと思えば、1年何もせんで川ばかり行けと言うので、わしは本当にやった。仕事に行かずに1年ずっと毎日、川ばかり行った。友釣りやったり、針やったり。そんなにすると人に負けんように獲られる。

Eさんは鮎の干し方にも技術を持っており、自分が干したものは2年、3年おいても味が変わらないと語る。鮎のはらわたで作るうるか作りも名人だという。

> こしらえようがある、塩の加減もある。わしが人生だ(わしの人生だ)。今年が山だ。行かりょうか(行けるだろうか)思うんな。おばあさんの調子を見てからにしようと思ってな。全部、支度はしてあるのよ。針に全部かがって。(中略)行こうと思えばバスがあるんだ、8時20分が。あれに乗って行って、夕方帰ろうと思えば3時のでも帰る。〇川からそこのバスセンターまで乗ってくれば300円ちょうど。あがぁな仕事ばかりしている、夏はな。今年はやはり、おばあさんの関係であまりごつう(たくさんは)行けんかなぁ思うんだ。7月にならんと行かん。それまでに

第1部　ケアラー体験の理論モデル

は仕事をきれいにやっといて。今日も天気がいいから、(あなたたちが)来んさるのは分かっていたから、午前中は草を刈ってもいいけど、明日から降るけぇ、ええわと。ノコも研ごうかと思ったけど、まぁええわと思うて。

語られた一連の鮎釣りも干し鮎の加工も、うるか作りもEさんのアイデンティティと一体化している。Eさん自身が「わしの人生だ」と語っている。今季も道具の仕掛けも整えており、鮎漁が解禁になればすぐにでも出かけられる。農作業も草刈りもすませて準備万端で、バスの便も、どこに場所取りするかのシミュレーションもできている。しかし妻のことが心配で、今年は行けるかどうか迷っている。鮎釣りはEさんの人生そのものとなっているので、「今年が山だ」という大きな表現ともなる。鮎釣りと妻の心配とのあいだで逡巡しているEさんの姿がある。元保健師CさんもEさんに今年もまた漁に出掛けてほしいと願っており、漁に出かけることをEさんに勧め、「鮎掛けの間、お留守番お願いしますね」と妻に声をかける。

　Eさんは子供に神楽も教えている。この地方では神楽が盛んで、A町だけでも神楽社中は11ある。舞い方には大きく分けて、古来より伝わる神事的な性格を残した6調子と呼ばれるゆったりしたテンポのものと、8調子と呼ばれる早めのテンポの舞がある。社中により6調子か8調子と決まっており、得意とする演目がある。また舞い手によっても所作が微妙に違っている。神楽は社中のなかで年寄りから若いものへと伝承されていく。

　子どもにとって神楽社中は、学校とは異なるもう一つの社会

であり、先達の舞は模倣によって身体化され、伝えられていく。ブルデューは実践的習熟の過程で、そうした実践知は言葉によらず、実践状態にある中に参加することで伝達されてゆくことを示している。「ひとは『モデル』を模擬するのではなくて、他人の行為を模擬する」(Bourdieu 1977=1988: 118-9)とする。つまり言語によらず実践のただ中で、その行為を模倣してゆくことで身体化された記憶となっていくものである。神楽舞に限らず、木挽きなどの技術の身体的記憶が実践コミュニティのなかで学習されていく過程については、ジーン・レイヴとエティエンヌ・ウェンガーのいう「正統的周辺参加」が当てはまるであろう。これは徒弟制など、親方といわれるような存在を中心に、熟練のレベルが異なる階層があって、はじめは周辺的に参加する。そして親方の全人格のなかに、作品の中に手本を見出し、状況のなかで学び、徐々に十全的に参加していく (Lave and Wenger 1991=1993)。福島真人は「これはブルデュー流にいえば、暗黙のうちに学習する能力を持つ社会的身体が、この緩やかな螺旋運動の中で、その親方に具体的に代表されている認知・判断・行為の全マトリックスを、その共同体に参加するという行為によって、自然と身体化していくということなのである」と解説している (福島 1993：123-81)。

　神楽は今では息子が子どもたちに教えている。鮎釣りにせよ、木挽きにせよ、神楽舞や田植囃子などの伝統芸能に至るまで、身体に刻みこまれた技の記憶が自分の財産であり、人生でありアイデンティティであるとEさんは語っているようである。そしてこうした技や伝統文化を守り、伝承していくことに価値をおくハビトゥスが継承される。このブルデューのハビトゥスは、レイヴたちにおいては「熟練のアイデンティティ」

第1部　ケアラー体験の理論モデル

あるいは「全人格的なアイデンティティ」と呼ばれるものとなる（Lave and Wenger 1991=1993）。中山間地では、伝統文化や技という身体化された記憶は彼らのアイデンティティあるいはハビトゥスを形成し、また下の世代に伝わっていくのである。

また、Eさんは去年までは週一回、近隣の友達と半日、喋ったり食事をするという会合を持ち回りでしていたが、妻の認知症が出てからは、やめてしまったという。

E:　去年ぐらいまでは、ここで周りの人とわしは週に1回は弁当を食いよった。店から弁当をとって。半日ぐらい遊びよった。ここでやったり、次の家へ行ったり。最近はもうおばあさんがちょっとおかしくなったけぇな、それをやめたんだけぇ。3人ぐらいで。弁当を頼むと思えば、頼んでもまた頼んだりしよる。

妻：そんなことがあった？

E:　金をもらわんけぇ、もらいに行かないと、と。もらっとっても、「もらいに行かな」、と。電話をかけて「もらわな」というようなことを言うけぇ、やめた。後でわしが困るから。自然的にやめたんだ。

Eさんは妻の認知症の症状が出始めてから、共同体の人々に迷惑をかけるという理由から、楽しみだった集まりをやめている。配食サービスのボランティアも数年前まで続けていた。共同体の一員として役に立つ存在ではありたいが、迷惑はかけたくない。

「一代、いろいろなことがみな思い出される」とインタビュー

102

の終り頃にEさんは語った。結局、Eさんのこれまでの人生についても振り返ってもらうことになったのである。

集落を回ってすぐに気付くことは、どこも草がきれいに刈られていて、家の周りにはそれぞれ花がきれいに植えられ、手入れされていることである。今、中山間地を回ると奥地で高齢者しかおらず住民が極端に少ない地域では、耕作放棄地となり、雑草の生えるままになっている土地に出会うこともままある。農民は先祖からの土地が荒れることを恥と感じる。共同体への身体化された見えざる拘束の力は強い。共同体へ向けるハビトゥスは身体化された暗黙のコードとして行動を規制するものであり続ける。

5. 地域の老化の進行—地域生活困難化の加速

しかし住民たちのこうした共同体への献身をもってしても、【地域の老化】が進行していく。働く場もないために若い人は帰ってこず、地域を支える人自体が老化するために地域を支える組織が壊滅しつつあり、老人会も解散に追い込まれる。田畑も道も守る人がいなくて荒れていく。先祖伝来の田畑を荒らすということに対する罪悪感、先祖に申し訳ないという気持ちを持ちながらも、この勢いを止めることはできない。郵便局は統廃合して遠くなり、買い物をする店や病院も遠く、高齢者が住み慣れた土地で生活することが難しくなる【地域生活困難化】は加速している。こうした中山間地で生活するには［移動問題］が深刻で、自動車の運転の可否が生活にとって重大な問題となってくる。そのため認知症になっても、なかなか免許を手放さず、川に落ちたなどの話も聞いた。行政も診療所を回

るマイクロバスを出したり、移送サービスもあるが、それでも十分とはいえず［行動圏の縮小］が起こっている。また［経済的不安］から必要であってもサービスをなるべく受けまいとする［サービス利用のセーブ］が起こる。

　Ｉさん夫妻は80代で山の上でことに不便な場所に二人だけで暮らす。8年前まで夫婦はここで桑を植え、牛を飼い、養蚕業を営んでいた。また田畑を作ったり梨園の作業にも出ていた。息子は他県で公務員をしており、ゴールデンウィークは田植えの作業に戻ってきた。娘は隣町に嫁ぎ、ときどき夫婦の様子を見にやってくる。妻は7年前に心臓のバイパス手術をし、脳梗塞、糖尿病もある。先日は転んで立てなくなり痛みが強く救急車で入院したが、幸いにも骨は折れていなかったという。今もつたい歩きしかできず、トイレに行くときは外で作業する夫を呼ばなければならない。「よちよち歩く。おじいさんの肩につかまって、おじいさんが二歩進めば私が二歩進む。おじいさんが一歩下がれば私が一歩下がる」。そう言って妻は笑う。玄関先で座って話していると外の作業場で布オムツたたみをしていた夫が戻ってくる。養蚕をしていた作業場が今は内職の場になっている。中国産の安い絹に押され、この地方で盛んだった養蚕業もここが最後の一軒になり、とうとう8年前にやめることになった。「何が一番やりがいありました？」と尋ねる私に「繭作った時はな…」と話す妻に重ねて夫は「繭作ったときは…わしが今こうやって思い出には、わし、なんだけん、ソ連まで行って戻った」。「おじいさん、それは違う話で」とたしなめる妻に「いや、それが一番記憶に残るいう」と、夫には軍隊生活が一瞬に蘇ったようである。「それが記憶に残る、あれが、軍隊が厳しい教育だったけえ。ぼやっとしとりゃ、叩ぁて、叩き

まわされよった」。(＊：それが一番つらい経験でしたか？)「まあ、それ、なんだ、やりがいがあったの。……やってるほうも一生懸命で。若ぁて、19で行ったけんね」。人生を振り返ることを試みて強い感情体験が一瞬に蘇る。戦争も末期で海軍に志願した。「なにかやってやろうという気だった」「兵隊から戻ったもんは、この辺にはおらん」。戻ってからは一生懸命、田を作ったという。「うん。もう養蚕じゃあ、結構やりよったんだ。県でいつも養蚕の振興大会がありよったけん。だが、どがいしても、最優秀賞は取れへんのや。ようし、いっぺんやってやろうと思ったが。優秀賞にはなりおったがね」。(＊：最優秀を狙ったんですか。)「うん。最優秀になりゃ、その年で飼育した体験発表の、会場でやりよるけん。いっぺんやってみたいなと思うて。この地方じゃたいがい1位になっとった。講習受けたりしてやりよったがのう。あの楽しみがないようになった」。妻も「今ごろ考えりゃ、ようやったよのう」と語る。この夫婦も［働きづめ］で［夫婦協業体制］で支えあって生きてきた。妻も語る。「私もやりおったんだがな。軽トラ運転して、桑を買いにいったりなしよったんだがな」。しかし子供からもう運転は危ないからと言われ免許を返した。「そだけ、出歩けんけぇやれん」と夫。「一番便利悪いのは、急に病気になったとき。さあ出るってときに、足がない」。［移動問題］は深刻で、やはり足がないことから［行動圏の縮小］は必然となる。「買い物行くのがな。今お父さん、バイクに乗って行くがな。それでもな、私の好きなものが買われんけんやれんね。そやけ、デイサービスへ行って、あっこで買い物に連れてってもらわれるけんね」。こうしてデイサービスは買い物の機会となったり、診療所に通う機会となったりと［多様なサービス利用目的］で通う場所と

なっている。夫婦で通い、その日一日は夕食の心配をしなくていいように夕食のお弁当を持って帰れるデイサービスもある。このように【地域生活困難化】に対してサービスが高齢者たちのニーズにこたえながら、その生活を支える形で機能している。

　夫も梨園で怪我をし、また白内障の手術を受けたばかりで要支援1となっている。夫婦は二人で週1回デイサービスに通う。妻は要支援2ということだが、軽く見積もっても要介護2には相当するように見受けられる。ここでは夫婦双方が［自らの健康不安］を持ちながら支え合って生活している。娘二人も近くにおり、都合がつくときは病院への送迎をしてくれたり、入院中は洗濯もしてくれる。長男は他県だが、手術のときは費用を出して老夫婦の経済を支えた。しかし長女は介護施設で働いており忙しく、次女も嫁に出した娘だからできるだけ迷惑をかけたくないという思いが強い。［子供への限定的期待］というのは、子供に頼らざるを得ない部分があり、援助を受けつつも、しかしできるだけ子供には迷惑をかけたくないという思いから夫婦二人でできるだけ支えあおうとすることである。

　妻は料理も一人では困難になってきた。「うん、料理も、ただ、やれんときにはおじいさんを呼んで手伝うてもらうの。ヘルパーさん雇おうか言うてみたりしたんだがな。おじいさんが、『ええ、わしがやっちゃる』言う。おじいさん、『雇うな』言うんだ」。（＊：雇うなって。何で。）「うーん、やっぱり年金生活だけぇな。そいだけ自分がやるいうてからに。……なかなか出す率が多いけぇな。なんせこないだのように、身近な者に急な不幸ができたりすりゃあなぁ、出すこともいるしな。……金がなけりゃ生きていかれんけぇ。それから、おじいさんが

内職。内職がちっと金がよけりゃいいんだが、金が少なぁけえなぁ、なんぼにもならんけぇ。ほいじゃけぇ、おじいさんの気持ちも分からんこともないんだがなぁ思う」。このように［経済的不安］から［サービス利用のセーブ］となっている。デイサービスは「楽しみ。まあ、家にばっかりおると。あんなんに多少行って、人の空気を吸ったりしたらね、気分的に」と妻はいう。利用を2回に増やすことを勧められているが、「行かにゃ駄目だいう話じゃあるが。まあ、考え中」と妻。先日の入院も夫は「もっとおって、リハビリしとりゃあよかったのに、ちぃっと早う出た」というが、妻は「リハビリも大したことはなぁ。足をこう上げよる、引っ張ったりするような。押し車をおして歩きゃあ、歩かれるようになったけんな。そいだけ病院におりゃあ、1日でもお金がいるけえ思うてから」と語る。

6. ケアの困難性に対する地域的相互扶助

こうした【地域生活困難化】と【ケアの困難性】は連動している。ケアラー自身も高齢者であり、［自らの健康不安］を抱える場合も多く、介護認定を受けている場合もある。自分の具合が悪くても介護するのは［自分しかいない］のだという思いが強い。ことに妻が介護者で夫が認知症の場合、［行動コントロール困難］に陥り【ケアの困難性】は高まる。

Jさん夫婦は妻、夫ともに80歳で、妻が認知症の夫を介護している。インタビューの当日は、夫が午後、ショートステイ先から帰ってくることになっていた。夫はその1年前に認知症が急激に悪化した。要介護3で、デイケアに週1回、ヘルパーに週1回1時間、ときどきショートステイも利用し、また昼は

配食サービスも利用している。この日は、この地域で以前、保健師をしていたCさんと同行して聞き取りを行った。Cさんは妻の介護疲れを非常に心配していたのである。案の定、妻は介護の疲れから夫がショートステイ利用中は、ほとんど横になって休んでいたという。

　病気がね、認知症でしょうで。ものすごう忘れてね。今言うたこと、今忘れてね。そのくせね、あれなんですよ、昔の何十年前働きよったときのこと、いつも言うんですよ。それがね、かわいそうに思うてね。昔のね、働いていたときのことをね、ここから、脳裏から離れんのでしょうね。だからまた、「わしゃあ、今朝起きてきて、うどんのだしを引かにゃいけん」いうようなことを言うて。（＊：何を？）うどんのだしをね。駅弁勤めとったわけですから。うん、駅弁当へね。30年勤めとったんです。だから30年前のことよう覚えとってね。時々言うんです。夜ね、「夜が明けたけぇ」。それをね、まともに出て行くけぇ、恐ろしいの。

夫は夕暮れになると朝だと思って、30年以上前に勤めていた駅弁の仕事に出かけなければいけないと外に出て行く。仕事をしていた当時の記憶が現前し、仕事に出かけようと外に出て徘徊が始まるのである。小柄な妻は止めることもできずに、そのたびについて行く。夫は現在ショートステイ利用中であるが、妻が訪ねてきてもわからない。

J:　だからかわいそうにのう。ときにひょんと分かってまともなときもある。ときには全然分からないときある。差が激しいんですよね。

＊： いつぐらいから悪くなられました？
J： もうね、去年の３月までは車に乗っとったんですけえね。
＊： ああ、そうなんですか。
C： 急にそんなことに。
J： この保健婦さんたちに大変に世話になって、途中でね、見つけてもろうて、助けてもらったり、何回もしたんですよ。私もね、途中から歩いていると、奥さんの車に乗せてもろうてね、病院じゃなしに、買い物に連れて行ってもろうたり。もう忘れちゃおりませんよ、私。
C： とんでもないです。
J： いやいや、大変世話になったことな。

　夫は１年少し前までは車に乗っていたのであるが、認知症が急に悪化したというのである。「妻が浮気をしている」と嫉妬妄想が出て、暴力も始まり大変であったらしい。以前はけんかをしたこともないというほど夫婦仲はよく、一緒にジョギングしていたという。夫は糖尿病があり、その管理に気を配っていたのだが、認知症の方が一気に悪化した。妻はそんな夫を［自分しかいない］［私がみなければ］という思いで必死に介護してきた。しかし認知症で、とくに妻が夫を介護する場合、［行動コントロール困難］に陥る。そこを徘徊の途中に地域の人が見つけて、一緒に連れ帰るということも度々あったという。この会話にあるように保健師も、一方で地域の隣人として援助しており、［フォーマルケアの近さ］がうかがえる。

J： それから夜になって「出る、出る」言うのがね。もう、なんぞすかしてね、ここで止めたいと思うてからするんですけど

ね。それでも、出ようと思うたら出るけえね。一応出して、またなだめすかして連れて戻るようにせにゃあ。どうしても出るとね、一回出るとね、安心するんでしょうね。
＊：どのぐらい歩き回られますか。
J：家周りを回ってみたり、道路、ダッダ、ダッダ、歩いてみたり、今のとうだな。夜の月がありゃあ、それを見て歩いてみたり。ああ、あのときには、なんの因果かな思うわね。どこへも行くところはないの、「わしゃあ、帰る。帰る」「帰るいうて、あんた帰るところはないんよ、あんたの家はここなんよ」「いや、わしゃあ、ここじゃない」。それ、訳の分からんことをね。だけん、自分でも分かっちゃおらんの。そんなことを言うだけの、妄想が激しいからね、今ごろは。分からん。

　外に出るというときには、なだめすかしても無駄で、出ると安心するのでそれから連れ戻すようにするという。夫にとっては昔住んでいた家に帰ることを目的に歩いているのだが、妻にとってはそれは妄想としか思えない。高齢の妻にとっては、夫の夜歩きにつきあうことも骨の折れることである。

J：認知症になって介護する身になってみると。ならにゃあ分からんな。
C：みんなそうね、ほんとに。
J：みなね。その気になったら、私一人じゃないんだからと思って。明日から頑張ろうでと思うてね。
C：あんまり頑張ろう思うとしんどくなるから。
J：しんどいの通り過ぎる。
C：動かれるときはね、早く寝たきりになってくれればいいっ

て、皆さんがね、おっしゃるね。

　酷な話に聞こえるが、「寝たきりになったほうが楽」というのは、認知症介護ではよく交わされる会話である。認知症で寝たきりになった夫を介護する妻に話を聞いても「今はよっぽど楽よ。動き回っとった時は大変だった」と言われる。Jさんの場合、現在は夕方、外に出なくなったようで、最も大変な時期は超えつつあるようであった。

C:　前はね、足がおぼつかないのに、「畑をする」とか言われて、もうそういうのが大変だったんですよ。奥さんがね、それを言い含めても、言い含めても、自分ができると思っておられるからね。

J:　ここの奥さんが来て見てくれて、「はあ、ええけ、ええけ、帰りんさいよ」いうてからね、ちょうどここを通っちょんさるけぇ、呼び止めたこともあるの。「どうかしてえや」いうてね、奥さんをね。

C:　あのときはね、ほんとね、大変だった。できないのをできると思い込むとね。

　夫はここにもどってきてからは20年近く農業をしており、その記憶がよみがえって農作業をしようとする。足元もおぼつかなく危険なのだが、説得するのが困難なのである。そこで地域の人々に助けを求める。〈地域的相互扶助〉が力を発揮する場面である。

J:　そうそう。だから隣に、ここのご親戚の佐々木さんいうてお

酒屋さんがあるんです。酒屋さん、その奥さんには大変世話になりよるんだ。「やれな、ユキコさん、ちょっと来てや。どうもならんので」。ほいであれは上手だけぇね、すかしてね、時間をかけてね。すかしてね、それからなだめて、家入るようにしてくれたりね、しちゃんさるんだね。現在に至ってね、「やれんときがありゃあ、いつでも言いんさいよ」いうて、「わしもいろいろ年寄りを見てきとるけぇな」。それからあれ、何か資格、持っとりんさるんだ。ヘルパーさんのなんか資格だね。

C: そうそう。2級のヘルパーの資格。

J: ほいだからな、「いつでも言いんさいよ、あんたとわしの仲だけえ」言うてな、野菜持ってきてくれたりね。こないだなんか、こがいな団子を5つ持ってきてくれてな、マキ(チマキ)を。それがまだふかふかなの。そしたらね、お父さんが好きだけぇ、また2つぺろぺろっと食べて。……なかなかね、気遣いをしてくれてね、助かってるんですよ。「ご恩返し、ちょっとようせんで」いうて、私は言うて。

　配偶者の言うことは聞こうとしないが他人の言うことなら聞きいれる。[他者性の利用]の場面である。高齢者の多い地区では高齢者同士でもお互いにサポートしあおうという意識が強く、自治体などが主催する講座に通ってヘルパー2級の資格を取得している人も多い。ここで語られたように保健師、ケアマネージャー、デイサービス職員といったフォーマルなケアラーも地域の共同体の一員であるため、フォーマルなケアを提供しながら一方で隣人としてインフォーマルなケアを提供するといった[フォーマルケアの近さ]という特徴もある。デイケア、

ショートステイ、ホームヘルプ、配食サービスなども含め、フォーマルなケアと地域のサポートというインフォーマルなケアの両方があって、Ｊさん夫婦の生活は綱渡り的ではあるが支えられている。

　同じく認知症の夫を介護するＫさんは認知症の義母を10年間介護した。「私がみなければ」「後悔はせんようにしよう」と思い入れが強く、介護の終わった後は、3、4年、ふぬけのような状態だったという。「なんにも仕事が手につかん。何をしていいかわからんの。わからんいうか、わかっていてもできんのです」。それから10年くらいは、ほっとした時期があったという。夫の異変に気がついたのは10年前だった。

　　最初は主人のわがままが出るね、と思うような気でおったけど。それがだんだん違って、これはわがままじゃない、変なんだと思う気がして。……けど、それは人には言えんけぇねえ。

はじめは田の稲が、全部倒れた。「追肥をやり過ぎたんじゃないか」と言うと、「追肥じゃない。除草剤だ」という。「除草剤で倒れることはないから、追肥だろう」と言うと、やはり「追肥はやってない」と言う。すると今度は機械の操作を誤って故障させ、しょっちゅうメーカーに直しにきてもらうようになる。

　　操作が頭に入らんようになったんだわね。そがいなことから、今度は違う年だけど、稲が早稲と晩稲とが一緒に植えられてね。こんな段々で穂が出たんね。ほじゃけえ、「早稲と晩稲と混ぜて植えとるんだね」いうて言うたら、「そんなことはしとらん、なし

てそんなことを言うんだ」言うけே、「稲は正直だけえ、早い分は熟れよるし、遅い分は青いし、稲が正直だけえ、稲が言いよるんだぁね」っていうたら……そしたら、「お前がそんなこと言うて歩かにゃ、誰も知りゃあせん」いうて。「ここは田舎じゃけえ、何にも言わんでも子どもでも、稲の熟れたか熟れんかぐらい分かるから、そがいなことを隠そう思うてもそれはつまらん」いうて。

　夫は失敗を否定するが、なにかうまくいっていないという感覚は持っており、取り繕ったり隠そうとする。このような失敗が続いて、夫婦はしょっちゅうけんかをしていたという。しかし夫の農作業への意欲は一向に衰えない。かなり認知症も進行して、あるとき、5月になり田植えの時期になってモミをじかに田に播くと言い始める。苗がいるなら買えばいいからといさめても聞かず、つかみあいのけんかになりそうになり、妻は県外から息子を呼ぶ。息子は「今年は農業をしないで楽をしてくれ」と父親を説得する。

　稲を刈るときにもコンバインの操作がうまくできなくなり、穂が離れずに収穫がうまくいかない。夫が作業した後を見ると、田にはたくさんモミをつけたままの藁が残っていた。妻は他に手がなく、恥をかくと思いながらも他の農家に助けを求めたのだった。

　また他の年には、秋に田の水を落とすように何度も確認していたのだが、結局水を落としておらず、収穫になっても機械を入れることができず、手で稲を刈らなければならなくなった。まるで春の田植え作業のように泥だらけになって稲を刈った妻は、ある農家の前で靴を洗いながら、腹立たしさと情けなさで「やれやれ、ようにやれんようになった、最低だ」とこぼした。

翌年からはその農家に自分の田の米を作ってもらうことになる。トラクターやコンバインも業者にもって帰ってもらった。

　田を人に作ってもらうようになってからも、夫は田や畑に行くと言っては鍬を持って出かけて行ったという。しかし機械がなくなったことには気づかない。機械を勝手に処分してしまったことに罪悪感を覚えていた妻にとっては、そこまで認知症が進んだことに複雑な気持ちを抱く。「最低いうか、最高いうかしらんが、仏さんです」という言葉に表れているように呆けが深まった方がかえって一緒に暮らすのは楽になる。一度、役場に行くと言って、道に迷い、不安になり探しに行こうとした頃に見知らぬ誰かに助けられてタクシーで帰ってきたことが妻にとっては決定的出来事となり、それ以来［目が離せない］と語る。「私も出られんの。私が出たらついて出るけぇ、私もよう出ん。やれんときには、恥ずかしいけどはさみ将棋みたいなことをして遊びよる」。ここでも［夫婦一体行動］をとらざるを得ず、離れようとしても離れられない〈夫婦一体化した日常〉が語られる。前出の認知症の妻を介護するGさんも妻を置いて出るのは難しいと語る。「だけぇ、やれんだ。さみしがってねぇ。置いときゃあさみしがるけぇ、すぐわしを追って来るしなあ。浪花節じゃあないが、女房はかわいいものよ、無邪気なものいうが、やれんだぁな」。このようにして、夫婦は離れることができず［行動圏の縮小］がますます起こり、時間的、というよりも距離的に拘束される状態に陥る。Kさんの場合、夫はデイサービスに通うようになり、通所しているときだけは、この拘束が解け、安心していられるのだという。

7.〈地域のまなざし〉の圧力

【地域の力】は、〈地域的相互扶助〉としてのプラス面だけでなく、ケアラーへの圧力として働く場合もある。中山間地においては夫と妻は全くの他人ではなく、親戚関係にある場合も多い。地域は［親族関係の網の目］が複雑に張り巡らされている。先に紹介した男性介護者Hさんのように夫婦が親戚関係にあるためよけいに親密性を強く意識している場合もある。しかし一方、とくに女性ケアラーの場合はそうした〈地域のまなざし〉を感受して、［恥ずかしくない介護］をしなければならないという有言、無言の圧力を受ける。Kさんは語る。

　おじさんの家へ来たんです。だけぇ主人は従兄なんです。それこそ主人を知っとった。他人じゃないけぇ。お母さんもその裏に水野という家があったんですが、直線で百メートル離れておらんかな、そこからすぐに嫁に来て。……そんな中に来たんだけぇ、何にもわかっとる。親戚が、お母さんの里が近いでしょう。そこの集会所の所の家が本家になるんだけど、お母さんの弟さんが家をやっとられた。その嫁さんがしゃんとした人でねえ。お母さんを大事にしんさるけぇ、そのしわ寄せが私に来るの。その裏がみな私に来るの。腹が立ってねぇ、いろんなことがあって、それを繰り返し繰り返しやって。……私は今だから思うけど、おばあさんとお母さんと私とね、狭い家に3人女がようおったと思いました。それに水野のお姉さんが来て、ちゃこをやくし。ちゃこをやくいうたらわからんかもしらんが、要らん口を足してくるんですよね。例えば、バイクでも乗りたい思うても、お母さんに言やぁ、

アキオが乗らんのにあんたが乗ることはないっていいんさるけぇ、内証で行ったら見つかってねえ、水野のお姉さんに、それをお母さんに言いつけられて叱られたこともあるが。……些細なことでも、いろんなことがありました。当分、泣きましたがね、涙が枯れました。……だけん、私が出んこにええ天気だろうが何だろうが主人と家におったらね、しょっちゅう朝昼晩通りんさるけぇねえ、いろんなことを言われるんだ。言われてもしようがない思うて観念しておるんだがね。

張り巡らされた［親族関係の網の目］の〈地域のまなざし〉、有言無限の圧力の中で膨らんでいく誰にも言えない思いを家族会やフォーマルなケアラーなど「他者に話す」ことによってストレスを発散させる。こうして保健師が話を聞いてくれたことが介護を続けていくうえでの支えになったとKさんは語る。

K: Cさん（元保健師）にはいろいろと話をしましたけど、他は言うてもバレるんです。戻ってくるんです、自分に。だからCさんとかお寺さんとか、他人さんに言ったら戻らん。松田のサダコさんがね、あんた、（介護を）ようやったね、大変だったね、どがぁしてやった？って聞くけどね、Cさんがおりんさったけんよかった。あれに言ったことは戻らんけぇねって言うんです。あれに言うたら戻らんけぇ、ええんだよって、あれが支えになったんだよって。蔭になり日向になり、本当に拝む思いです。

C: そんな恐れ多い。

K: いや、思いはしますが、かたちにはせんけぇねえ。かたちにはせんし、不細工なけぇ何も表現はせんがね。気持ちのうち

ではどんだけ支えになったか。兄弟なんていうもんじゃない。先生より以上の支えになったです。本当に、身内はああいうときは駄目だね。……今の噂なんかでも私がこうして家の中におることすら、がたがた言うてだぁ。

彼女らは舅や姑を介護した後に夫を介護するという介護の連続を体験しており、そうした家族にも言えない思いを家族会やフォーマルなケアラーなど「他者に話す」ことによってストレスを発散させている場合も多い。保健師など地域のフォーマルケアラーは一方で地域の隣人としてインフォーマルなケアラーでもあり、一人ひとりの出自や関係性なども熟知している。そのうえで愚痴を受け止めて外に漏らさない。こうした信頼できる隣人に語ることで心理的安定を取り戻すのも［他者性の利用］のひとつといえる。

8. 結果の活用へ向けて

高齢者の生活を支えるデイサービス

都市型の夫婦間介護と比べると中山間地のそれは、生活の中で比較的緩やかに位置づけられている。〈サービス合せの生活リズム〉(木下 2009) とは異なり、サービスの方が高齢者夫婦の生活に合わせようとする状況がみられる。それは例えば、［多様なサービス利用目的］という概念に表されたように、デイサービスが不自由な買い物の機会を提供したり、夕食も準備することなどである。これはデイサービスのスタッフ側もフォーマルなケアラーであると同時に〈地域的相互扶助〉で動く隣人であり、【地域生活困難化】が進む中で高齢者の生活を支

えることの重要性を認識してサービスを運用しているということであろう。[移動問題]が大きな生活上の困難となっている現状からみて、移動手段としてデイサービス機能を捉えることも重要である。こうした「高齢者の生活を支えるデイサービス」というコンセプトを推し進めるならば、デイサービス通所を銀行や郵便、行政、医療、買い物といった暮らしのニーズが充足される機会としてその機能を捉えなおすことも必要になる。夫婦で通所しながら一方は従来の入浴などのサービスを受けることを主とし、もう一方はそうした生活のニーズを満たすことが主となる場合もあり得るであろう。

認知症のケア

認知症高齢者の介護については男女間でかなり大きな差がみられた。妻が認知症で夫が介護者の場合、料理や掃除など[身体化された作業]の活用をし、農作業などでも[できる仕事をさせる]ことを行っていた。しかし夫が認知症で妻が介護者の場合、[身体化された作業]をはじめとする【土地一体的ハビトゥス】は[行動コントロール困難]を引き起こし、【ケアの困難性】を強めることに働いていた。こうした場合、[他者性の利用]などの〈地域的相互扶助〉でなんとか乗り切っていたが、Kさんがデイサービスの利用を始めてから楽になったと語ったように、早期からデイサービスへ導入することが有効であると考えられる。デイサービスにおいてその人がこれまでやってきた作業、農業であれば畑作り、林業であれば大工仕事など、その人において[身体化された作業]を行ってもらい、家では休息するというリズムを作る。デイサービスに送りだすことで介護者である妻もゆっくり休息をとることができる。

また男女のケアラーとも共通して【夫婦一体的ライフスタイル】を送っている。[目が離せない]など【ケアの困難性】がこうした夫婦一体化傾向を強めてもいて、さらに［行動圏の縮小］も招いている。〈夫婦の来歴〉に由来する〈夫婦を全うする〉という親密性は強い拘束感と閉塞性の裏返しでもある。ここで有効なのはやはり外の風をいれる［他者性の利用］である。しかし一般にヘルパー利用など家に他者を呼び込むよりも、自分たちが外へ出る、他者のもとへでかけていくデイサービス利用の方が馴染みやすい。複数の他者と触れ合うことは、心身の健康上よい刺激となる。

「世話焼きばっぱ」的フォーマルケアラー

私はこの調査でＡ町、Ｂ町それぞれにおける元保健師という立場の人々と同行して聞き取りを行った。二人とも元保健師であるが、保健師であったときも同じような姿勢、つまりフォーマルな役割と隣人としての役割を自然に共存させながら、住民たちと接していたものと理解できた。その姿から連想したのは宮本常一が『忘れられた日本人』の中で記述した「世話焼きばっぱ」である。昔の村の共同体にはこうしたものわかりのよい女性の年寄りがいて、村の人間関係にも精通していながら聞いた秘密は決して他言せず、的確な助言をしたのだという。「何も彼も知っていて何にも知らぬ顔をしていることが、村の中にあるもろもろのひずみをため直すのに重要な意味を持っていた」と宮本は書いている（宮本 1984:39）。ＫさんがＣさんのことを「あれに言ったら戻ってこん」「あれが支えになった」と語るように〈地域のまなざし〉の溜まっていく重圧のひずみを逃す役割をＣさんが担っていたと言えるであろう。

そしてまた、病いのこと、介護のこと、制度の手続きのこと、もろもろの助言をわかりやすい言葉で伝えてくれたり、主治医や役所との仲介役となってくれたりするのである。

彼女らの重要な特性のもうひとつは、共同体の人々のライフストーリーに精通しているということである。認知症の妻を介護するEさんの鮎漁や神楽のように、その人のアイデンティティの核となるような、その人にとって重要な作業が全うできるように支援していくことも共同体のフォーマルケアラーの重要な役割であると考えることができる。

こうした共同体の人間関係の網の目や、個々の人々のライフストーリーに精通した人々は、たとえ定年になったとしても何らかのフォーマルな役割が与えられ、地域の人材としてますます「世話焼きばっば」となって活躍できるような仕組み作りが望まれる。

インフォーマルケアの活用と他者性の利用

ここでみてきたように中山間地の高齢者介護は、介護保険制度によるフォーマルケアのみでは支えきれず、高齢者の地域生活同様、【地域の力】つまり地域のフォーマルケア、インフォーマルケアによってなんとか支えられている状況が理解できる。〈地域的相互扶助〉のサブカテゴリーは［フォーマルケアの近さ］、［他者性の利用］という人的ファクター、［多様なサービス利用目的］というサービスのファクターから構成されている。この二つのファクターへのアプローチとしては、たとえば介護保険制度の運用に柔軟性をもたせた中山間地型モデルや、インフォーマルケアラーの充実化と活用戦略などの開発と導入の必要性が示唆される。ここで示されていたように自治体で積極的

にヘルパーや認知症サポーターを養成していくという動きは、すでに生まれており、次はこうしたインフォーマルケアラーをどのように活用していくかといった戦略が重要性を増している。

しかし先に示したように【地域の老化】が【地域の力】自体を弱体化させるように、少子高齢化や過疎化といった社会情勢の影響や災害などの自然環境など、介入の困難な外部的な環境の変化が【地域の力】自体に大きく影響を与えるという構造も理解すべきであろう。こうした外部的環境変化に対しては、都市部からの若者の流入や外国人といった共同体の外部からの「他者」の流入、こうした［他者性の利用］が課題となってくる。実際に少子高齢化、【地域の老化】といった厳しい現実の中で、ある中山間地の自治体では民間のPFI方式の刑務所を誘致し、子どもや雇用の増加につなげていたり、外国人女性が農家に嫁していたりする。厳しい外部環境に抗して地域が存続していくには、こうした「他者」も受容していく流れの中で、〈地域のまなざし〉も緩やかなものにならざるを得ない。

文献

Bourdieu, Pierre, 1980, *Le Sens Pratique,* Paris : Editions de Minuits. (＝ 1988, 今村仁司・港道隆訳『実践感覚Ⅰ』みすず書房.)

福島真人, 1993,「解説」レイヴとウェンガー著『状況に埋め込まれた学習―正統的周辺参加』産業図書：123-81.

木下康仁, 2009,『質的研究と記述の厚み―M-GTA・事例・エスノグラフィー』弘文堂.

Lave, J. & Wenger, E. 1991, *Situated Learning: Legitimate Peripheral Participation,* Cambridge University Press. (＝ 1993, 佐伯胖訳『状況に埋め込まれた学習』産業図書.)

宮本常一, 1984,『忘れられた日本人』岩波文庫.

第3章
若年認知症夫婦の場合
――若年認知症の夫を介護する妻の介護体験プロセス――

標　美奈子

Ⅰ．はじめに

　若年認知症は、65歳未満で発症する認知症性疾患の総称で、朝田らの調査によると[1]人口10万人対47.6人で、男性は57.8人、女性36.7人と男性に多く、全国における若年認知症者数は37,800人と推計されている。介護者の約6割が抑うつ状態にあると判断され、7割の人が収入が減ったと回答している。多くが働き盛りの勤労者または家庭での役割が大きい時期で、経済的問題、家庭的問題など生活面への影響は大きい。また、進行が早い例も多く若く体力のある年代に生じる行動面、心理面への対応の難しさがあり[2]、家族の心身の負担が予測される。

　本章は、若年認知症の夫を介護する妻を分析焦点者とし、夫が認知症と診断され病状が進行していく経過の中で、若年認知症の夫を介護する妻の介護体験プロセスを分析テーマにM-GTAによる分析結果を報告する。対象者は、全員が若年認知症家族の会に加入している、または加入経験のある人である。A県の若年認知症者家族の会に依頼し、承諾が得られた10名にインタビューを行った。

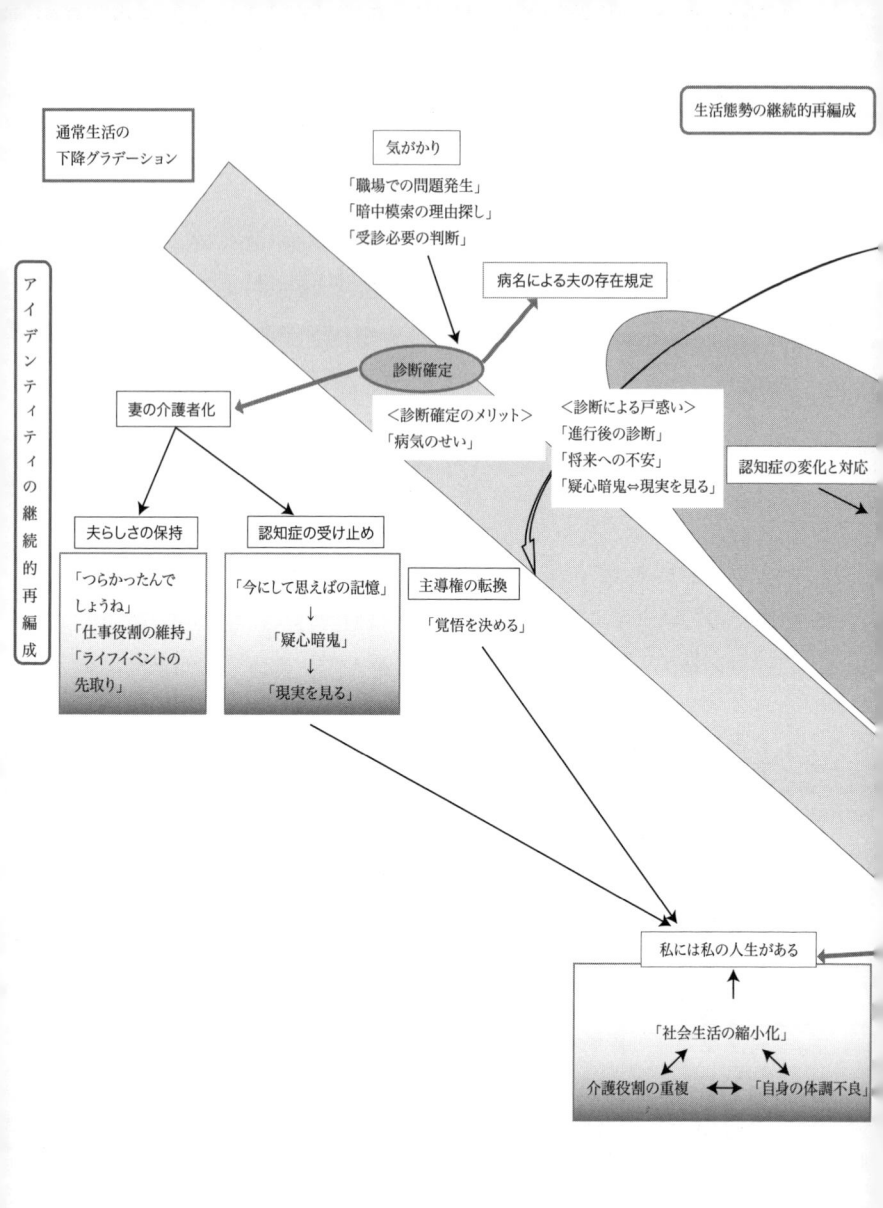

結果図　若年認知症の夫を介護する妻の介護体験プロセス

通常生活の下降グラデーション

生活態勢の継続的再編成

アイデンティティの継続的再編成

気がかり
- 「職場での問題発生」
- 「暗中模索の理由探し」
- 「受診必要の判断」

病名による夫の存在規定

診断確定

＜診断確定のメリット＞
「病気のせい」

＜診断による戸惑い＞
- 「進行後の診断」
- 「将来への不安」
- 「疑心暗鬼⇔現実を見る」

妻の介護者化

認知症の変化と対応

夫らしさの保持
- 「つらかったんでしょうね」
- 「仕事役割の維持」
- 「ライフイベントの先取り」

認知症の受け止め
- 「今にして思えばの記憶」
  ↓
- 「疑心暗鬼」
  ↓
- 「現実を見る」

主導権の転換
- 「覚悟を決める」

私には私の人生がある
↑
「社会生活の縮小化」
↙↘
介護役割の重複 ⇔ 「自身の体調不良」

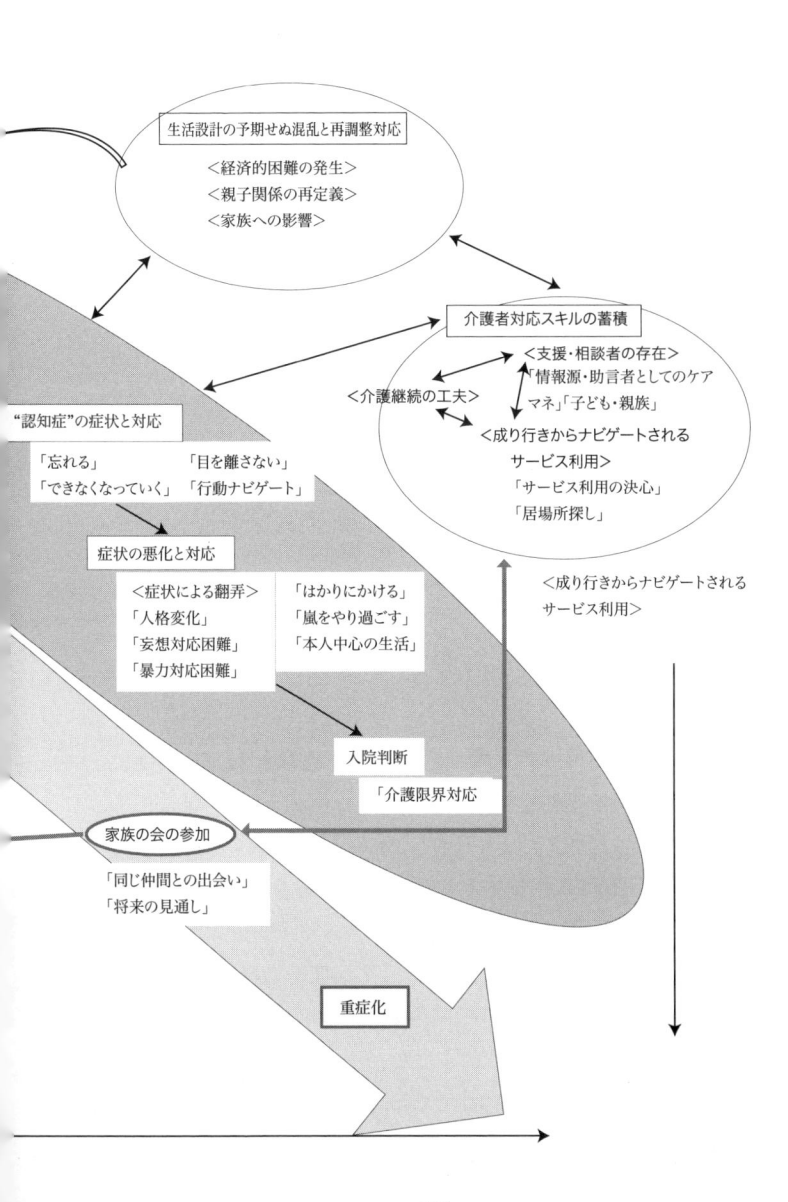

第3章 若年認知症夫婦の場合 （標）

生活設計の予期せぬ混乱と再調整対応

　　＜経済的困難の発生＞
　　＜親子関係の再定義＞
　　＜家族への影響＞

介護者対応スキルの蓄積

　　　　　　　　＜支援・相談者の存在＞
　　　　　　　　「情報源・助言者としてのケア
　　＜介護継続の工夫＞　マネ」「子ども・親族」
　　　　　　　　＜成り行きからナビゲートされる
　　　　　　　　サービス利用＞
　　　　　　　　「サービス利用の決心」
　　　　　　　　「居場所探し」

"認知症"の症状と対応

「忘れる」　　　　「目を離さない」
「できなくなっていく」「行動ナビゲート」

症状の悪化と対応

　＜症状による翻弄＞　「はかりにかける」
　「人格変化」　　　　「嵐をやり過ごす」
　「妄想対応困難」　　「本人中心の生活」
　「暴力対応困難」

＜成り行きからナビゲートされる
サービス利用＞

入院判断

　「介護限界対応」

家族の会の参加

「同じ仲間との出会い」
「将来の見通し」

重症化

125

第1部　ケアラー体験の理論モデル

1. 対象者の特徴

　調査協力者が介護する若年認知症者の面接時の平均年齢は61.0歳、診断時の平均年齢は54.2歳、平均介護年数は6.8年だった。介護者（以下妻）の面接時の年齢は50歳代が5名、60歳代が5名だった。妻の健康状態は、「健康」と答えたのは10人中2人で、3人がうつ病を経験し、3人が変形性股関節症の手術を行い、狭心症、いらいら、膝痛ありがそれぞれ1人だった。

2. 結果図とストーリーライン　（カテゴリーは【】、サブカテゴリーは〈〉、概念は「」で示す）

　妻が若年認知症の夫を介護するプロセスは、【気がかり】から始まる。もの忘れなど日常生活で見え隠れする夫の気がかりは、やがて「職場での問題発生」という形で顕在化してくる。妻は、認知症とは思いもよらず「暗中模索の理由探し」をすることで、その原因を探そうとする。やがて気がかりが拡大してくると「受診必要の判断」により、受診に結びついていく。受診後は、多様で緩慢な日常生活の問題を経験しながら徐々に重症化していく【通常生活の下降グラデーション】を軸に、さまざまに起こる問題状況に対応していく【生活態勢の継続的再編成】と、夫婦関係の捉え直しや介護者である妻自身の人生への意味付けをしていく【アイデンティティの継続的再編成】が相互に関係しながら進行していく。【生活態勢の継続的再編成】と【アイデンティティの継続的再編成】の相互関係は、ある時点で経験する【診断確定】によって、それ以前のあいまいで不確かな状況から、夫が認知症であることを決定づける【病名による夫の存在規定】と、それに連動して妻が介護者となること

を決定づける【妻の介護者化】という公式な枠組みに移行する。〈診断確定のメリット〉として、夫の変化の原因が「病気のせい」であることが明らかになり、それまで難しかった他者への説明が明確になったり公的支援が可能になったりすることで、診断確定以前の生活態勢とは意味合いが大きく変わっていくことになる。一方、〈診断確定による戸惑い〉も生じる。診断確定までに時間がかかり症状が「進行後の診断」となったり、診断時に認知症について十分説明と支援がされないと、この先どうなるのかという「将来への不安」が起こってくる。

【生活態勢の継続的再編成】は、認知症の病状の変化に対応していくための【介護者対応スキルの蓄積】と、若年認知症であるがゆえに生じるライフサイクル上の問題に対応する【生活設計の予期せぬ混乱と再調整】、【家族の会の参加】による具体的実践的情報入手と支援などにより、変化する生活態勢を再編成する。

【介護者対応スキルの蓄積】は、初期のもの忘れから病状悪化にいたるまで、その時々に出現する問題に対し、社会資源の活用や経験的に体得した対処方法、家族会の参加によって得られた情報などを継続的に積み重ね、対応策を講じていくことである。診断確定後、症状が緩やかで日常生活に大きな支障が生じない時期もあるが、症状が進み【"認知症"の症状と対応】が必要になる時期は、「目が離せない」、入浴、食事など一つひとつ妻による「行動ナビゲート」がないと日常生活が送れない状況になる。さらに病状が悪化していくと、「人格変化」や「妄想対応困難」「暴力対応困難」が生じ、症状に対する対応を「はかりにかける」ことで折り合いをつけたり、症状の激しさに対し「嵐をやり過ごす」ような回避行動をとったりしながら介護

を継続していく。家族の疲労がピークになると自宅でサービスを利用した生活も限界となり、「介護限界対応」として、入院、入所を検討することになる。これらの状況に対し介護者は、必要に迫られ〈成り行きからナビゲートされるサービスの利用〉を決心したり、ケアマネージャーなど〈支援・相談者の存在〉を活用し、「制度的不合理」を経験しながら若年認知症者が利用できる「居場所探し」をすることになる。また、介護者が経験的に習得したり【家族の会の参加】により蓄積した〈介護継続の工夫〉を活用することで対応していくことになる。これらの対応経験を積み重ねて【介護者対応スキルの蓄積】を行っていく。

　【生活設計の予期せぬ混乱と再調整】は、予定していた生活設計に急に狂いが生じ、〈経済的困難の発生〉や〈親子関係の再定義〉など、介護者である妻がその調整を行っていくことになる。認知症の診断確定は、それまで一家の大黒柱だった夫の退職、あるいは収入が減ることによる〈経済的困難の発生〉を招く。生計を維持していくために、妻が就労するなど、経済的な立て直しを担っていくことになる。また、症状の進行によりそれまでの親子関係の維持が難しくなり〈親子関係の再定義〉をすることで、親子関係の修復を図っていく。

　この生活設計の再調整の役割は、妻が引き受けることになり、妻の【アイデンティティの継続的再編成】にも大きな影響を与えることになる。

　【アイデンティティの継続的再編成】では、【診断確定】後、妻は【妻の介護者化】により否応なく介護者となることを決定づけられることになる。また、【診断確定】を契機に、それまで大きな不安を引き起こしていた夫のさまざまな言動が「病気の

せい」であることがわかり、現実に起こっていることが解釈可能となることで妻の【認知症の受け止め】が変化していく。【認知症の受け止め】は、診断確定後、「今にして思えばの記憶」により確定診断までの夫の言動のおかしさを振り返り解釈し、記憶の再構成を行うことで起こった出来事を了解していく段階がある。

　しかし今までと変わらずにできる行動があるうちは、認知症とわかっていても「疑心暗鬼」で、病気と正常の間を行きつ戻りつする段階があり、症状の進行により「現実を見る」しかないと納得あるいは諦めていくプロセスがある。また、確定診断後「認知症の受け止め」と同時進行的に、「今にして思えばの記憶」をたどりながら「つらかったんでしょうね」と夫の大変さを追認し理解しようとしたり、できる仕事を維持したり形を変えて持続させたい、という「仕事役割の維持」への思いがある。これらは夫の尊厳を護り【夫らしさの保持】をする行動である。さらに、定年後に考えていた旅行に行けるうちに行くなど「ライフイベントの先取り」をする行動は夫婦関係の捉えなおしとも言える作業である。

　一方、認知症の進行は夫の役割遂行を困難にし、現実的に起こる「経済的困難の発生」など【生活設計の予期せぬ混乱と再調整】をしていく必要性が生じ、妻は一家の中心的役割を担う「覚悟を決め」【主導権の転換】を受け入れていく。さらに、認知症の進行は、妻の「社会生活の縮小化」や「自身の体調不良」などを招き、親の介護など「介護役割の重複」が起こってくる。このような状況において、【家族の会の参加】により先の見通しをつけることや「私には私の人生がある」という認識が、介護をきっかけに改めて自分の人生を振り返り、【自分らしさをと

りもどす】という生き方の発見を可能にしていく。

　診断確定後【通常生活の下降グラデーション】のプロセスのいずれかの時期に実現する【家族の会の参加】は、「同じ仲間の出会い」から得られる生きた体験的知識により【介護者対応スキルの蓄積】がより豊かになり、病状の変化への対応を後押ししていくことになる。また介護者としての妻を支えるだけでなく、同じ家族の中で体験を話すことで「私には私の人生がある」という自分らしさを取り戻す契機にもなる。【家族の会の参加】は【生活態勢の継続的再編成】だけでなく【アイデンティティの継続的再編成】にも影響を及ぼす重要な機会となっている。

II　若年認知症の介護プロセス

II-1【気がかり】

　家族が感じる夫の気がかりな変調は、いつもと変わらずに生活している部分があればあるほど覆い隠される。気がかりが拡大しても、もの忘れが"病気とは思わない""疲れているから"と解釈し、やがて「職場での問題発生」として顕在化してくる。家族はその原因が認知症によるものだと思いもよらず、「暗中模索の原因探し」をしながら「受診必要の判断」へと辿り着いていく。その経過で、気がかりが確かな変調として浮かび上がってくる。

職場での問題発生
　「職場での問題発生」は、職場で夫に問題が起こり、休職から退職につながっていくことを意味する。職場でどのような事

が起こったのか曖昧なまま、配置換え、異動など状況的変化から休職、退職に至っている。自営業の場合は妻が側にいて異変に気づき、仕事上のトラブルが大きくならないように退職あるいは妻が付き添って仕事を継続している。職場での出来事が契機となり受診する場合や受診を契機に退職する場合などがみられる。

　「東京に戻って来て通ってはいたんですけども、なんかおかしいので、もう辞めたらみたいな事を勧めたんですけれども、やっぱり男の意地みたいなもので、６０歳までは勤めましたけどね。……会社になんか聞こうかなーとか思ったけど、……全然会社にも聞かないで、経済的に立て直さなきゃっていう思いがあったもんですからね……縁故関係で勤めていたので、大目に見てくださって、いろいろ問題はあったんだろうと、今にして思いますけどね」(Bさん)

　「(平成)17年の１月から本社のほうにいったんだけど……行ってやることがないんですよ、……じゃあ、あのー、休職、休職みたいにして、あのー、傷病手当をもらってやったほうがいいんじゃないのっていわれて……その頃やっぱり社長のことが大嫌いだったんで、俺は社長のせいでこうなったみたいなことずっとそう言ってるんですよ。なもんで、……じゃあ休職しちゃえばって傷病手当を、うん。あのー17年の１月から、１年６ヶ月もらって、会社を結局やめたのが結局17年、18年の１月でやめちゃったんですよ。」(Cさん)

一方、職場で問題が起きても職場の配慮で、退職につながら

ない例もみられる。最大限休職を活用し退職に至っている。

「でももう無理かなっていうところでじゃあもうやめようか仕事って、職場やめようかっていう話をしてたんですけどね。会社のほうでじゃあ休職っていう方法もあるんで休職にしましょうっていうところでそこで二年間ぐらい休職したんですよ。……53まで一応仕事をしていました。あのーもう途中で帰ってきちゃうときもあって、つらかったんでしょうね。でもその頃あーもうやめていいよっていうのがいえなくて。子供がまだ……5年生と中1と高1だったから、(Dさん)

退職の問題は、若年認知症の特徴でもあり、経済状態に直結する。子どもの学費や生活費、住宅ローンなどをかかえているうちは、自分の口から退職をいうことができない。自営業の場合、問題が拡大しないうちに退職したり規模を縮小したり妻が同行するなどの対応がとられる。

暗中模索の理由探し
「暗中模索の理由探し」は、夫に起こる変だと思う出来事が認知症によるものだと思いもよらずその理由を探しながら不安を募らせることである。

「主人がどうしたんだろうって迷っている(20)03年とか、そのころほんとに暗中模索というか、何が病気かわからなくて、健忘症を疑ったりとか、いろんなことを考えて、子供たちとも相談してたんですけどね。わからないということがすごい不安で。」(Bさん)

「(仕事をしていて) いやぁ忘れちゃうんだよとかなんかちょくちょく言っていたんですよ。でも病気と思わないじゃないですか。だからじゃあメモでもして忘れないようにしたらぐらいとか、そんな感じでしたね。それが一年ぐらい前で。それで47歳になった3月ぐらいですか、急にもう、寝込んじゃって、もう今考えればもう鬱だったんですね。でももう日にちもわからなくて、もう何もわからないんですよ。……何でわすれちゃうかね。どこへ連れていけばいいのっていう、そこからですよね。」(Dさん)

「なる前って頭が痛いから、ほら、本人も集中できないからおかしい行動とか、疲れて、仕事で朝早くから夜遅くまでずーっと仕事してたんでそういうミスするのかなとか思っていたんですよ。まさかそういう病気ってわかんないし……うつかなとかって思って。」(Eさん)

「寝れなくなっちゃって、帰りも遅かったりするし、会社行くのにも、フレックスタイムで行ったんですけど、本来やらなくてもいいことを、もうこっちがちょっと言っちゃうと、それをやってからじゃなきゃみたいな感じで……会社のほうからも、休めって言われて、病院に行きなさいって言われても、病院には行きたくないって言って。……そのころ会社でリストラとかそういう問題とかもあったみたいなんですよね。だから、そういうのも重なって……欝状態になってたのかなと思ってたんですよ。……だからなんかおかしいというのはあったんだけど、まさか認知症だとは思わなかった。(Fさん)

133

若年期はもの忘れなど起こった変化が認知症によるものとは思いもよらず仕事との関係（多忙・リストラ、失敗）やうつ病と結びつけて解釈しようとしていた。変だと思う出来事の理由をいろいろと模索している。受診をしながら診断に結びついていない人もおり診断のされにくさがある。認知症者の言動は今までに介護者の経験にはなかった状況であるが故に原因がわからない不安は大きい。

一方、早期に診断に結びついた例もあり、認知症に対する予備的知識を持っていた。

> 「（飲みに行ってタクシーで帰ってきて財布をなくしたと言う）それで、交番に行って「じゃあ被害届を」って言ったときに、紛失なのか、盗難なのか聞かれたときに「わかんないけど、とにかく悪い人がいて、盗った盗った」っていうふうに言うんですよね。「これはおかしい」と思って、何度聞いても記憶の欠落みたいなのがあって、はっと思ってアルツハイマーじゃないかと思ったんです。……専門医を紹介しますからって言うことで行って、若年性アルツハイマーだって言われた。……言われるまでは「どうかな？どうかな？」って言う気持ちがあったので、言われて本当に突き放された気分でしたね。(Gさん)

予備的知識は、早期受診に結びつくためには功を奏する。しかし認知症の受け止めや対応に対して不安がなくなるわけではない。急な診断をどう受け止めればいいか、そうした場合には診断した医師や看護職、保健福祉サービスの相談部署、相談できる親族、家族の会などにつながっていくことが不可欠にな

る。

受診必要の判断

　これは、本人や家族が異変に気づき、受診が必要だと決断し受診行動を起こすことである。

　認知症は早期に受診し診断されることで、治療やその後の対応が早期に始められるというメリットがある。しかし、同居している家族は本人の変化に気づきやすい立場であると同時に、今までと変わらずに生活できている部分もあることから、受診必要の判断に迷いが生じやすい。受診が必要だと判断する契機は、身体症状がある場合や本人が自身の異変に気づき不安がある場合、職場からの勧め・指摘、友人や親族など第三者の指摘、周囲に影響を及ぼす出来事があった場合などである。また本人が受診を拒否する場合は、行政などに相談し受診場所の工夫をすることで受診に結びつくこともある。

　「一度寝てしまうと子供のように場所もわからないとか、なんか言うこともおかしくなっちゃうような感じで、これはなんか、忘れ方も普通じゃないし、何なんだろうと思って病院にいくことを勧めたんですけど、どうしても拒否して。でも、(20) 04年の暮れにどうしようもなくて、役所のそういうところに電話をしたらば、やっぱり見てもらったほうがいいけど、本人が嫌がっていたら、病院という名前じゃないところがあるから、(何々) センターどうですかってっていわれて。すぐに予約したんですけど、一月の末にやっと受診が出来る……」(Bさん)

　「どう考えても記憶のつじつまが合わない」(Gさん)

「すごく、ぼけた、ぼけたって言い始めて……漢字が書けなくなっちゃったとかって言うんですよ。仕事でメモ書きとかする場合があるんですよ。そのとき漢字が出てこなかった、とかってすごくショックだったみたいで。……本人もなんかぼけた、ぼけたっていうから物忘れ外来に行ってみたらっていうふうに言ったんですね。そしたら本人も行ってきまして。」(Eさん)

「会社のほうからも、休めって言われて、病院に行きなさいって言われても、病院には行きたくないって言って。……2月に来て、会社から、強制的に病院に連れて行かれちゃったみたいなんですね。」(Fさん)

II-2 通常生活の下降グラデーション

【通常生活の下降グラデーション】は、通常生活を送りながらも認知症のため徐々に普通でない部分が増え重症化していく状態の変化を指す。この変化のプロセスは多様で、多くがゆるやかな変化であり、今までと変わらずにできることが残りつつ、連続的・段階的に変化していく。介護者は、認知症を受け止めつつその変化に応じた対応をしていくことになる。

1993年に物忘れが気になり海外赴任前に内科医に相談、治療法はないし「自分から会社生命を危うくする必要なし」と言われた。2000年には、何度も同じ質問をしたりうっかりミスが多くなった気がして(海外から)里帰り中にクリニック受診、その時は「毎日たくさんの患者と接しているからお話しすればその方の程度がわかる」と(医師から)自信を持って言われ、その時は奥さ

んの心配しすぎと言われたんですよ。
　2005年の状態は、もちろん曜日、それから何月何日そういったもの、電話の内容、誰から来たとかね、そういうのもわからなかったね。あとね、薬が一日1錠ずつ朝晩。でも自分で管理できない、……飲んだか飲まないかわからない、結構そういう症状も出たんですよね。家のどこに何があるか覚えられない。……同じ質問が繰り返される。方向音痴で、ウォーキングしてはどう帰ってきていいかわからない。全面的に頼ってきますしね。……同じものをいくつも買ってきたり。でもまだ自分のことはできました。財布にいくら入っていたかが覚えられませんでした。2007年には待ち合わせが出来なくなり、理解力低下、何度説明してもわかってもらえないことが増え、漢字が書けなくなり始めました。2010年ころからは中期に入ったなって事は思いました。字が本当に書けなくなったんですね。あと今まで読めていたものが読めない。それから、あんなに英語が堪能だったのにスペルが出てこない。本当に単純なことでも何度説明してもわかってもらえない。……今は元気ですけど、いつどうなるかわからない。夫が普通でないと感じて10年過ぎました。進行はとてもゆっくりと感じていましたが、最近は速度が増してきたように思います。(Hさん)

　Hさんは今までの経過の具体的な日時と出来事を詳細に覚えており、初期は特に普段の生活が今までと変わらずにできることが多くあり、外見からも病気だとわからない変化の時期である。この曖昧で不確かな時期を短くするためにも、【診断確定】はとても重要になる。診断により病気が治る訳ではないが、訳がわからない状態から夫の言動が何によるものか、その

第1部　ケアラー体験の理論モデル

理由がわかることが不安緩和につながる。診断確定後は今までの様子から変化が起こる時期は、先の見通しが立たない事への不安が大きいことが予測され、診断確定の時期や急に変化が現れる時期には同じ仲間や経験者の存在が重要になってくる。

　（診断から）1年くらい経って、どんどん怒りが出てきて、結構この症状が一番怖いですよね。とにかく怒り出す。……テレビのリモコン操作も出来るときと出来ないときがあるんですが、それで怒り出す、お風呂に入るとか入らないとかで怒り出したり、服も着替えたほうがいいよっていうと怒り出す。外で煙草を吸ってて外に灰をバーっと落としたり、そこからつばを吐くんですよ。今までした事がないような、反社会的なことを平気で。私がティッシュもって行ったり、灰皿ここに入れてって言うと物凄い顔でにらんだり。タバコが切れると、もううろうろして夜中の一時に寝ている私のところに来てタバコがない金をくれって感じで。……80kgくらいあるんですよ。それで怒り出すと戸をバーンと閉めたり、いすをバーンと叩きつけたり、その辺にあるものをバシーと叩きつけたりするのがだんだん私に向いてきたんですよ。向こうに向かっていたのに、こっちに来るようになって、怖くてね。……24時間ていうか、(本人が)外出している時は家にいたけどいつ帰ってくるかわからないから、必ずご飯作って待っていたり……ボランティアしてたのも全部断って、とにかく家にいなきゃいけない、何があるかわからないんで待機状態だったんです。(Gさん)

Gさんの夫は1年間で急速に病状が悪化していった。このような場合は、認知症の受け止めもできないまま具体的な対応に

迫られていくことになる。家族はこのような状況でも、自分が看なければいけないと抱え込み、相談ができないまま孤立していく傾向がある。日常的・具体的な対応策を提供し理不尽な感情を受け止めていく場として、経験の蓄積がある【家族の会】の存在はとても重要になってくる。また、危険回避をどのようにしていけばいいか医療機関との相談も必要になってくる。

Ⅱ-3 診断確定

　認知症の診断確定は、それまでに経験してきた不可思議な出来事が認知症のためであることが明確になり、認知症という現実に向き合っていく態勢に転換していくことでもある。介護プロセスにおいても大きなターニングポイントになる。診断確定により、夫が認知症であることを決定づける【病名による夫の存在規定】と妻が介護者であることを決定づける【妻の介護者化】が明確になっていく。

【病名による夫の存在規定】

　対外的に夫が認知症であることを"宣告"されることになり公的支援が可能になったり、他者への説明が明確になったりといった、自分が説明しなくてはならなかった負担からは解放されたりすることで、生活態勢の性格が大きく変わる。

【妻の介護者化】

　認知症の夫の介護者として"宣言"されることになり、避けることのできない立場におかれることになる。親族や他者への説明が明確になったりサービスが利用しやすくなるなどのメリットがある。介護者となることは、介護による負担感ばかり

でなく介護を通して社会に還元できるスキルを身につけることや自分らしさを発見していく契機ともなる。

Ⅱ-4 家族の会の参加

【家族の会の参加】は、同じ立場の人との出会いによって気持ちを開放し安心して話せる場、日常生活に生かせる具体的実践的な情報を分かち合う場、考え方を分かち合う場としてその存在は大きい。病気や障害に対する社会的な理解や支援の体制が整っていない場合、同じ仲間の存在は特に重要になる。今回の対象者は全員が家族の会に参加している、あるいは参加したことのある人たちである。家族の会の参加がどのような影響を与えたのだろうか。

「家族の会でそういうお話をされるだけでも、すごい違うと思いますよね。やっぱり言葉に出してこう、状態を言うっていう。それは私はできなかったから。その気持ちの負担だけでも。お金のことは後で考えて、まず、気持ちを話す、そういうことはね、とても大切。」(Dさん)

「やっぱり情報は家族会とか地域の家族会のほうからサービスのことは知りましたね。そういう家族会とかに入って情報をえないと、一人で調べようと思っても難しいですね。教えてくれる人がいないとわかんない。」(Cさん)

「(家族の会では) そうそうそう。同じ同じ、それ通ってきた道とか思いながら。そういう気持ちって他の誰にも話せないじゃないですか。で、他の人に言ってもわかんないですよね。(他の人に

言っても）そうなんだ大変なんだねで終わっちゃうじゃないですか。やっぱし、あのーうん。皆わかってるから、ま、色んな悩みは違うんだろうけど。結局、こう介護して大変さとかね。うーん。わかるんで。」(Dさん)

「ここには分かってくださる方がこんなに居るんだと思ったら、ぽろぽろ涙が出て、もう、いろんな事をバーって話しちゃって、それで少し楽になった部分もあるし、会合は本当に楽しみにして。」(Bさん)

　家族の会は、同じ介護者が積み重ねてきた介護対応スキルや介護する生活の受け止め方を転換していった人たちの宝庫でもある。相談相手がいない、誰にも話せないと思っている人たち、診断確定により戸惑いを感じている人たち、日常的な対応方法に困っている人たち、介護に埋没している人たちにとって解決の糸口が見つかる場になりうる。
　家族の会の相談者・支援者としての存在は【生活態勢の継続的再編成】における介護者対応スキルの蓄積のための〈支援・相談者の存在〉として、また【アイデンティティの継続的再編成】における【自分らしさを取り戻す】ことを支援する存在として大きな影響を及ぼしている。
　一方、家族の会の参加を経験して、その後の参加を躊躇する人もいた。

「ええぇ、(ある)区の、L地区。あそこに行ってたんですよ。それでいろんな事教えてもらって、その通りに手続きしたらほんとにうまく行ったんですよ。だからずっと行ってたんだけど、去年

の2月くらいになったら末期症状の話ばっかりがでるようになって、」(Iさん)

「そういうのに出ると。皆さんがすごーく大変な方々が沢山いらして、……まだうちは軽いから、なんか頑張って皆さんを楽しくしようって。そういうことで、ゲーム考えたり……なんかそういうので、結構疲れちゃったことはあるんですけど。」(Hさん)

「皆で談笑するときに、ご主人が居らっしゃるのに、こんなにうちは出来ないんですとか、全然テレビなんか分からないんですとか、平気でおっしゃる方がいらして、3時なんかも、皆でまってて、一緒にいただきますとか出来ないわけですよね。んで、怒ってるんですよね。待てない病気ですよね。そういうのを見て、聞いたりするとね、……ハラハラして疲れてしまう。」(Hさん)

　家族の会は誰にも言えなかったことを言える場、将来の見通しがもてる場、諸サービス利用の情報・手続き等の具体的アドバイスなど、気持ちが解放され分かってくれる存在がいることの安心感、一人で悩んでいたことを解決できる場として機能している。一方、他の人の対応の仕方を見て、ハラハラしたりやめてほしい思うことがあったり、深刻な状況や末期症状の話しが多く出るようになると気が滅入ったりすることもある。家族の会は出入り自由の柔軟な場であり、うまく活用する工夫も必要になってくる。

II-5 生活態勢の継続的再編成
　発生するさまざまな問題状況への実際の対応として、II

-5-1【介護者対応スキルの蓄積】は、初期のもの忘れから病状悪化にいたるまで、病状の変化により出現するさまざまな症状に対し、社会資源の活用や経験的に体得した対処方法、家族会の参加によって得られた情報などを継続的に積み重ねていくことで対応策を講じていくことである。診断確定後、症状が緩やかで日常生活に大きな支障が生じない時期もあるが、これらの状況に対し介護者は、必要に迫られ〈成り行きからナビゲートされるサービスの利用〉を決心したり、ケアマネージャーなど〈支援・相談者の存在〉を活用し、「制度的不合理」を経験しながら若年認知症者が利用できる「居場所探し」をすることになる。また、介護者が経験的に習得したり【家族の会の参加】により蓄積した〈介護継続の工夫〉を活用することで対応していくことになる。これらの対応経験を積み重ねて【介護者対応スキルの蓄積】を行っていく。

II-5-1 病状の変化と対応
【認知症の症状と対応】

　診断確定後、症状の変化には個人差があるが、初期はもの忘れがあっても一人で外出できたり食事や入浴など日常生活がほぼ支障なく送れている時期である。【"認知症"の症状と対応】は、今までできていたことができなくなり、常時の見守りや声かけが必要になる時期の対応である。

　「忘れる」は今言ったことがわからなくなっていくこと。「できなくなっていく」は、今までできていた行動が一つひとつできなくなっていくことである。それに対し介護者は、夫から「目を離さない」、一つひとつの「行動ナビゲート」をするという方法で対応していく。

「24時間べったり。何度説明してもわかってくれない。運命共同体。自分でやったほうが早い。出来ないことを一つひとつ補う生活。」(Hさん)

「お風呂はほとんど一日おきか、続けていくこともあるで、デイだけで。ちょっと無理かなという感じですね。トイレはもちろん全部介助で、私が見てるんです。日に20回とか。本当にさっき行ったのに、わからないんですよね。どこだっけっていったり、うろちょろ。なんか落ち着かなくなると、あ、トイレねって思うんですけどね。でも行っても、自分では入れなかったり。本当に……そういう失行って言うんですか、行動が分からない。すごいですよね。」(Bさん)

「(近くの)新しいビルに出かけたんですよ。入った瞬間に主人が走り出したんですよ。どうしたのって聞いたらトイレって言って、あっと思ったんですけど……地下のトイレに行くまでに10mくらい、大のほうをダーっと落としちゃって、私は持っていたティッシュでその綺麗な床のをワーッと集めて、女子トイレに捨てたんですよ。」(Jさん)

介護者は、何度も同じことを説明したり目を離さず傍にいたり、コミュニケーションがとれない場合は観察により察知したり、「目を離さない」「行動ナビゲート」により対応することになる。また、夜間度々起きることによる不眠や認知症とわかっていても苛立ちが起きる。中には自分自身の対応に傷つく経験をする人もいる。

「もう、もう本当にすごい罵声あびせたりとか、私もしちゃうんですよ。……うん。すごいなんか汚い言葉とかがもう出ちゃって。あ、これ駄目だとか思って、うん。なんか自分が、えー、こんなに変わっちゃうのっていう、それも嫌だったし。……頭の中では病気だからと思っても優しくはなれなかった。」(Cさん)

対照的に、同じようにもの忘れが進み日常生活に支援が必要な人でも、夫の穏やかさに救われている場合もある。

「穏やかなんですね。不安になることはあるんですけど、怒らないし……毎日できていたことが、一個ずつできなくなって。どんなつらいことかと思うんですけど。しょうがないだろうみたいな感じで。だからすごく、受容ができるんですよね。それもすごいなと思いますね。」(Hさん)

【病状の悪化と対応】
さらに病状が進み、人格変化や妄想、暴力が出現し対応困難な状況になった場合、症状に対する対応を「はかりにかける」ことで折り合いをつけ、介護と自分のバランスをとったり、症状の激しさによるダメージを回避をするために「嵐をやり過ごす」ような行動をとったり「本人中心の生活」しながら介護を継続していく。

「妄想が激しくなってからは、お手洗いが夜中は1時間半おきに行くもんですから、私が起きなきゃならない訳ですね。よっぽど疲れてると、もういいやって思うと、やっぱり失敗するわけで

すよね。いつもハカリにかけて掃除するのが良いか、夜起きるのが良いか。」(Bさん)

「なんかとてもその聞くに忍びない、下品な言葉をずっと独語で言ってるんですね。……そういうことしかいえない主人だって言うのに、それは病気だって思っても、肉親だとやっぱり辛いですね。……何しろその時間は嵐が過ぎ去るのを待つしかないのよって娘にも言ってるんですけど。……。」(Bさん)

「昔から、穏やか過ぎるって言うか、無関心みたいな人だったんですよね。……本当に、怒るってことも無かったですから、あの変わりようはね。娘もだから、お父さんを怒らせないように、一生懸命やってくれたんですよね。」(Hさん)

この時期の介護は、症状の激しさや人格の変化による脅威や対応の難しさに直面し、本人中心の生活を送ったりサービスを利用したりするが心身共に疲弊し、在宅での介護に不安を感じ始める。

家族の疲労がピークになると自宅でサービスを利用した生活も限界となり、「介護限界対応」として、入院、入所を検討することになる。

「もうそのころになったら、そういう状態が半年ぐらい続いたかしらね。もう夜中もトイレ行くから私も寝られなくて。それでもう、疲労困憊だし、……あーどうしようってそこで本当に困ってね。じゃあ病院にちょっといれようかって。……それが今の病院で。それ以来ずっと見てくださるところができて。それでやっ

と皆がほっとしたっていうかね。」(Dさん)

今回の対象者では、病状の悪化による入院は1名のみだったが、妄想や暴力など病状の悪化への対応をしている段階の人は、この先どうなるのかという不安を抱いている。

II-5-2【生活設計の予期せぬ混乱と再調整】
予定していた生活設計に急に狂いが生じ、〈経済的困難の発生〉や〈親子関係の再定義〉など、介護者である妻がその調整を行っていくことになる。認知症の診断確定は、それまで一家の大黒柱だった夫の退職、あるいは収入が減ることによる〈経済的困難の発生〉を招く。生計を維持していくために、介護者である妻が就労するなど、経済的な立て直しを担っていくことになる。また、症状の進行によりそれまでの親子関係の維持が難しくなり〈親子関係の再定義〉をすることで、親子関係の修復を図っていく。

この生活設計の再調整の役割は、介護者である妻が引き受けることになり、妻の【アイデンティティの継続的再編成】にも大きな影響を与えることになる。

〈経済的困難の発生〉
認知症の診断確定により、一家の大黒柱の退職、自営業の閉店、仕事の形態を変えるなどにより収入が途絶えたり大幅に減少し家計が困難な状況に陥る。

ライフサイクル上は、住宅ローンや教育費、生活費等の負担が増える時期。個別に困難状況は違うが、生計を維持していくために介護者である妻が就労するなど、経済的な立て直しを

担っていくことになる。

「その時は、本当に将来は路上生活者になるんじゃないかっていうくらいの覚悟を私はしましたけどね」(Bさん)

「やっぱり、うん、生活のことを考えると夜も眠れないって本当ですよね。……53まで一応仕事をしていました。で、行ったり行かなかったりでね、……でもその頃あーもうやめていいよっていうのが言えなくて。子供がまだ5年生と中1と高1だったから」(Dさん)

「まだローンが残っていたんですよ。障害年金、ですよね。今。それが二ヶ月にいっぺんで43万ぐらいおりるんですよ、住宅ローンが月の払いが18万弱。大きいんです。すっごいきついでしょ。……2級のときは、逆にマイナスだったんですよ。住宅ローンのほうが上だったんですよ。」(Cさん)

「うちの場合はね、60歳まで、5年ありましたでしょ。……60になって年金を頂くまで、まあやっぱり退職金を食い潰してたっていうか、繋いでたっていうかね。そういう感じだったんで。余裕はなかったです。で、もっと早く障害年金の、ええ、申請すればよかったですけど。知らなかったんですね。介護認定もとってないぐらいですから。」(Hさん)

退職により収入がなくなるだけでなく、障害年金など手続きを知らないなどにより不利益を被っている場合もある。一方、発病の年齢や住宅ローン返済の時期、子どもの有無などによっ

て、経済的には問題のない人もいた。

　「療養費みたいなのをもらう事になってたし、会社から1年半。退職したら退職金が入ってきたので、まぁまぁ、だから生活を作るお金がどうのって言うのは（なかった）。そして、私が入院する前にローンも全部払い終わっていたので、そういうのはあんまり心配はなかったかな」(Fさん)

　「そのまんま（自営業の）お店を貸せることができたんですよね。15万しか入らないけども。私も父親の遺産の借家があって、まぁ生活には困らないですよね。」(Iさん)

経済的な問題は親たちや親族には相談しにくく、相談の場がない。若い発病であるが故に、支出が多くなる時期。それを維持し生活を成り立たせていく見通しがつくまでは、相当な不安が予測される。

〈親子関係の再定義〉
　認知症の症状の進行によりそれまでの親子関係の維持が難しくなり、子ども（成人以降）が父親のために介護的、保護的関わりをすることなどがみられる。

　「娘もきっと将来（夫と私の）二人を介護して生きていかなければいけないと覚悟したんじゃないかと思うんですけど、そのほかいろいろ理由があって、ひとつ専門職の……なんていうんですか……免許を取りたいので会社を辞めるっていって一年間ほど、自宅で猛勉強したんですね。」(Bさん)

「そのときは主人が割と悪いときで。息子も家にいて、主人も家にいて。それで、すーと出てちゃうときがあってね。そういうときに息子がそっと追いかけてくれるんですよ。だから、うまくできてるな。……色々考えてたんですよ。きっと。父親がね、そういう、きっと父親がああいう状態だから。私をきっと助けてあげたいとかそう皆きっと思ってたんでしょうね。」(Dさん)

子どもが小さく夫の病名を告げない場合はこのような役割変更は起こってこない。夫の両親が健在の場合は、両親との親子関係にも定義変更が起こってくる。

〈家族への影響〉

夫の介護と同時進行的に両親の介護などが重なり、夫、または家族のことに専念できなくなりやすい。

「私の両親が、非常に、もうその時には、ヘルプが必要で。で、父は結局亡くなってしまったんですけど、もう本当に母が認知になって、要介護4になって、父も、もう病院に入院するという状態で、私は行かれなかったんですね。定期的には覗きには行ってたんですけど。」(Hさん)

「この後お父さんはどうなるんだろうとか、自分とお母さんはどうなるんだろうっていう。でも、逃げ出したいとは言えない。私をおいて出られないみたいで。でもそれが屈折して溜まっちゃって、もう本当に部屋から出られなくなっちゃったりとかね。」(Jさん)

「2、3年前、やっぱり、両親の事とか、主人の事とか、主人が病気じゃなかったら、もっと実家にいけた、助けてあげられた、でも、それが出来なかったのが一番つらかったかな。」(Jさん)

ライフステージから考えると、さまざまなことが重なる時期である。夫の介護により両親の介護や子どもに対し十分役割を果たせなかったという思いを持つ経験をする。これらの経験が、アイデンティティの継続的再編成に影響を与えていく可能性がある。

II-5-3【介護者対応スキルの蓄積】

初期症状から病状悪化にいたるまで、病状の変化により出現するさまざまな問題に対し対応策を講じていくことである。積み重ねていくことで効果的な対応スキルを蓄積していくことになる。

〈介護継続の工夫〉は、社会資源の活用や独自の対処方法、相談・支援者の存在、家族会の参加によって得られた情報などを継続的に積み重ね、無理のない体勢ができるよう日々の工夫をすること、認知症の場合、症状の表れ方や効果的な対応方法は個別性が高く、一般論だけでは対応できないことがある。支援・相談者から智恵を得ながら、共に暮らす身近な立場から夫の生活や夫らしさを介護の工夫に反映していく。

〈成り行きからナビゲートされるサービスの利用〉は、本人の症状の変化など何らかのきっかけでサービスを探し利用していくプロセスを指す。介護者にとってサービス利用は抵抗感を伴い、気軽に利用できない場合が多い。夜間不眠をケアマネー

ジャーに相談しショートステイを利用するようになることや、通院が大変になり社会福祉協議会のパンフレットを目にして利用してみた、などである。支援・相談者の存在がサービス利用のきっかけとして効果を発揮していた。

〈支援・相談者の存在〉とは、若年認知症者の介護が、ライフステージから考えると介護だけでなく家計や子育て、親の介護などさまざまな問題が同時に起こる可能性があり、支援者・相談者の存在の重要性のことである。サービス利用で出会うケアマネージャや【家族の会参加】による同じ立場の人との出会い、子ども・両親・親族・友人などが考えられる。認知症発症の年齢が若いため、日々の現実を見ている人とそうでない人とでは病気受け止めにズレが生じ、親族は往々にして批判的な立場になりがちである。また、近隣の人や友人に対して相談するかどうかは相手との関係性により決断する。子どもが未成年の場合、"話さない"決断をする場合もあるし、ケアマネージャー、保健・医療・福祉職などの専門職に対しては、認知症の理解のための情報や福祉サービス利用のための情報、現状を客観的に見て介護者の立場からサービス利用の判断や見通しを伝える存在として位置づけている。

「(夫の兄弟に)去年くらいまでは、本当に私がそうなんですよって言ってもね、なかなか信じてもらえない状態で、お電話なんかだと本当にしっかりしちゃって分からないんですよ。……ご近所にも、ぜんぜん主人の病気は言わないでいたので、結構マンションの中ではかえって、どうも仕事はしてないしって事で、役員なんかが回ってきたりして、それを断るので、ちょっと白い目でって言うか、辛い思いをしたんですけどね、」(Bさん)

「主人の親に相談しても取り合わないですよね、息子の事実を認めたくない。だから、言ってくれるな、そんな事はないっていうような感じで、だからこう、誰にも言えないっていうか」(Hさん)

「息子が……中学卒業するまではなんか言うまいって、そう近所にも友達にも、私言わなかったんですよ、それがきつかったのかもしれない。」(Dさん)

II-6　アイデンティティの継続的再編成
認知症の介護をする妻がその過程で自身の人生への意味づけを新たにし、夫婦の関係についてもとらえなおしていくプロセスを意味する。

II-6-1【夫らしさの保持】
夫に対し、介護を要する存在としてだけでなく「追認感情」や「仕事役割の維持」「ライフイベントの先取り」を通して、尊厳を維持しようとする行動を指す。

「つらかったんでしょうね（夫の大変さの追認感情）」
病気の症状が進む中で夫自身もうつ状態になるなど、夫の大変さを思いやる。

「二年ぐらいは行きましたね。でももう無理かなっていうところでじゃあもうやめようか仕事って50歳、えっと53歳でやめたんで。本人にはつらかったでしょうね。あのーもう途中で帰って

きちゃうときもあって、つらかったんでしょうね。」(Dさん)

「あのー去年の6月に階段から落ちたんですよ。ここんところを二箇所縫ったんですね。……その感じを見てやさしくなりました。この人、病気で怪我した。あ、可哀相。だから5年ぐらいかかったかしら、やさしくなるのに。ちょっと大げさだけど体力も落ちてるし、なんか顔がこの頃可哀想になっちゃって、優しくできるんですよ。うん。前はすっごいあの、喧嘩だったみたいな感じで。うん。ま、本人が一番つらいんだなと思えるようになったっていうことかしらね。……本人だって半分わかって、半分わかんないんじゃないのかな。診断下る前は、実は、毎日自殺することを考えてたんだよって。……思うように行かないから、仕事のほうがね……かたづかないでしょ。どうしようと思っちゃったみたいで。」(Cさん)

これらの行動は、夫の意思をくみ取り代弁しようとする感情であり、夫を理解できない存在ではなく理解可能な存在としてとらえなおす行動でもある。

「仕事役割の維持」
今までの仕事をする存在としての役割（アイデンティティ）を維持または新たな役割を見出し夫がアイデンティティを保てるように働きかける。

「とにかく職場で受け入れてくれていたんで二年ちょっとぐらいはいきましたね。でももう無理かなっていうところでじゃあもうやめようか仕事、職場やめようかっていう話をしてたんですけ

どね。」(Dさん)

「体は動くし、今までやってきたことはできるんですよ……仕事はやってった方がいいんじゃないの、家に入ったらますますね、お父さんだめになっちゃうし、とか言われて。……できることはさせておいたほうがいいなと思っているんですね。……ただ私が大変なんですけど、一緒に行かなければ行けないから。」(Eさん)

自営業の人の場合、できることを仕事として継続していける場合もある。夫婦で自営業を行っていた人の場合は、妻や第三者が見守りや補完する役割をとり、仕事を維持できることもある。仕事を維持しようとする介護者の行動は、経済的な理由もあるが、本人の今までの役割を形を変えても持続させたいという思い……今までの本人の生活、尊厳の維持でもある。"認知症になってもまだできることがある"、それまでの一部分でも維持できるようにすることであるが、同時にこれは介護者が緩やかに本人の変化を受け入れていく過程でもある。

「ライフイベントの先取り」
　進行を止めようがない病気であることを理解し、悪化する前に将来しようと思っていたことをできるうちにと先取りして実行する。

「(診断前)思い切ってどこか旅行しようって言って話してたら、娘と主人が話してて、……ちょこちょこっとヨーロッパ行く、なんていって(20)03年にいったんですね。そのときは結構元気

で。普通の熟年の方が沢山ツアーにいらしたんですけど、そういったことは違うなっていうのは感じてましたけど、でも　まぁ、楽しそうに行って。…もう何しろ孫を抱かせたいって事と、娘とバージンロードを歩かせたいって言うのが私の願いだったので、それは08年に（息子夫婦に）孫も、娘も結婚したものですからね、両方かなったわけですよね。」(Bさん)

「音楽、コンサートもわりと好きで、まめに見つけて行くようにはしているんです。」(Eさん)

「よくいろんなとこ行きましたね。なんか……。砂浜に座りながら昔話したりね。子供の時の話とか。」(Dさん)

「2週間なんですけど。(旅行に行ってきた) もうそれでも……限界に挑戦したってくらい、大変だった……すごく楽しかったし、本当に忘れられない思い出だったんですね。これが最後だろうなと思ったら、本当、涙が出てきちゃったんですよね。いけるだけでもすごいかなと思って。」(Jさん)

多くの人が診断確定後、旅行を経験していた。これは、今できていることもいずれできなくなっていくことを見通し、家族らしさ、夫婦らしさを確認する行動でもあり、夫に対する長年の思いを凝縮させた反応とも言える。

II-6-2【認知症の受け止め】
　診断確定後、妻は介護者であることを決定づけられるのであるが、夫に対する【認知症の受け止め】は夫の病気を受け止め、

納得していくプロセスである。

〈今にして思えば〉
　これは診断確定後、それまでの不可解な言動を思い起こして意味づけし、その時の状況と結び付けてエピソード化し、記憶として固定する認識作業を意味する。

　「今にして思えば、主人がその頃に言ったことで、あ、おかしいって思えることがあったので、その頃かなり主人もつらい状況だったんじゃないかなと思います。ただ、本当にわからなかったんですよね。そんなにいつもいつも物忘れがあるわけではないから、あれっと思うことがあっても、また普通に結構専門的なことだと、難しい言葉も使って会話をしていましたのでね。」(Bさん)

　「(車で)反対車線走ってて向こうからトラックがきたりとかすごい危ないことが本当にあったんで。うん。これがこうで説明しても全然理解してくれないんですよ。俺は悪くないって、なんであの車がくるんだってわかんなかったみたい。」(Cさん)

それぞれが多くのエピソードを記憶していた。診断確定までに起こった大変だった出来事の記憶を解釈しエピソードにして了解しようとしている。

「疑心暗鬼」
　診断名だけでなく本人の今の状態から病状を推し量ろうとする。普通のところがあるうちは、診断されて頭で理解していても認知症の人として受け入れられずにいる。

「前頭側頭葉型って言われて、ネットで調べて……なにかうちの症状と違うねってとこがあったんですよ。ピック病だったら人格が変わっちゃうとか、だらしなくなったり……確かに怒りっぽくはなってきてますけどわからないって言うわけではないんです。自分が思ったことはできるし……ちょっと違うなって……」(Eさん)

「あの病名がついて素直にこう入ってきましたけど。ただ本で読んでるのと、実際こうやって介護してみるとではすごい違いなんですよね。理解の度合いがもうだめでしたね。わかってるつもりだったんだけど全然、うん。あのーやっぱしね、え、この人本当に病気なのって思うから、こういわれると言い返しちゃったりとか。なんかこう優しくなれなかったりとか、なんかね、戸惑いがすごいあったわね。」(Cさん)

「現実を見る」
診断後も本人のできる部分があることで疑心暗鬼になっている状態から病気の進行により、今起こっていることを現実のものとして受け入れざるをえない状態への変化である。

「受け入れるのがすっごく大変でした。あー、やっぱりあきらめるって言うか、ここへ来ていろんな事があって、もう覚悟を決めてって言うところまできたっていうか。今だってあきらめきれませんけれど、どんどん夫が側でわかんなくなっちゃうので、仕方ない。現実を見つめるしかないって言うか。」(Cさん)

Ⅱ-7 【主導権の転換】

　夫婦の役割分担が崩壊し、夫が果たしていた役割を妻が担っていく。夫の低下していく機能の現実と向き合っていくことで、妻が待ったなしの対応をしていかなければいけなくなる。認知機能が低下するという認知症の特徴と、女性が介護者の場合に特徴的なことでもある

　（フランチャイズの）会社の代表者を私にするっていうふうに、そういう名義の書き換えって言うか……そうじゃないと仕事はできませんって言われて……負担にはなりましたね。私、この年で、60でしたからね、この歳でやるのかしら、どうしようかと思ったんですけれどね。……続けていくといたら、もうやらざるをえないみたいな感じで、周りの人も、仕事はやめない方がいいよって言ってくれて。」（Eさん）

　「今まであのー、なんか俺についてこいみたいなタイプだったんで、ついてったもんだから、私がこう、主導権を握ってるわけじゃないから、あ、ついてけばいいんだと思ってついてった人だから、さて、自分が何をしなければいけないんだろうってときには一番困りましたね。で、相談する相手がいない。自分で決めなきゃいけない、すべて。うん。それが一番困ったかしらね。」（Cさん）

　「経済的な事は、私はほとんど専業主婦で、結婚してからフルタイムで働いたことがなかったから、もう経済的な事は主人に任せてるって感じでしたよね。…（家の売却と転居を自分が一人でしなくてはらなくなったこと）……（後になってみれば）そんなにす

ごい大変なことではなかったんですけど、そのときは、本当に将来は路上生活者になるんじゃないかって言うくらいの覚悟を私はしましたけどね。」(Bさん)

「覚悟を決める」
　現実を受け止める覚悟ができ、困難な経験を経ることで強く変化している自分に気づく。

　「自分がやっていかないといけないんだってそういう決意みたいなのをした時期かもしれないですしね。その診断がついてから、いよいよ私は、とにかく何でもいいから仕事して、(子供たちを)学校に入れなきゃいけないっていうのがありましたね。そこでなんかその半年間、一年ぐらいあったかもしれませんね。あ、私、自分しか頼るものはないんだって。なんか変なね、決意みたいなのがね。そこの一年間で出来たかも。だから、うーん、徐々に強くなりますよね。」(Dさん)

　「誰にもいえなかったですよね。そんなの普通に聞いてもらったとしても解決、誰もできないし。やっぱり自分でなんとかしないといけないでしょ。やっぱりお金の話とかされても皆困ると思うんですよ。」(Bさん)

　「全部自分でやんなきゃって、うちには男はいないんだって。全部やって。なんかやんなきゃ誰もやんないなとか思って」(Cさん)

　診断確定後、認知症の介護者であることが決定づけられ、目

の前で変化していく夫を見つめながら、「自分がやるしかない」という覚悟を決めていっている。子どもへの思い、夫への思いがあることによりそのような判断が可能になっている。

Ⅱ-8 【私には私の人生がある】

　介護のためだけの人生にしたくないという意味よりも、夫の病気を契機に自分のための生き方を確認、発見をしていくことを意味し、自身の人生の意味づけを行う。

　"認知症の介護者"という枠組みの中で生活せざるを得ない日々の中で、認知症と向き合い受け止めながら、一家の中心者として生きていく覚悟を決めた妻が、介護を継続していくことで「社会生活が縮小化」し、両親などの「介護の重複」を経験し、「自身の体調不良」を感じるようになり、そのような日々の暮らしを振り返り、介護に埋没するだけでなく自身の生き方を振り返り「私には私の人生がある」、自分のためにもできることを実現していこうとする生き方を獲得しようとする。

　「やっぱり自分は自分だから、大変になったら、施設に預かってもらうって、私は私で生きて……でやっていこうかなって。だって自分だって60歳じゃないですか。先々活動できるのなんて限られてるでしょう。……何かやるにしたって、たかが知れたことしか出来ないけれども、やっぱり自分の生活も大事にしなければいけないの。…全然楽ではないんですけれど、考え方を変えれば人間て強く生きていかれるんだなと思いましたけどね」(Bさん)

　「夫婦だけど、主人の人生と私の人生は違うって。これで介護

だけで終わりたくないと。申し訳ないけれども、3人子育てしてきてるし、主人を見放すことはしないけれども、主人は主人の人生だし、私は私の…まだ人生だと思うから。夢をあきらめちゃいけないなって。介護で終わりたくないって。」(Mさん)

「自分を見失ったら駄目だろうっていうのは、木曜日の夜、これ、10年以上続いているグループで勉強する会なんですけど、そこに行って、家の事とか、主人の事とか全部忘れて、ほんの2時間位でも没頭する。そうすると、またエネルギーがもらえる。それが無かったら、私、絶対駄目になっちゃうって。(Jさん)

対照的に、夫の病気によって将来思い描いていた夫婦の世界が自分にはもうなくなったしまったことも意識する。

「もう本当に最初の頃は、信号待ちしてて、ご老人夫婦が乗っていた車がくると、止まってたのを見たりなんかすると、涙が出ちゃう、ああいう時代は私にはないんだって思うと、それだけではらはらする事もありましたけどね。」(Bさん)

「主人と会話が出来ない。その辛さっていうのがありましたね。話してもオウム返しだったり、この先どうするなんて主人に言ったって、まったくわからない。主人が元気なのにコミュニケーションがとれない、その悲しさって言うのはありますね。娘とは違う、やっぱり夫だから」(Jさん)

「社会生活が縮小化」
　それまでの社会関係が介護によって縮小されることも起き

る。

　「やっぱりでられなくなりました。引っ越したということで、私も主人が病気だとは思わなかったから、落伍者みたいな、人生大失敗した人みたいな感じを自分で背負っちゃったから、友達もかなり切ってしまったりとかしましたね。……もしかしたら、同じように若年で苦しんでる方も、表面には出ないけどあるかもしれないし、だんだんに、かえって隠してるよりも、少しでもそういうことでね……」(Bさん)

「介護の重複」
　夫以外に実父母、義父母など介護を要する人が出現し、夫のことに専念できない状態になることもおきる。

　「私の両親が、非常に、もうその時には、ヘルプが必要で。で、父は結局亡くなってしまったんですけど、もう本当に母が認知になって、父も、もう病院に入院するという状態で、私は行かれなかったんですね。」(Hさん)

「自身の体調不良」
　介護生活を続けることにより、自身の体調不良が出現する。

　「引越しとか主人の急変で、私のほうが先に欝になっちゃったんですね。…私がこういう体だから、(夫の病状が悪化して)寝たきりになってしまえば、かえって今よりは介護が楽よってケアマネさんおっしゃるんですけど、それが突然寝たきりになるわけではなくて、もっともっと手数がかかる状態が何年か続いた後、寝

第1部　ケアラー体験の理論モデル

たきりになると思うんで、その間を、私みたいな障がい者がどうやってサポートできるかなって言うのかな。」(Bさん)

「ずっとあったんだけど(股関節の痛み)。主人の病院のことで頭がいっぱいで。自分が病院に行くなんて思ったこともなくて。」(Dさん)

認知症そのものの症状によるストレス、一家の中心者になっていくプレッシャー、時間的拘束などさまざまな要因が体調に影響を与えている。自身の体調に目が向くためには心身の余裕と同じ立場の仲間からのアドバイスが有効である。介護に埋没している時期は、自らが健康に関心を向けていくことは難しい。保健医療福祉の専門職が外部からレスパイト(介護者のための一時休息サービス)への働きをしていくことが必要となる。

Ⅲ　分析結果の実践的活用に向けて

1．早期発見、早期診断をめぐって

若年認知症に関する研究報告では、受診の遅れ、診断の遅れが指摘されている。今回の分析結果からも同様の傾向が見られた。本人の変調への気づきから確定診断までの期間が長びけば、本人・介護者の不安や戸惑いも解決しないまま抱えこむことになる。早期の確定診断のメリットは、曖昧で不確かな時期を短くし、夫の心身の変化の理由が明らかになる。また、親族など他者への説明が明確になり、公的サービスが利用可能になるなどである。

一方、認知症に対する予備的知識や心構えができていない場合、診断確定がさらに大きな不安をもたらすことになる。また、診断前に症状が進んでしまった場合、治療のタイミングを失ったり将来の不安が増大するなども考えられる。

　診断のタイミングとしては、もの忘れなどはあっても日常生活に大きな支障が起こっていない時期に、認知症や先の見通しに関する十分な説明と診断後の相談支援者の存在を具体的に説明することをあわせて行うことが大事になってくる。

　最近ではもの忘れ外来を開設している病院が増え、受診や診断が以前ほど難しくなくなっている。また、自治体では認知症に関する啓発活動が行われている。また、若年認知症ハンドブックも自治体単位で整備されるようになり、若年認知症の基礎知識から具体的に利用できる制度や相談窓口が明記されている。

2．家族の会の意味

　今回の対象者は全員が家族の会に加入している（していた）人たちである。同じ経験をしている人たちが出会うことの意味は、多くを語らなくても実感を伴った共感が得られ癒やされる、サービスの手続き方法、認知症への対応方法など具体的実践的な役立つ情報が得られる。見方を変える考え方に出会うことができる、傷ついた気持ちを癒し、役に立つ情報を得て介護に生かしていけるなどがある。また、会に参加するメンバーは参加を通し相互に学びあい、経験を交流してお互いに役立つ経験をしていく。たとえば、診断の確定が急で、受け入れることができない場合や夫の言動を受け入れられないなどの場合は、家族の会で今の心情をゆっくり話しながら自分の気持ちを整理

するのに役立ったり、他の人の病気受け止めの経験を聞くことで現状を無理なく受け入れていくことが可能になるかもしれない。

家族の会は、必ずしも万能な問題解決の場ではない。末期症状の話に気持ちが滅入ってしまったり、他の人の認知症者に対する対応に自分自身が傷ついたり、認知症が軽度なので家族の会でもっと役割をとらなければと思い疲れてしまう場合もあった。遠慮や無理をして参加することは本末転倒である。家族の会以外の場に参加したり自分にあう場を見つけて行くことも大切になる。

全国組織である「認知症の人と家族の会」は全国47都道府県に支部がある。支部の中で若年認知症の人と家族の会を開催しているところが増えてきている。また、家族が自発的に集う場を開催するところもあり、インターネットで検索が可能である。内容は話し合いが基本であるが、カフェ形式をとっているところや普段できない創作活動を行いながら情報交換をするところなどがある。

3．見方を変えれば

若年認知症の介護は、決して楽ではない。しかし介護者の中には、こういう経験も悪くないと思ったり介護を経験しているからこそそれをバネに新しい人生があることを発見していったり、介護をする前では考えられないものの見方、考え方ができたりする可能性がある。見方を変えれば見え方、考え方が変わっていく。そのような認識がもてるようになるためには、信頼できる人との出会いが影響を及ぼす。前述した家族の会はまさにそのような大事な役割も担っていると考えられる。

注
1) 朝田隆:「若年認知症の実態と対応の基盤整備に関する研究」の調査結果　2009
　　http://www.mhlw.go.jp/houdou/2009/03/h0319-2.html
2) 小長谷陽子、渡邉智之、小長谷正明:若年認知症の行動と心理症状（BさんPDさんD)の検討、愛知県における調査から、神経内科、71(3)　313-319。2009

　謝辞:本章執筆に当たり、編者の木下康仁氏からの助言に感謝いたします。

第4章

重症心身障碍児の母親の葛藤、支援のあり方

石井由香理・中川薫

1 重症心身障碍児の母親の葛藤状態

今日、ケアを受ける側だけでなく、行う側の権利にも注目が集まっている。ケアを提供する人びとの脆弱性への理解と、社会的配慮が求められているのである（キテイ 2010）。

しかしながら障碍児ケアの文脈において、親というケアラーに対する社会的支援の重要性は長らく見逃されてきた。特に母子間の場合、母親が子をケアするのは、しばしば当然のことと見なされ、ケアの負担や社会的な支援の必要性について十分に語られてこなかった。この問題が顕著に現れているのが、重症心身障碍児へのケアである。

重症心身障碍児（以下、必要に応じて「重症児」と記す）のケアが在宅でなされる場合、ケアの担い手はほとんどが母親である。重症児は濃厚なケアを必要とするため、それだけ母親たちの負担も大きくなる。他方で、自身の人生を大切にしたいという母親たちの思いは、これまで以上に高まっている。江原(2000)は、現代女性が、「子育て」と「自分の生き方」の両方を大切にすることから葛藤状態に追い込まれていると指摘するが、これと共通する構造を重症児の母親に見ることができる。すなわち、母親たちは、子のために最善のケアをしたいという

気持ちと、自身の人生を大切にしたい願望との間でジレンマを抱えているのである。

本章では、語りの分析から、ケアラーである重症児の子を持つ母親たちが抱くこの新たな葛藤に焦点を当て、彼女たちが直面する現代的な生きづらさを考察し、そしてそこから、彼女たちに対する支援の必要性について考えたい。

2 重症心身障碍児をとりまく状況について

重症心身障碍児の利用できる社会的サービスは、今日までに、施設や専門機関が少しずつ整備されてきた。例えば、東京・神奈川・大阪で行われた2007・2008年の調査では、回答した家族の66.5％が通所施設またはデイサービスを利用しており、また回答者の半数以上が短期入所サービスの利用経験があり、在宅ケアを行なっている家族のうち8割がホームヘルプサービスを利用している（春見ほか 2009）。しかしながら、医療依存度が高かったり、重度の障碍をもつ子の場合には保護者の付き添いが必要であったり、必要なサービスが使えなかったりするなどの制限もあり、ケアする家族の負担は依然として相当大きく、なおかつ、そのケアの担い手の95％以上が母親である（小沢ほか2011）。

3 障碍児の母親は子のケアにどのように関わってきたか

次に、母親が子のケアにどのように関わってきたかを確認しておこう。近代において女性は、「母親」として、子どもの養育を、「自らを犠牲にしながら」でもなさなければならないとされ

てきた (バダンテール1991)。また、母親たちは、子どもの養育に関して、夫を含めた他の誰よりも大きな責任を担わねばならず[1)]、こうした「母親」役割から女性たちが逃れることは大変難しいことであった。

こうした母親規範は、障碍児の母となった女性にも顕著にあらわれている。特に、重度の障碍をもつ子どもを産んだ女性は、「障碍児の母親」として周囲から見られ (中川2003)、また、自らもそうした役割意識を内面化し、自分が障碍をもつ子どもを産んだから、自分の責任だから、その責任を背負わなければならないといった意識を有し、より深く、良き妻や良き母を演じようと動機づけられる (要田1999)。あるいは、中川の指摘する「子へのトータルコミットメント」、つまり、「情緒的に子と一体化し、子の障碍軽減を自分の使命として、自己犠牲を払ってでも、頑張って、子の人生や障碍、子のケアに対して」、「全面的に引き受けていこうとする意識」(中川2003) をもつのであった。

ところで、中川が「子へのトータルコミットメント」の定義に「自己犠牲」という語を含ませたように、重症児へのケアにはしばしばケアをする者の「犠牲」が払われた。重症児へのケアの為には、誰かが多くの時間と労働力を提供する必要があるからだ。そして、この犠牲は、往々にして、子どもの母親となった女性一人が払うものであった。たとえば、服部範子は、障碍児の母親となった女性が、障碍児のケアの責任を一人で背負わされ、また周囲から理想的な母親像を期待され、養育・介護の多大な負担を強いられることによって、追い詰められると述べている (服部1985)。

しかしながら、今日、自己犠牲を払ってでも子どものケアを

全面的に引き受けようとする母親像に対して、距離の感覚を抱く人々が現れている。中川（2005）は、1999年から2004年にかけての調査の結果、子を産んでまもなくは、トータルコミットメント的な自己犠牲を伴うケア意識を有していた母親たちが、自己の喪失感を抱いたり、子の障碍軽減が困難であることを悟ったりといった経験を経て、しだいに考え方を変化させていることを明らかにした。そして彼女たちは、周囲から向けられる母親役割期待に対して反撃的、攻撃的な姿勢をとり、それに負けまいとする「役割期待への反撃」、あるいは、役割期待を、従う必要のない無意味なものと認識を転換させる「役割期待の無意味化」（中川2003）などを通して、子どもへの関わり方を変えていた。

しかしながら、他方で、母親たちは依然として多くのケアの負担を強いられているのが現状である。では、母親たちは実際に、どういったケアへの関わり方を理想とし、また、実際のケアとの間でどのような折り合いをつけているのだろうか。

4 調査について

首都圏在住の重症心身障碍児の母親5名[2]に対し、2009、2010年にインタビュー調査を実施した。その調査結果より、母親たちが、実際にどのような意識で子どものケアに関わっているのかについて、彼女たちが抱く理想や、新たに生じる葛藤状態、生きづらさに焦点を当てて考察を行った。

5 母親たちの葛藤
――インタビューからみえてきた母親たちのケア意識――

(1) ケアで自分を犠牲にしないということ

まず、重症児の母親たちのケア意識の特徴として、「母親は自分を犠牲にしてでも子どものケアを全うすべきである」という考え方を、必ずしも肯定していないことがあげられる。

例えば、インタビュー対象者のDさんは、学校の講演会で、「『この子がいたから、こういう人生だった』と言うのではなく、『この子がいたけど、私はこういう人生だよ』って言える人でありなさい」「カルチャースクールにも行っていいし、自分を制限しなくていい。」という話を聞いたと語ってくれた。

またCさんも、自らの人生を充実させることとケアとを両立しようとし、母親は自分のやりたいことを我慢するべきではないと考え、いくつかの趣味に打ち込んでいることを語ってくれた。

> C: 私は私の人生がやっぱりこの先もあって、Cちゃん（子）と一緒に歩んでいかなきゃ、私が育てていかなきゃいけないんだからと思ったら、お母さんがやりたいことを我慢したらいけないと思って。で、いま○○も習ってて。

つまり、母親たちは、障碍のある子どものケアをしていても、自分のやりたいことができている、と言えることを大切なことだと考えると同時に、子どものケアに没頭する母親だけの人生をすごすことから距離を置いている。障碍児の母親としての役割を全うするだけでなく、自らの人生を充実させることに

価値を見出しているのである。

　こうした価値観に支えられて、母親たちは、子どもと離れている時間を作り出すことを肯定的にとらえている。母親たちは、自分のために時間を使うことを大切なこととみなし、そのためには子どものケアから離れる時間が必要だと考えているのである。

(2) 子どものケアを自分以外の他者に託す

　自分を犠牲にしないためには、子どものケアを自分一人で担うのではなく他者に託すことが必要となる。母親たちの語りには、子どものケアを自分以外の人に託すことに肯定的な姿勢が見られる。学校や入所施設、ヘルパー、他の家族などに、前向きな気持ちでケアを頼むことができるようになっているのである。

　たとえば、ある母親は、子どもが学校に行くようになって、子どもと離れて、自分の時間が持てるようになったことが、子どもと自分の将来を前向きにとらえるきっかけの一つになったと語っている。また、別の母親は、自分の時間づくりのために、夫やきょうだい児、自分の母親などの家族に子どものケアを頼んで、友達とランチを楽しんだり、お茶を飲みに行くことを肯定的に語ってくれた。

> C: お友だち同士でお茶しに行こう、ランチしに行こうっていうときには（子どもを）置いていかなきゃいけないじゃない？（中略）だからみんなパパに預けていくの。

　母親たちが「生き方を制限される必要はない」という理想を

もっているにしても、実際に母親たちがケアへの関わり方の度合いを大幅に引き下げることは、他にケアの担い手がいなければ、ほぼ不可能である。そこで、母親たちは、ケアの責任を引き受けたまま、子どものケアを自分以外の他者にも託そうとしていた。

(3) 子どもとの関係をどのようにとらえているか

自分の人生を犠牲にせず充実させたいという母親たちの考え方は、自分と子どもとの関係性のとらえ方にも変化を生じさせていた。母親たちは、子どもとの結びつきを、人格と生活時間をともにするような一心同体の状態から、それぞれ独立した個人の関係として捉えるようになっていた。

例えば、Dさんは、次のように語る。

> D:「子どもは子どもの時間で生きてるし、私は私の時間を生きている。その中で、接点がある所で二人三脚で生きていくしかないじゃん」っていう考えになったのね。

こうした考え方は、将来の生き方をどう想像するかにも影響を及ぼす。母と子は、生涯同じ空間でともに生活をしていく関係であるという考え方に変化がもたらされるのである。

特別支援学校卒業後の進路について、ある母親は、二つの作業所を併用し、一週間子どもを預けられる体制を作ろうとしており、新たな作業所の立ち上げにも関わっていると話した。また別の母親は、仕事に定年があるように、ケアにも定年を設けて、自分の人生を生きたい、将来的には、子どもと離れて暮らし、それぞれ自分の人生を生きることも必要ではないかと語っ

た。

　母親たちは、子どもと一体化した人生を送るのではなく、「障碍児の母親」あるいは「子どもへのケア」から離れて自分の人生を生きる将来を想像しているのである。

(4)ケアのマネジメント役割

　このように、母親たちは、母親役割に縛られずに生きることは大切であると考え、自分のための時間が持てるように「ケアを自分以外の他者に託すこと」を肯定的にとらえていた。しかしながら、実際には、母親役割に影響されずに自分のやりたいことをしたり、子どもと離れた自分の時間を作ることは容易なことではない。その原因の一つが、利用できる社会的サービスが限られていることである。確かに、学校や施設に子どもを預けたり、ヘルパーや訪問看護師にケアを託すことができるようになった点で、多少負担が減った部分もあるかもしれない。しかし、ケアを託す先は限られ、なおかつ、委託先が子どもを引き受けてくれる時間も限られている。そうした限界は、母親たちの負担に繋がっていく。そのため、母親たちは、子どもが家にいる時間は、相変わらず多くの時間をケアに費やすことになる。

　これに加え、他者にケアを託すことによって、新たな困難も生じている。それがケアのマネジメント役割である。母親たちは、ケアを他者に託そうとすることで、その調整をすることになるのである。子どもは他者への依存を必要とするため、24時間、片時も一人にする時間をつくりだしてはならない。そのため、母親たちは、タイムマネジメントを綿密に行ったうえで、子どもをどこで誰にみてもらうのかを常に考えなければな

らない。こうしたケアの確保やアレンジをしなければならないことは、ストレスや不安感を招くこととなる。Aさんは、外出予定日の一カ月も前から、どこに子どもを預けるかを調整しなければならないと話し、そのやりくりを負担に感じている様子であった。

A： 今日みたいに私が外に出る日は、もう一カ月も前から予定を組んで、誰が私の代わりに子どもを見るのかって全部組んであるのね。

また、子どものケアを他者に託す際、母親たちは、委託先が子どもを大切にしているか、そこが子どもにとって居心地のよい場所であるかどうかに常に注意を払っていた。例えば、ある母親は、子どもが学校に行くことが好きであることを語っていたが、他方で、学校が子どもに望ましい環境となるよう、積極的な働きかけを行っていた。子どもの預け先である学校と日常的にコミュニケーションをとって、子どもにとって適切なケアが行われるよう、常に意識していたのである。

子どものケアを頼んだ際に、他の家族らが快く引き受けてくれるように、日常的に働きかけておくことも必要である。Cさんは、日ごろから意識的に家族とのコミュニケーションをとるようにしており、それにより、家族が協力的にケアを引き受けてくれていると語った。

C： だからやっぱり、その、やっぱり家族のなかでもコミュニケーションが取れてると、「うん、わかった、わかった。どうぞいってらっしゃい」で、もうすむし。

おそらく、こうしたコミュニケーションを通じて、家族は、母親がケアを一人で抱え込むことはよくないとか、自分の時間を作り出すことは大切であるといった、母親のケアに対する考え方や価値観を共有するようになるのであろう。それが、家族が協力的に家事やケアを引き受ける理由の一つになっていると考えられる。このように、子どものケアを円滑に他者に任せるために、母親たちは、こうした委託先との関係づくりに注意を払い続けていた。

(5) 職業をもつことの困難

　子どもと離れた時間の使い方として、最も難しい問題は、職をもつことに表れているといえる。母親たちの語りからわかることは、家庭外では働かずに、専業主婦として、ケアや家事に専念するというのが理想かといえば、必ずしもそうではないということである。子どもと離れて自分だけの時間をつくることができ、それが母親の気分転換になるのであれば、仕事をもつことは肯定的にとらえられるのである。この職業選択の際に現れてくるのは、母親たちが、母親役割に縛られずに生きようとすることと、子どものために生きるべきであるということの間に生じる葛藤である。母親たちが、自分を犠牲にしてケアを担うことに対して距離感をもっていたことは事実である。しかし、他方で、母親たちの「子どものために自分は生きるべきなのではないか」という疑念も、すっきりとは晴れていない。

　Dさんは次のように語る。

D：　親の鏡なんだろうけど、私は「365日ずっとやってっていう

のは無理」とか思って、やっぱり子どもを考えなくていい時間がほしくって、仕事もやってる。といって、子どもを放ったらかして遊びにいくっていうのも、私の中ではやっぱり負い目があるわけよね。だから、自分が負い目を感じなくて、子どもを考えなくていい時間を作りたくて仕事をしている。

Dさんは、この仕事を通じて、自分のための時間を確保しながらも、子どもから離れて生活することの「負い目」を感じないでいられるような環境を作り出した。

ではフルタイムの場合はどうであろうか。フルタイムの労働に従事しているAさんは、次のようにその困難性を語った。

A: とにかく（子どもの通う学校や施設、医療機関から）すぐ呼び出しがかかるんだよね。もう1週間のうち何回？でねえ、ものすごくやっぱり用事が多くって、1週間のうちに、2回や3回、いろんなとこに連れて行かなくちゃいけないの。

学校や施設、医療機関からの頻繁な呼び出し、子どもの送り迎えなど、子どもに関わる用事のために、相当程度自分の時間を拘束されるので、フルタイムの仕事を続けることは非常に難しいとAさんは語った。保健医療福祉の専門家集団が期待している母親像は、明らかにフルタイムではなく、専業主婦か、あるいはパートタイムの労働に従事する女性なのである。したがって、雇用者側が求めるフルタイムの労働形態とは、ほとんど両立不可能なものとして母親の前に現れる。子どものケアと家事に加えて、フルタイムの仕事量を一人でこなさなければならなくなり、一日2、3時間程度の睡眠しかとれない過労の状

態に陥っているとAさんは語った。

　また、職業をもつことの困難性に関する、もう一つの重要な点は、子どもより自分を優先させているのではないかという意識から、負い目を感じてしまうことである。

A：　自分のために生きていいのかっていうこと。人生、自分のために生きていいのかっていう感じの。子どものために生きなくちゃいけないんじゃないかっていうこと。そういう葛藤っていうのは、もう一生続いてるよね。

　Aさんの葛藤は、パートタイム労働を選択する際にDさんが抱えていたものと共通する。すなわち、母親役割と距離をおいて生きることと子どものために生きることとの間に存在する葛藤であり、未だに答えがでないものだとAさんは語った。

　母親たちは、このジレンマの中で、職業に従事せざるを得ない。特に自分らしく生きることをフルタイムの職に見出した場合、母親たちの罪悪感はより顕在化する。子どものケアで自分を犠牲にしないという考え方は、明確な生き方の指針とやすらぎを与えてくれるばかりではなく、むしろ、苦しみの伴う答えのない問いをもたらした。それは、自分のために生きることと子どものためのケアとの間のバランスをいかにしてとるかという問いなのである。

⑹　インタビューからみえてきた母親たちのケア意識

　インタビューの語りからみえてきた母親たちのケア意識の特徴として、まず挙げられるのが、母親たちが自分自身を犠牲にしないことに価値をおき、意識していることである。こうした

意識の変化に伴って、母と子の関係は、一心同体の状態から、それぞれ独立した関係として位置づけられるようになる。また、母親たちは、子のケアを他者に託すことを肯定的にとらえるようになった一方で、ケアの委託のために発生するマネジメント役割を、新たに担わされていた。ケアを他者に積極的に委託できるようになったことで、母親たちはわずかながらも自分の時間をもつことが可能になった。しかしながら、依然として母親たちの負担は非常に大きい。ケアを委託できる者や施設・機関は限られ、また、ケアのマネジメントでは、母親たちは、ケアの委託先との関係性について、日常的に細やかな配慮が求められ、自分の時間も削られていく。

　また、母親たちが、子どものケアのために生き方を強く制限されていることは、彼女たちの職業への関わり方からも見て取れた。母親たちにとって、子どもと離れた時間を長くもつことは容易なことではない。したがって、時間が限られたパートタイム労働は可能であったとしても、フルタイムの労働に従事することは非常に困難であり、大きな負担を強いられる。自分を犠牲にしないというケア意識が新たに生まれた一方で、十分な社会的支援体制が整っているとは言い難く、母親たちはそのケア意識の実践に多大な努力を払っているのが現状である。

　自らのために生きるという価値観を内面化しながら、他方で母親たちは、依然として、重いケア労働と責任を担わされており、生き方の選択肢を非常に制限される立場にある。こうした母親たちの生きづらさに光を当て、子どもと彼女たちにとってより良い社会環境とは何かを模索する視点が今、必要とされている。

6 重症児の母親への社会的支援

　最後に、重症児の家族によるケアを巡る状況改善のために、社会的支援の必要性について述べておきたい。これまでの重症児領域の福祉は、一生涯にわたって続く重症児へのケアとその責任をもっぱら母親に課すことで成り立ってきた。しかしそれは、母親の途方もない時間と労力をケアのために充てるよう強いることを意味する。そのうえ、そうした役割は、「母親だから」「家族だから」と当然視されてきた。だが、今日、重症児の母親たちは、ケアラーとしてだけでなく、自分の人生を送ることに対して価値を見出している。そうした状況下で、今後議論が深められるべきは、重症児へのケア役割を第一に担わされてきた母親への支援のあり方についてであろう。重症児だけでなく母親もまた当事者であり、傷つきやすさを抱えていることを忘れてはならない。

　そして、母親が子どもを託すことのできる社会サービスの充実が最優先で求められよう。特に、障碍が重度化し、医療依存度が高い児の場合には、高度な医療的ケアを提供することが難しい、何か起こった際の責任がとれないといった理由で、受託先から受け入れを断られ、多くの社会サービスが利用できなくなってしまう現実がある。結果、濃厚なケアを必要とする子どもを、母親がほとんど一人で看なければならない状況も生まれる。重症児ケアを巡る社会的支援制度の拡充が早急に求められることを強く強調しておきたい。

　　本稿は、石井由香理・中川薫著, 2013「自分を犠牲にしないケア —— 重症心身障害児の母親の語りからみるケア意識 ——」『日

本保健医療社会学論集』24(1), pp.11-20を加筆修正したものである。

補注
1)　たとえば、田間泰子は、父親の関与が認められる場合でさえ、母親の子殺しばかりが報道等で強調されたことを指摘している（田間 2001）。
2)　著者の知人を介して協力者を募り、研究調査の概要を説明し、同意を得られた対象者にインタビューを行った。

引用文献
バダンテール, エリザベート, 1991, 鈴木晶訳『母性という神話』筑摩書房
江原由美子, 2000,「母親たちのダブル・バインド」目黒依子・矢澤澄子編『少子化時代のジェンダーと母親意識』新曜社: 26-49
春見静子・飯野順子・宇佐川浩ほか, 2009,『医療的ケアを必要とする障碍者と家族への支援策に関する調査研究―厚生労働科学研究費補助金2008年度総括報告書』, 1-150
服部範子, 1985,「障碍児と母親イデオロギー」『女性学年報』6: 1-15.
キティ, エヴァ・フェダー, 2010, 岡野八代・牟田和恵訳『愛の労働あるいは依存とケアの正義論』白澤社.
中川薫, 2003「重症心身障碍児の母親の『母親意識』の形成と変容のプロセスに関する研究――社会的相互作用がもたらす影響に着目して」,『保健医療社会学論集』14(1): 1-12.
―――, 2005,「『子と自分のバランスをとる』――重症心身障碍児の母親の意識変容の契機とメカニズム」『保健医療社会学論集』15(2): 94-103.
小沢浩・神田水太・岸和子・武市知己, 2011,「超重症児者の在宅の実態と医療の連携」『日本重症心身障碍学会誌』36(1): 47-51.
田間泰子, 2001,『母性愛という制度―子殺しと中絶のポリティクス』勁草書房.
要田洋江, 1999,『障碍者差別の社会学』岩波書店.

第5章

母親が子育てに行き詰まり脱出するプロセス
――モデルの構築とその実践的活用――

山野　則子

　子どもを育てる，というケアを行う人が日々どのような状況にあるのだろうか．児童虐待も決して特別な人にだけ起きる現象ではない現実のなかで，どのように子育てに行き詰っていくのかを日常レベルで明らかにしていくことによって，子育てという世界の理解を広めることができ，今後の児童虐待防止も含めた子育ての支援に役立てることができるのではないかと考える．本章では，一般的な子育てにおいて行き詰まり，そこから抜け出すプロセスを修正版グラウンデッド・セオリー・アプローチ（以下，M-GTAとする）による分析によってモデル化し，M-GTAの特徴でもある実践的活用に取り組む．つまり，実際にこの実践モデルの活用を試みた結果を紹介する[1]．

I　問題の所在と目的

　育児不安や育児ストレスなど育児に関する養育者の負担がクローズアップされ，その軽減を図る取り組みや支援策が講じられるようになっている．育児に関する実態として，孤立感や不安感を持つ母親は，子どものある年齢層では3分の1から半

数をしめること(原田ほか2004),子どもの言動の理解に苦しみ,子どもの世話をしても報われないなど子どもへの否定的な感情を含む育児負担感を感じる母親の実態があり,そういった育児負担感が不適切な養育にかなり高い相関を示すこと(山野2005)などを報告してきた.養育者が子育てをすることが楽しいもの,幸せなものではない現状がうかがえ,これまで女性特有に存在する生得的な子どもへの愛情として母性神話が信じられてきたが(大日向2000),養育者の現状と一致しないことがわかる.育児不安や育児ストレスなどに関する研究は,影響・軽減要因や支援・サポートの検討などが報告されており,要因としては,配偶者との関係,協力者の有無,子どもの人数や行動的特徴(育てにくさ,発達上の心配事等)といった環境要因に加え,母親の心身の健康状態,生育暦といった母親自身に関するものが指摘されている(両角ほか2000;間ほか2000).また,支援・サポートでは,心理・教育分野や保健師などの報告から一定の有効性が報告されている(朴2006;松岡ほか).

育児不安においては,育児不安自体が問題ではなく育児不安が高じた場合に問題が生じ,その高まりを防ぐことが必要であり,虐待の防止にもつながると指摘されている(藤2006;本村2006).しかし,育児不安が高じた状況とそうでない状況に明確な境目はなく,そもそも育児不安の定義においては,その捉え方が研究者によって異なることが指摘されており(恵良1998;林田2003),定義や関係性についても一貫した見解は見られない(渡辺ほか2005;川崎ほか2008).また,育児不安がどのように高じていくのか,そのプロセスを明らかにした研究は十分ではない.

以上にあげた先行研究の議論から，育児不安の定義はあいまいであり，さらに育児負担感を持つことは決して特別なことではなく誰にでも起こり得ること，なかには児童虐待にまで及ぶ可能性もあることがわかった．そうしたなかで，それらが高じて行く，あるいは一過性で終わるなど，安全装置が外れて行くのはどのようなプロセスなのかを明らかにする必要がある．

　そして，支援の手がかりを得るため，誰もが経験する子育てがうまくいかない状況である「行き詰まり」から「脱出する」までのプロセスをモデル化する必要があると考える．

　また，M-GTA は実践的活用を重視している（木下 2007：96, 127）が，作成した限定的理論を活用する試みの研究，活用してどうだったかという研究はほとんど見られない．

　そこで本章では，M-GTA によって構築した「母親が子育てに行き詰まり脱出するプロセス」モデルを示し（赤尾・山野 2012），どの程度役に立つのか，実践で活用できるのかについても明らかにする．ここでは，子育て不安という言葉ではなく，あえて行き詰まりという言葉を使用する．その言葉を使用する理由は，不安という漠然とした言葉を使用するより，状態を表す方がイメージや親近感を持てると考えたからであり，行き詰まりの意味は，子育てに対して，どうしようもなくなり，具体的対応策が見いだせない状態とした．

II　実践モデル作り

1．研究方法
1) 研究対象とデータの説明

　調査対象者は，①子育て支援活動をしている紹介者が，「行

き詰まり」を経験したことがあり，かつ，「行き詰まり」について語ることが可能であると判断した者，また，②「行き詰まり」を感じたことがあると自身が自覚している者である．子育て支援活動を親の思いに寄り添って積極的に展開をしている保育園園長からの紹介，そして要支援でなく一般の親たちのグループ支援を展開している市の家庭相談員からそのグループメンバーの紹介によって対象者を得た．

結果として，母親9名であり，仕事の有無（有5名，無3名，両方経験1名），勤務形態（常勤1名，非常勤2名，両方経験3名），子どもの人数（1人3名，2人3名，3人3名），経済的状況（苦しい3名，まあまあ暮らせる4名，安定2名）と幅があった．インタビューは半構造化インタビューを個別にて行い，子育てに行き詰まりを感じた時の状況，その時の対応や気持ち，その後どうなっていったか等を自由に語ってもらった．インタビュー回数はそれぞれ1回ずつ，時間総数は11時間51分，調査期間は2009年10月～2010年2月であった．倫理的配慮として，プライバシーの保護に遵守した．なお，本研究は大阪府立大学人間社会学研究科研究倫理委員会にて審査を受け，その承諾を得ている．

2) 分析方法

本研究は，データに密着して分析を行い，独自の理論を生成し実践的活用に力点をおく研究方法であるM-GTAを用いる．M-GTAを選択した理由は，本研究には養育者が行き詰まり脱出するというプロセス性があること，養育者と子どもといった直接的な社会的相互作用を持つこと，養育者と子どもの現状の改善を目指し得られた知見は実際に実践的活用を予定している

3) 分析手順

インタビューデータを文字化し分析データとした．分析は，データ全体を見渡し分析テーマを意識しながら，それぞれのデータが示す意味の解釈を進めた．分析ワークシートの使用，継続的比較分析によって，深い解釈に努め偏った分析を防いだ．例えば，<u>語り相手の欠如</u>という概念が生成されるとその対極例がないか，つまり語り相手がある場合は存在しないのかを確認し比較分析を行った．さらに，分析を進める中で，母親にとって語り相手とは，単なる世間話をしてすっきりしたり，子どもに関する情報を得て役立てるためだけの相手ではなく，同じ立場であったり同じ経験をして共感し合える関係であり，自分のことを語れる対象として安心できる相手であることが見えてきた．そのため，<u>語り相手の欠如</u>とは，子どもに関することや困りごとを共感や安心の中で話し合える相手が得られない孤独な状況であることが分かってきた．このようにして概念を生成し，図を用いて概念間の関係を探りながら分析を進めた．分析については，途中経過において，研究班メンバー[2]，西日本M-GTA研究会におけるグループスーパービジョンを受けた．

2．結果と考察

分析の結果，行き詰まりを感じる母親には，〈日常的な子どもへの関わり〉のなかで，〈"子どものため"のとらわれ感〉が大きく存在し，相互に影響し強め合う〈物理的支援の欠如〉，〈精神的つながりの欠如〉，〈受け入れがたい子どもの行為〉があった．そのなかで，母親は，〈行き詰まる〉，そして，〈ほっと

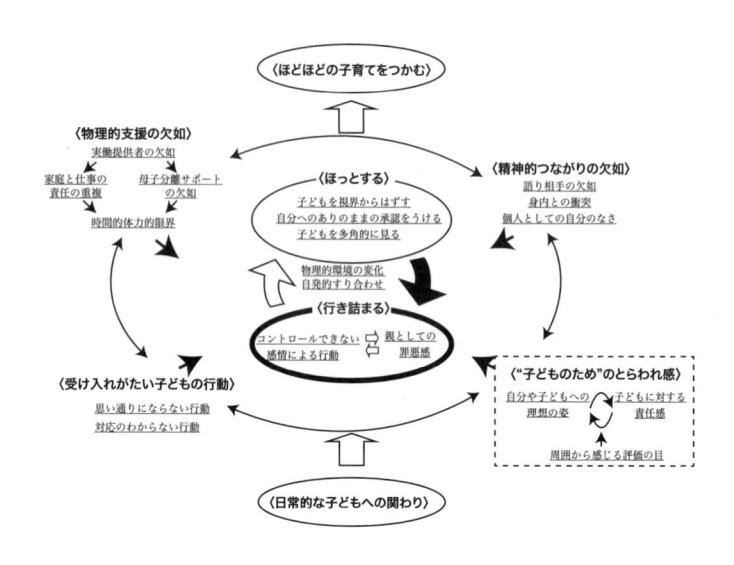

第1部　ケアラー体験の理論モデル

図1. 母親が子育てに行き詰まり脱出するプロセス

する〉を幾度もくり返し，ようやく，〈ほどほどの子育てをつかむ〉ようになった（図1）．

　以下，各カテゴリー，概念によってその現象特性を記述する．まず，プロセスに影響を与える要因から説明し，その後にどのように行き詰まり，脱出するのかを示す．カテゴリーは太字と〈　〉，概念は太字と下線，語りは「　」(逐語録の番号)で表す．語りのわかりにくい部分には意味を補うため，（　）でことばを挿入する．記述の順番は，ストーリーライン，カテゴリー，概念の説明，考察と記述する．また，調査対象が本調査ではすべて母親であったことから，養育者を母親と表現する．

A.〈"子どものため"のとらわれ感〉と3つの要因

　母親として，自分や子どもへの理想の姿と子どもに対する責任感，さらに，周囲から感じる評価の目にこだわってしまう〈"子どものため"のとらわれ感〉が存在し，それが，①実働提供者の欠如によって，家庭と仕事の責任の重複や母子分離サポートの欠如が生じ，結果として，母親が時間的体力的限界に陥る〈物理的支援の欠如〉，②語り相手の欠如，身内との衝突，個人としての自分のなさの状況が絡み合いながら，母親が孤独となっていく〈精神的つながりの欠如〉，③子どもの思い通りにならない行動や対応がわかならい行動といった〈受け入れがたい子どもの行為〉の3つに影響を与え，それぞれの要因が相互に作用しながら，プロセスに影響していた．以下，〈"子どものため"のとらわれ感〉と3つの要因の構成概念を説明する．

(1)行き詰まりの基盤となる〈"子どものため"のとらわれ感〉

　自分や子どもへの理想の姿とは，「自分は絶対親になったら親の立場で，でも子どもの目線になってって（いう）親になりたい」(A3-2)，「子ども時代を肥満ではないんですけれどもぽっちゃりしてみたいな．それがすごい自分で嫌だったんで．（子どもは）私より脂肪がついてはだめだと思って」(E10-1)と語られるように，母親が自分の過去の経験や価値観によって，自分自身や子どもに対して漠然と持ち合わせているイメージのことを指す．それが「一番のこの子の先生は私だから」(E5-2)と語られる，親として子どもをしっかり育てなければならないという気持ちを表す子どもに対する責任感が背後にあるからこそ，さらに周囲から感じる評価の目が過度に気になり，どうしようもない「子どものため」というとらわれ感になっていた．周囲

から感じる評価の目とは,「週末（夫の実家に）泊りに行ったりして，やっぱり気になるでしょ，目が．子どもの評価が自分の評価って思って」(H7-9)というように，母親は自分の言動や育児を周囲から評価されている，あるいは非難されていると感じてしまう．祖父母の視線以外には，子どもが通う保育園の先生，保健センターの職員，子どもなどからの視線を指す．これらの動きを総称して〈"子どものため"のとらわれ感〉とした．

〈"子どものため"のとらわれ感〉は，<u>自分や子どもへの理想の姿</u>をもつがゆえに起こるとらわれ感であり，大原（2003）の「母親の子どもへの期待が虐待に関連する」という指摘と共通する．しかし，今回，さらに，「子どもへの期待」にあたる<u>自分や子どもへの理想の姿</u>とともに，<u>子どもに対する責任感や周囲から感じる評価の目</u>のそれぞれが単独で存在するのではなく，お互いに作用し合いながらとらわれ感となることを示した．この背景には，子育て中の母親への周囲の視点はすべて「子ども」中心であり，母親が1人の人間として尊重されにくく，母親自身も「子どものため」と第一義的に考え，さまざまなことがプレッシャーになってしまうことが考えられる．

(2)〈"子どものため"のとらわれ感〉とプロセスに影響していた3つの要因

この〈"子どものため"のとらわれ感〉がベースとなって，他の3つの要因に影響しながら行き詰まりのプロセスに，そして要因相互に影響していた．3つとは，以下である．

〈物理的支援の欠如〉とは，母親に生じる以下のような状態を指す．「結局ずっとひとりでやってて」(H6-1)と語られるように，行き詰りを感じる母親には，子育てや家事の協力が得ら

れない実働提供者の欠如が見られた．そこに仕事を持つ母親の場合，家庭と仕事の責任の重複が合わさり，「仕事中子どものこと四六時中考えてるわけじゃないけど，ひとたび電話があったら，すいませんってお母さんの顔になる」(A15-1)とあるように，家庭と仕事のそれぞれの責任を担っていた．仕事を持たない場合では，「私しか小さい子の面倒は見られへん」(I4-6)という状況があり，子どもと離れる機会が持てない母子分離サポートの欠如が起こっていた．そうして，どちらの場合にも，「時間に追われるしんどさ」(A15-2)が生じ，時間に余裕がなく体力も疲弊していることを指す時間的体力的限界となっていた．

〈精神的つながりの欠如〉の構成概念は，子育てに関することや困りごとなどを話し合う相手がなく，「なんか無人島にいるような気分」(D5-2)といった語り相手の欠如，「親世代って自分たちのやってたことの，そこで終ってるから．そのギャップがやっぱりあるみたいで．やっぱり口出ししてくるんですよね」(E10-1)といったように，子どもや家庭に対する意向が身内（夫，義父母，母親自身の親など）と異なることによる不満や葛藤が見られる身内との衝突，家族のために時間を費やし，個人としての時間を過ごせないため，「自分以外の家族のことで，こう用事が重なってる時に，自分はなんなのよみたいな」(A11-3)といった個人としての自分のなさである．これらの状況が重なり，母親は他者や家族，社会とのつながり，また自分とのつながりをなくしていた．

〈受け入れがたい子どもの行為〉とは，以下の概念で構成され，母親はこれらの子どもの行動を許容できず困惑していた．「(ご飯を)食べてほしいですけど，(子どもが)食べないとか言って」(B5-3)といった母親の希望から外れている言動や指

示通りにしない子どもの行動を指す思い通りにならない行動,「何かよく分からないけど泣く時があって」(B20-2) と語られるように, どうしたらよいかわからない子どもの言動である対応がわかならい行動があった.

そして, これら3つの要因は, 〈"子どもため"のとらわれ感〉とともに, その積み重なりと軽減によって母親の行き詰まりが深刻化するか否かの過程に違いをもたらしていた.

B. 〈日常的な子どもへの関わり〉から〈ほどほどの子育てをつかむ〉まで

母親は, 〈日常的な子どもへの関わり〉をしながら, 〈"子どもため"のとらわれ感〉と3つの要因によって, コントロールできない感情による行動に陥り, 陥っては, はっと気づいた親としての罪悪感を抱く, その状況をくり返す〈行き詰まる〉となっていた. そして, この〈行き詰まる〉から, 物理的環境の変化や自発的すり合わせがきっかけとして好転したときに, 子どもが視界からはずれる, 自分へのありのままの承認を受ける, 子どもを多角的に見ることで生じる〈ほっとする〉に移行していた. しかし, 移行後もこれらのきっかけが逆にうまくいかないことが要因と合わさって, また〈行き詰まる〉に戻っていた. このくり返しを行いながら, 〈ほどほどの子育てをつかむ〉ようになっていった. 以下, 〈日常的な子どもへの関わり〉から〈ほどほどの子育てをつかむ〉までの現象特性を構成概念で説明する.

(1)〈日常的な子どもへの関わり〉から〈行き詰まる〉が深まるまで

〈日常的な子どもへの関わり〉とは, 食事や排せつ, お風呂

といった生活を送るための自立を促す関わりなど,「(食事は)一人はこぼすし,こっちはまだ食べられへんから離乳食あげなあかんし,トイレにはついていかないといけないし」(D5-3)といった日常的にこなす子どもの世話や家事のことである.そこに,前述の〈"子どものため"のとらわれ感〉と3つの要因が生じたり増したりすることで,「声をあらげたりとか感情的になって,わっと込み上げたのが,火がつく感じ」(A3-1)といったような,ことばで子どもを攻撃したり,いじわるや手をあげるなど怒りが子どもに向かうことをいうコントロールできない感情による行動が起こっていた.ここには,反対の状態にも見える無気力になる場合も含まれる.しかし,その後,「さっき怒ってて昨日も怒ってたなとか,そう気づいた時には明日は怒らんとこうとか(思う)」(F8-2)といったように,母親には,自分の言動を振り返り,自己嫌悪になる親としての罪悪感も見られた.そして,「だから余計にしんどいんかなって.イライラだけやったら逆に楽になるかなって.両方あるから板挟みっていうか」(H12-1)とあるように,親としての罪悪感とコントロールできない感情による行動のアンビバレントな状態を行き来し,〈行き詰まる〉状況を深め抜け出せずにいた.

　誰にでも起こる,ちょっとした行き詰まりが,前述した要因の頻度や程度によってなかなか抜け出せずに深刻化していく様相を示した.これまでにも,育児負担感と不適切な養育がかなり高い相関で関連することが指摘されており(山野 2005),一致する結果であったが,直線的ではなく,要因との関連で状態が変化することを示したこと,行き詰まりの内容を単純なものではなく,コントロールできない感情による行動が相反する親としての罪悪感とともに存在し,その相互作用がまさに行き

詰りであることを示した．

(2)〈行き詰まる〉から〈ほっとする〉への転機

〈行き詰まる〉から〈ほっとする〉に移行する際に，きっかけとなる，「(新しい職場は子どもが) 熱出したとかで (他の人が) 休んではるから，そういう状況みてたら休みやすくなって」(I6-4) といった転職による職場環境の変化や，家族状況の変化，身体的変化，子どもの成長といった母親の状況や環境が変わることをいう物理的環境の変化や，「とにかく，こう，託児付きっていうの探して，市の講座に行ってみたりとか，そういうのでだんだん自分がちょっとこう社会に戻りつつある，みたいな」(C7-3) とあるような，母親が行き詰まりを引き起こす各要因に自身が何らかの働きかけをすることを指す自発的すり合わせが存在した．

これらがきっかけとなることによって，行き詰まりのプロセスに影響を与えた3つの要因が減少することで，〈ほっとする〉がもたらされる．第1は，〈物理的支援の欠如〉の減少が起こると，「(保健師に) 事情話して，それきっかけに，一時保育時々利用するようになった」(G2-3) といったように，子どもと物理的に離れてクールダウンをしたり，リフレッシュをすることを指す子どもを視界からはずすことが可能になっていた．第2は，〈精神的つながりの欠如〉の軽減が，「娘の懇談のときに，(娘を) かわいくないって，しんどいって (言った)．言うのは親として，人間として言ったらあかんかなと思って悩んでたんですけど．でも逆に言ったら言ったで周りからそういうのはあるって認めてもらえて」(H7-2) といったように，周囲から母親自身のことを認めてもらう自分へのありのままの承認を受けるこ

とに影響していた．第3に，〈受け入れがたい子どもの行為〉への認識の変化によって，「育児サークルでこんなんやってって話をしたら，うちもやってたわって半年先に生まれた男の子のお母さんが，結構お箸をボキボキやられてたって（言って），結構みんな一緒のことするんやなあって思って」(B15-1) とあるように，子どもの言動が他児と同じであり発達の過程だとわかり，子どもを柔軟に捉えられるようになることを指す子どもを多角的に見ることが起きていた．これらがそろって生じる状態が〈ほっとする〉である．

　誰にでも起こる〈行き詰まる〉が，比較的早期に〈ほっとする〉に移行できた場合，行き詰まりが深刻化しない過程といえる．ここで見られた〈ほっとする〉は，すでに存在する議論として，例えば，子どもを視界からはずすについては，佐々木が，子育てについて，労働と休息の区別が明確でなく24時間の継続労働であることが負担の原因であるとすでに指摘し（佐々木1996），自分へのありのままの承認を受ける取り組みでは，母親が自信を持ち子育てしていく重要性が報告されている（横川2001）．子どもを多角的に見るについては，松岡が子どもに関するセミナーを行い，不安の軽減を報告している（沼田2004）．しかし，本結果から，新たに，これらは，支援者の働きかけも含めて生じる，物理的環境の変化と自発的すり合わせによって導かれることを示した．

(3) 〈ほどほどの子育てをつかむ〉に至るまで

　一旦，〈ほっとする〉ことが可能になっても，「ちっちゃいころは，別に，あいうえおが言えたとか，そんなんなんて，そんな1年遅れたってそりゃたいしたことないけど，こう（大きく）

なってくると，そういう，ねえ，ご時世っていうか，だからといってお受験も」(C10-1)とあるように，例えば子どもが成長するというような<u>物理的環境の変化</u>，「(育児サークルに参加して)結局（子ども）二人にかかりきりになって，なんで私はここにきてるんだろうみたいな．結局お母さんたちとあんまり話ができないまま帰ってしまったりして．気だけ使って」(D2-1)というような<u>自発的すり合わせ</u>の失敗が，〈"子どものため"のとらわれ感〉と3つの要因と合わさることによって，簡単に，〈行き詰まる〉に戻ってしまう．母親は，このようにして，〈ほっとする〉と〈行き詰まる〉を行ったり来たりをくり返していた．

そうしながらも，〈ほっとする〉の経験を重ねていき，豊かになることによって，3つの要因だけでなく，ベースに存在していた〈"子どもため"のとらわれ感〉は減少するという形でやはり影響していた．「なんかもうやっぱり自然でいいんだって思うようになって」(C3-1)と語られるように，自分の子育てを自己承認し，自分や子どもに無理のない子育てをするようになることを指す〈ほどほどの子育てをつかむ〉に至っていた．

以上より，〈ほっとする〉ことが出来ても，行き詰まりが再び起きる，つまり簡単に安全装置が外れる現実的なプロセスを示した．母親が，容易に〈行き詰まる〉に戻ってしまう背景には，めまぐるしく変化する子育ての状況がうかがえ，その変化に対応すべく母親は常に試行錯誤の日々を送らなければならないことがわかる．ここでは，そういった状況から，〈ほっとする〉が確実になることが重要であり，そのことによって，〈ほどほどの子育てをつかむ〉ことを明らかにした．

3. 結論

　本研究は，養育者が子育てに行き詰まり，行き詰まりから脱出するプロセスを明らかにすることが目的であった．M-GTAによる分析の結果，明らかにした特徴として，以下2点が言える．第1に，行き詰りを感じる養育者は，〈子どものためのとらわれ感〉を持ちやすく，また，それを緩める経験や体制がなく，反対に，相互に強め合うような他の3つの要因が複雑に存在していたことがわかった．鍵となるとらわれ感自体がどのように生じていくのか現象を明らかにした．第2に，行き詰まりから脱出するプロセスとは，〈行き詰まる〉と〈ほっとする〉を行きつ戻りつしながらくり返し，直線的なものではないことを明らかにした．そして，〈ほどほどの子育てをつかむ〉はようやく獲得するものであることを示した．このことは，〈行き詰る〉と〈ほどほどの子育てをつかむ〉は別ものではなく，つまり育児不安や児童虐待に至るプロセスが特別なものではなく，ごく一般的な子育ての一連のなかで影響要因や転換要因の強弱等で生じることを示した．一連のプロセスを明らかにすることでその分岐も含めて示してきた．

　育児不安や育児ストレスといった母親の負担的状況において，これまでにも構成要因や軽減要因が報告されてきたが，本研究は今までに示されていなかった，一般的な子育てにおいて陥るプロセスとその全体像を提示し，母親の行き詰まりを体系的に理解することに寄与すると考える．

　次に，子育ての行き詰まりに対する実践的課題を以下に2点あげる．第1に，子育てに行き詰まりを感じている母親を支援する際，子どものためのとらわれ感に着目した支援を考える必要がある．その背景には，前述した母性神話の存在がうかがえ

る．母性神話は母親の子育ての状況とは一致しておらず，社会的に作られた理念だと言われて久しいが，その影響力は強く，表面的にはそう見えない状況でもプレッシャーを感じている可能性がある．つまり，母親のとらわれ感は，母親自身だけによって形成されるのではなく，周囲の人々によっても強められており，地域のなかで子育て中の親への温かい視線と声かけをという働きかけも重要である．さらに，支援者自身も子ども中心の視点から母親には要求水準が高くなる傾向があり，母親のとらわれ感を強めてしまう可能性がある．そういった点を視野に入れ，自覚して関わっていく必要がある．このとらわれ感が中心的要因であり，とらわれ感が軽減することによって，他の行き詰まりの要因を軽減することにつながる可能性がある．とらわれ感をベースにして関連する要因をひも解くことが必要である．

第2に，母親はほっとすることで行き詰まりから一時的に解放されても，再び行き詰まり，行きつ戻りつすることに留意する必要がある．この状況を異常ではなく当然として受け止めながら，ほっとする経験を重ねられるように母親を支えることが求められる．育児不安においては，子育てサークルの活動によって不安の軽減が報告（太田ほか2002）される一方で，他の親子と比較することで不安が反対に増幅する場合があるという指摘もあり（住田2000），一編どおりでは上手くいかないことがうかがえる．本研究結果から，ほっとする経験が，単一ではなく複合的に，かつ持続的に行われているかどうかが重要であることがわかった．そこが不足している場合に，補っていくことを支援として考えるべきであり，ほどほどの子育てを子育て当事者自身がつかんでいく支援が望ましい．具体的には，完璧

でなくていいこと，現状を認める発言をして行くことが重要である．しかし，本研究の結果で示したように，母親は行き詰まりとほっとするをくり返すため，ほどほどの子育てをつかむように母親に強いることは母親の負担になる可能性があることに留意する必要がある．

III 実践モデルの活用

次に，明示してきたモデルを実際に活用することを試みる．つまり，M-GTAの実践的活用に研究として関与していく．

1．調査方法

3か所の自治体に協力を得て，「母親が子育てに行き詰まり脱出するプロセス」を説明したリーフレット（山野・田中2011）を，子育て当事者，および子育て支援業務を行っている支援者に説明配布し，両者に自由記述の調査を実施した．ここでは当事者のみを扱う．調査実施に際しては，大阪府立大学人間社会学研究科研究倫理委員会に承認を得た．

(1)調査の対象および調査方法

3自治体の特徴はいずれも子育て支援に力を入れている自治体で，親支援プログラムの実施，積極的に相談やひろば事業を展開している．調査対象は，子育て支援センターや実施しているひろばなどに来ている子育て当事者，あるいはそこで実施した研修会の参加者で同意が得られた140名であり，すべて母親であった（以下，母親とする）．

調査方法は，リーフレットを配布し説明をした後で，問1）

自分の経験と照らし合わせてどのように感じたか，問2)参考になったかどうか，そしてどのような点でどのように参考になったか，という2問の質問にその場での記述による回答を得た．回収率は，母親は合意を得て実施したため全員であった．

2．調査結果

回答結果のうち，まず問2の提示したモデルが「参考になったかどうか」の質問において「はい」と答えた母親は140名中124名（88.5％）であった．以下，テキストマイニングによる結果分析を記す[3]．

分析ソフトはKH Corder（以下KH）とTiny Text Miner（以下TTM）を使用した．母親と支援者のアンケートそれぞれについて，問1と問2に分けて分析を行った．問1は母親と支援者それぞれが「子育ての行き詰まり感が高まったり，軽減したりするプロセス」と自らの子育てを照らし合わせて感じたことを分析し，問2は母親と支援者がそれぞれこの提示により参考になったことを分析した．分析の手順は，以下の5段階を踏んでいる．

1 TTMで形態素解析を行い，抽出出現回数4回までの語句を抽出する．
2 抽出した語それぞれについて，手動で同義語を定義する．
3 再度TTMで形態素解析を行った上で，抽出出現回数4までの語句を抽出する．
4 TTMで利用したのと同じ同義語を用い，(3)で得られた語をKHでコーディングルールとして定義する．
5 TTM，KHで各種分析を行う

KHの共起ネットワーク分析を用いて語と語の間の共起関

第5章　母親が子育てに行き詰まり脱出するプロセス　（山野）

係[4]を調べ（共起関係の絞り込みは描画数60で行なっている）．同義語，削除語，分かち書き[5]を作成した．KHの共起ネットワーク分析を用いて語と語の間の共起関係を調べ，グループごとに色分けした結果が図2，図3である．さらに，TTMの語×テキスト分析を用いて，各語がどのような文章内で使用されているか個別に確認した．共起ネットワーク分析によって得られたグループ，該当する回答について表で示す（表1，表2）．

　母親のリーフレットを読んで感じたこと，参考になったことについての共起ネットワークでは，様々な語のグループがある．分析して得られた共起ネットワークの語と語の関係の強いグループに注目した（図2参照）．

　母親がモデル提示によって，感じたことについては，「安心」「みんな」「悩み」「毎日」と「近所」「機関」「助ける」「出る」と「崩壊」「バランス」「立て直し」「気持ち」と「共感」「夫」「不安」「要因」「とても」と「当てはまる」「機会」「知る」「作る」の5つのグループに注目した．

　まず，1つ目の「安心」「みんな」「悩み」「毎日」といった語句が抽出されているグループから，毎日イライラしながら子育てをしているが，みんな同じ悩みを抱えていることがわかって安心したということが分かった．「毎日，逃げ出したいと思う程，育児に行き詰まりと疲れを感じています」「毎日イライラと子どもの成長への喜びの繰り返しです」という母親の子育てに対する行き詰まりの現状が見られる一方，「多くの親が同じような気持ちでいるとわかり，少しほっとしました」と皆同じ悩みを抱えながら子育てをしていることが分かり，安心していることが読みとれる．

　2つ目の「近所」「機関」「助ける」「出る」というグループから

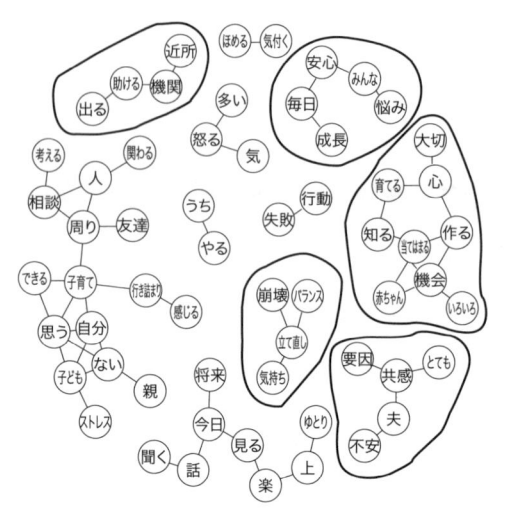

第1部　ケアラー体験の理論モデル

図2　母親の感じたことに対する共起ネットワーク

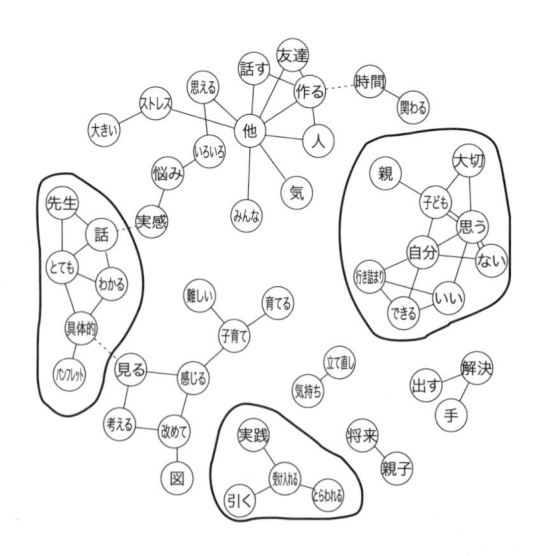

図3　母親の参考になったことに対する共起ネットワーク

表1　リーフレットを読んで母親が感じたことに対するTTMの語×テキスト分析

単語	該当する回答の例
「当てはまる」	「自分にあてはまることがたくさんあった。」
「共感」	「4つの要因のなかで、"受け入れがたい子どもの行為"という点がとても共感しました。子どもの成長とともに、増えてくる事でもあると思いました。」
「みんな」	「自分自身もバランスの崩壊やストレス、行き詰まりを感じ、それを立て直す、の繰り返しなので、皆そうなのかと少しほっとできました。」
「安心」	「毎日、逃げ出したいと思う程、育児に行き詰まりと疲れを感じていますが、「子育ての行き詰まり」がテーマになる程、多くの親が同じような気持ちでいるとわかり、少しホットしました。」
「立て直し」	「自分自身もバランスの中をいったりきたりしながらやってきたので、気持ちの立て直しがうまくできるように軽減のプロセスをふんでいきたい。」
「機関」	「公園デビューでうまく輪に入っていけなかった時、近所の保育園開放や母親教育に助けられた。虐待は紙一重のような気がする。周囲に相談できる人がいなければ自分もどうなっていたかわからないと思うことがあった。」
「毎日」	自分にも身に覚えのある話が多く、毎日イライラと子どもの成長への喜びの繰り返しです。それでいいんだな、と感じました。

は、「近所の保育園開放や母親教育に助けられた」とあるように、母親の子育ての行き詰まりの支援による軽減が読み取れ、母親は気持ちをたてなおし、ほどほどの子育てをつかんでいる．

3つ目の「崩壊」「バランス」「立て直し」「気持ち」からは、「自分自身もバランスの崩壊やストレス，行き詰まりを感じ，それを立て直す，の繰り返しなので」「自分自身もバランスの中を行ったり来たりしながらやってきた」とあるように，母親も「バランスの崩壊」「気持ちのたてなおし」をしながら日々子育てをしていることが読み取れる．

4つ目の「共感」「夫」「不安」「要因」「とても」からはバランスの崩壊を防ぐ要因に対して，自身の子育て経験と照らし合わせた時に共感するところがあるということがわかる．

表2 リーフレットを読んで母親が参考になったことに対するTTMの語×テキスト分析

単語	該当する回答の例
「子ども」	「結局その繰り返しが子育てそのものであり、母親と子どもの成長にかかせないという事がわかり、また工夫次第では軽減される様なので参考にしたいと思います。」「誰かに子どもを預けて、数時間でも1人になる時間があったらリフレッシュできると思う。」
「受け入れる」	「受け入れがたい行為があっても、自分と子どものことでラインを引くことが自分の為にも子どもの成長にもつながることがわかり実践してみようと思った。」
「わかる」	「同じ目線や色々な実体験をもとに話を進めて頂き、とてもわかりやすかった。Yes Butのお話、実感がわきます。」
「とらわれる」	「表のように、物理的、精神的にも自分自身をとりもどして「子どものためのとらわれ感」にあまり気にせず、「受け入れがたい子どもの行為」も、ありのままうけとめられるかなと思います。子を守るために親が自信をもって、自分を大切にしようと思います。それができて、まわりにも気を配れるかもしれないかなと。」
「できる」	「ダブルメッセージを出さずほめること。自分の育児に気をつけていこうと思います。SOSを発しているような方に対してはどう対処してあげたらいいか、いつも試行錯誤ですが、上から目線でなく寄り添えるように、できるといいなと思います。」
「いい」	子どもは子ども、親は親と線引きすることが大切だという事にハッとしました。いつまでも、小さい子どものように、後始末をしてしまう事もあるので、そろそろちゃんと、自分のことについて話したり、考えさせることをやってみようと思いました。また最近、学力について少し悩んでいましたが、誕生の時の気持ちをふり返って、豊かに育ってくれればいいんだなーと、少し安心しました。
「毎日」	自分にも身に覚えのある話が多く、毎日イライラと子どもの成長への喜びの繰り返しです。それでいいんだな、と感じました。

5つ目の「当てはまる」「機会」「知る」「作る」からはリーフレットを読んで自身の子育てに当てはまることがあり、子育ての行き詰りについて知る機会が出来たことが読みとれる．

同様に、母親がモデル提示によって参考になったことについての共起ネットワークについては、「できる」「いい」「大切」「思う」と「実践」「受け入れる」「とらわれる」「引く」と「具体的」「パンフレット」「わかる」「話」「とても」「先生」3つのグループについて注目した（図3参照）．

まず1つ目の「できる」「いい」「大切」「思う」といったグループでは「上から目線でなく寄り添えるように，できるといいなと思います」「豊かに育ってくれればいいんだなーと，少し安心しました」というモデル提示後の子育てに対する前向きな意見が見られた．

　2つ目の「実践」「受け入れる」「とらわれる」「引く」のグループからは，子どもの受け入れがたい行為に対して，「自分と子どものことでラインを引くことが自分の為にも子どもの成長にもつながることがわかり実践してみようと思った」というように，モデルの内容を実践に生かそうとしていることが分かる．

　3つ目の「具体的」「パンフレット」「わかる」「話」「とても」「先生」からは，リーフレットの内容が具体的で子育て中の母親にとって分かりやすいものであることが言える．「今日」「話」「聞く」「見る」「楽」や，「パンフレット」「具体的」「わかる」「先生」「話」などが同一のグループとして抽出されており，講演やリーフレットは有用であるといえるだろう．また，「周り」「友達」「相談」「人」「関わる」や，「他」「人」「作る」「友達」「話す」のように，「周囲に相談することが大事」ということを気付かせる点においても有用である．

3．考察

　本研究の目的は，M-GTAによって明らかにした「母親が子育てに行き詰まり脱出するプロセス」（赤尾・山野2012）がどの程度役に立つのか，実践で活用できるのかを明らかにすることであった．

　テキストマイニングによる分析の結果，母親の行き詰まりのプロセス自体についてのこととモデル提示に関すること，両面

から述べる．第1に，「母親が子育てに行き詰まり脱出するプロセス」モデルは，実際の母親にとって実態を表す内容のものと実証されたといえる．第2に，方法として，モデル提示されることによって，素直に自身の体験と照らして考える材料になるといえる．例えば罪悪感を抱いたり，ほっとしたりというキーワードが，自身の体験にフィットしていた．これは今回は明示していないが同時に行った支援者の結果と比較して，母親は明らかにモデルと適合すると述べていた．第3に，モデル提示によって参考にしようという人も出現することも明らかになった．単に自身の体験と似ていることで安心したりするだけではなく，実際に次のプロセスへ，つまり参考にしてみようと思える材料になる．以上，第2点，第3点から，モデル提示は母親に有効であるといえる．

この研究は，まさに研究者と応用者のインタラクティブ（木下 2007: 31-2, 88-99)）を実践したといえよう．研究者が実際に関与せずともこのインタラクティブは研究結果と応用者の間で生じると考えられるが，説明する，共に考える時間を持つことが，母親の実行に向かう気持ちに勇気づけになることも得られた．

研究の限界として，内容を聞いた直後の記述の分析であり，この状況が維持できるのかには言及できない．今後の研究の課題として，さらに，このインタラクティブをHP上で実践することで，限界であった母親の継続した取組を支援することができるのではないかと考える．さらに母親たちが自身でモデルをもっと活用しやすいものに変更することを生んでいきたい．実践的活用を本格的に実施していくことである．

付記

　本研究にご協力いただいた方々に深くお礼申し上げます．なお，本研究は文部科学省科学研究費補助金【基礎研究 (B)】『ライフスタイルとしてのケアラー (介護・養育) 体験とサポートモデルの提案』(研究代表者：木下康仁，分担研究者：山野則子) の助成によるものです．

注
1) 本章は「母親が子育てに行き詰まり脱出するプロセス」(赤尾・山野2012)，「M－GTAによる子育ての行き詰まりからの脱出モデルの実践的活用」(山野ほか2013) の2つの論文をもとにまとめたものである．
2) 本研究は文部科学省科学研究費補助金【基礎研究 (B)】『ライフスタイルとしてのケアラー (介護・養育) 体験とサポートモデルの提案』(研究代表者：木下康仁，分担研究者：山野則子) の助成によるものであり，本研究班とは，研究代表者，複数の分担研究者によって構成されて研究班である．
3) KJ法でも分析を行ったが，ここでは紙面の都合上，テキストマイニングによる分析のみ記す．
4) 複数の言語現象が同一の発話・文・文脈などの言語的環境において生起すること．
5) 「形態素解析を行う際に，MeCabの定義した辞書に依存しない，ユーザの定義する語を分析単位として設定できる」キーワードファイルに記述した語のこと．

文献
間三千夫・関根剛・中嶋和夫 (2000)「母親の育児不安感に関する構成概念のモデル化」，和歌山信愛女子短期大学信愛紀要，40；49-5.
赤尾清子・山野則子 (2013)「母親が子育てに行き詰まり脱出するプロセス―M-GTAによる分析」『子ども家庭福祉学』12.
朴信永 (2006)「子育てにおける認知の改善が育児態度・育児ストレスに及ぼす効果」，保育学研究，44；126-138.
恵良具子 (1998)「育児不安の概念定義の再検討」，日本女子大学人間

社会研究科紀要, 4;61-70.
原田正文ほか (2004)「児童虐待発生要因の構造分析と地域における効果的予防法の開発」, 平成15年度厚生労働科学研究（子ども家庭総合研究所保護事業）報告書.
大日向雅美 (2000)「育児不安――発達心理学の立場から」, こころの科学, 103,10-15.
大原美知子 (2003)「母親の虐待行動とリスクファクターの検討―首都圏在住で幼児をもつ母親への児童虐待調査から―」, 社会福祉学, 43(2);46-57.
太田由加里・柴原君江 (2002)「乳幼児健診における親の育児上の問題と福祉と保健の統合化」, 田園調布大学人間福祉研究, 5;87-98.
木下康仁 (2007)『ライブ講義 M-GTA 実践的質的研究法 修正版グラウンデッド・セオリー・アプローチのすべて』弘文堂.
藤京子 (2006)「子育て中の母親と子育て支援における保健師との関わり」, 千葉敬愛短期大学紀要, 28;187-204.
林田りか・中淑子・深田高一ら (2003)「幼児をもつ母親の育児不安と疲労の自覚症状に関する研究」, 県立長崎シーボルト大学看護栄養学部紀要, 4;65-74.
木下康仁 (2003)「グラウンデッド・セオリー・アプローチの実践―質的研究への誘い」, 弘文社.
両角伊都子・角間陽子・草野篤子 (2000)「乳幼児をもつ母親の育児不安に関わる諸要因―子ども虐待をも視野に入れて―」, 信州大学教育学部紀要, 99;87-98.
松岡洋一・中道美鶴・高橋加奈 (2005)「幼稚園における「子育て講座」の効果に関する研究」, 岡山大学教育学部研究集録, 130;107-112.
本村一絵・西内恭子・平野（小原）裕子ら (2006)「母親の育児意識を構成する概念とそれに関連する要因」, 九州大学医学部保健学科紀要, 7;69-76.
佐々木保行 (1996)「母親の子育てと育児疲労の心理」, 現代のエスプリ, 342;98-106.
住田正樹・溝田めぐみ (2000)「母親の育児不安と育児サークル」, 九州大学大学院教育学研究紀要, 3;23-43.
山野則子 (2005)「育児負担感と不適切な養育の関連に関する構造分

析」，平成16年度厚生労働科学研究費補助金（子ども家庭総合研究事業）児童虐待発生要因の解明と児童虐待への地域における予防的支援方法の開発に関する研究報告書，118-137.

山野則子・田中淳子（2011）「ケアラーの研究－子育ての行きづかり感が，どのように高まり，そして軽減されるのか－」大阪府立大学　山野研究室.

山野則子・田中淳子・杉岡利沙・浅野真弓（2013）「M-GTAによる「子育ての行き詰まりからの脱出」モデルの実践的活用」社会問題研究第62号（通算第141号），大阪府立大学人間社会学部社会問題研究会，13-25.

横川和夫（2001）「不思議なアトムの子育て－アトム保育所は大人が育つ」，太郎次郎社.

渡辺弥生・石井睦子（2005）「母親の育児不安に影響を及ぼす要因について」，法政大学文学部紀要，51；35-46.

第6章
イヌ・ネコ飼い主の飼育ケア・プロセス

小倉　啓子

I　本章の概要

1 はじめに

　イヌ・ネコの飼い主は、どのようにして生涯にわたる飼育ケアを担っていくのか。その飼育ケア・プロセスを、イヌ・ネコ飼い主へのインタビュー資料をもとにM-GTA[1]を用いて分析した。

　近年、イヌ・ネコはコンパニオン・アニマルと呼ばれ、飼い主にとっては家族同様の存在になっている。書籍やテレビ番組などでイヌ・ネコの姿や飼い主との交流の様子が取り上げられるのも、イヌ・ネコと飼い主、人間との親密な関係の表れと考えられる。ただ、実際のイヌ・ネコの飼育は、食餌や健康管理、躾、病気治療などさまざまな世話をしていく飼育ケア・プロセスである。また、イヌ・ネコは人間とは異なる生理的・生態的特徴をもち、一生ケアを必要としており、言葉も通じない。平均寿命もイヌ・ネコ共に15歳[2]と長命化している。このようにみると、イヌ・ネコの飼育ケアは飼い主にとってかなりの長期的な仕事であり、周囲の援助が必要になることも多いと考えられる。そこで、本研究では、飼育の準備段階から健康

な時期、衰退期・終末期まで、実際に飼い主が飼育ケアをどのようにして継続しているのかを飼い主のインタビュー調査から把握し、有効な飼育ケア・サポートのあり方を検討することとした[3)4)5)6)]。

インタビュー協力者は飼育ケアの主な担い手で、首都圏在住の50歳代女性を中心に、数年以上室内飼育しているイヌの飼い主18名とネコの飼い主13名、計31名である。インタビューでは、飼育の準備段階から現在までの日常的飼育ケアや看護・介護的ケアの実際、イヌ・ネコや家族、獣医師との関係性について、また、過去に死別体験のある飼い主12名には、家庭でのケアや開業獣医師、大学病院など2次獣医療機関での闘病ケア経験を含めて、それぞれ90分から120分語ってもらった。なお、協力者はイヌ・ネコとの生活に満足しており、獣医療関係者とも肯定的な体験のある人々である。

II 結果の概要　イヌ・ネコの健康状態に合わせて共に生きる。

分析の結果、飼育ケア・プロセスを説明する34の概念を含む5つのカテゴリーを生成した（図1）。以下、【】はカテゴリー、' 'は概念、「」は対象者の発言の引用である。

飼い主は、イヌ・ネコとの生活のあり方についての【飼育ケア方針】をもっており、その方針に沿って飼育ケアをしていた。【飼育ケア方針】には3つの要素があり、イヌ・ネコの健康状態に合わせること、楽しく親密に過ごすこと、イヌ・ネコと人間の特性に合わせ自然に生きることである。最も重要視したのはイヌ・ネコの健康状態に合わせることだった。飼い主はイ

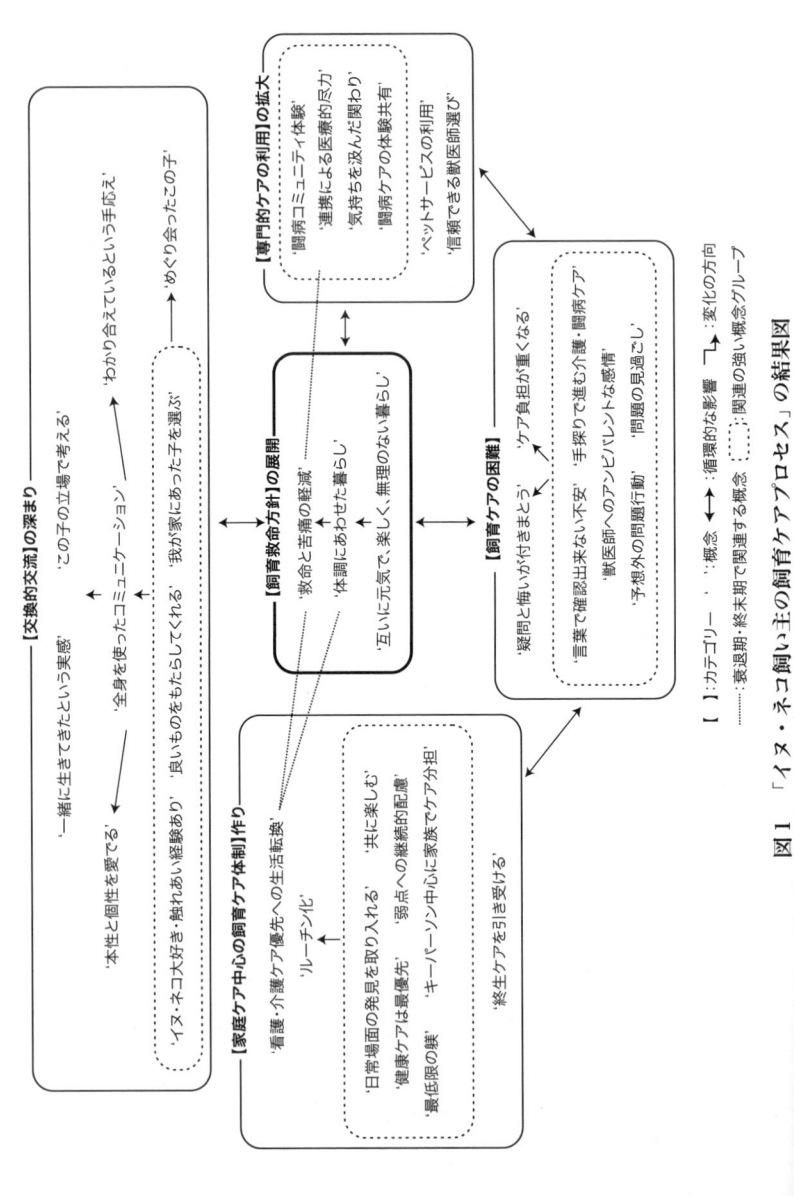

第1部　ケアラー体験の理論モデル

[交換的交流]の深まり
- 'このの子の立場で考える'
- 'わかり合えているという手応え'
- '一緒に生きてきたという実感'
- '全身を使ったコミュニケーション'
- 'ゆくり合ったこの子'
- '本性と固性を愛でる'
- 'イヌ・ネコ大好き・触れあい経験あり' '良いものをもたらしてくれる' '我が家にあったこ子を選ぶ'

[専門的ケアの利用]の拡大
- '闘病コミュニティ体験'
- '連携による医療的尽力' '気持ちを汲んだ関わり' '闘病ケアの体験共有'
- 'ペットサービスの利用'
- '信頼できる獣医師選び'

[飼育救命方針]の展開
- '救命と苦痛の軽減'
- '体調にあわせた暮らし'
- '互いに元気で、楽しく、無理のない暮らし'

[家庭ケア中心の飼育ケア体制]作り
- '看護・介護ケア優先への生活転換'
- 'ルーチン化'
- '共に楽しむ'
- '日常場面の発見を取り入れる'
- '健康ケアは最優先' '弱点への継続的配慮'
- '最低限の躾' 'キーパーソン中心に家族でケア分担'
- '終生ケアを引き受ける'

[飼育ケアの困難]
- '疑問と悔いが付きまとう' 'ケア負担が重くなる'
- '言葉で確認出来ない不安' '手探りで進む介護・闘病ケア' '獣医師へのアンビバレントな感情'
- '予想外の問題行動' '問題の見過ごし'

[　]:カテゴリー　'　':概念　←→:循環的な影響　⌐:変化の方向
------:衰退期・終末期で関連する概念　(┈┈):関連の強い概念グループ

図1　「イヌ・ネコ飼い主の飼育ケアプロセス」の結果図

212

ヌ・ネコの健康状態によって【飼育ケア方針】を変え、イヌ・ネコが若く健康である健康期では'互いに、元気で、楽しく、無理のない暮らし'、老化現象や慢性疾患が生じる衰退期には'体調にあわせた暮らし'、重症の状態や終末期では'救命と苦痛の軽減'となった。飼育ケアは短期的な入院以外は【家庭ケア中心の飼育ケア体制】で行われ、家庭でのケアに獣医療など【専門的ケアの利用】を加えることで飼育ケア体制を安定させていた。飼い主はイヌ・ネコをさまざまな方法で観察し、気持ちを通じ合わせる【交感的交流】を深め、自分達に適した飼育ケアになるようにしていた。一方、イヌ・ネコとの意思疎通の困難さや獣医師関係の葛藤、飼育ケアの負担など【飼育ケアの困難】も経験していた。

III 飼育ケア・プロセス

【飼育ケア方針】の変化にそって、飼育の準備段階から、健康期、衰退期、終末期に分けて説明する。

1. 飼育の準備段階—'互いに、元気で、楽しく、無理のない暮らし'への期待[3]

本研究のインタビュー協力者は、もともと'イヌ・ネコ大好き・触れあい経験あり'の人々で、「いつか、また、飼いたいと思っていた」など飼育の動機は高かった。実際に飼い始めた動機は家族の希望もあるが、飼い主自身も「可愛がる相手」を求めていたり、イヌ・ネコは家族間の会話を増やし、生活を楽しくしてくれるのではないかなど、何か'良いものをもたらしてくれる'ことを期待したりしていた。一方、イヌ・ネコにつ

いての知識や経験があることから、飼育ケアの負担の重さや'終生ケアを引き受ける'責任があることを自覚していた。そして、無理のない範囲で飼う必要があること、家族全員で世話をする【家庭ケア中心の飼育ケア体制】を作っておくことが必要であると考えていた。特に、イヌ・ネコを捨てた、十分世話出来なかったなど苦い経験をしている場合は、飼うことに慎重だった。そこで、家族は主婦・母親に飼育ケアを任せるのではなく、休日は子どもが世話をするなど'キーパーソン中心に家族でケア分担'をすること、躾のルールは家族全員で守ることなどを取り決め、【家庭ケア中心の飼育ケア体制】作りを始めた。このようなことから、飼い主のイヌ・ネコとの生活イメージは、元気なイヌ・ネコが自分達に何か'良いものをもたらしてくれる'楽しい生活、大きな負担がない生活、つまり、'互いに、元気で、楽しい、無理のない暮らし'であったと考えられる。

　飼うことが決まると、イヌ・ネコの種や大きさ、性格、性別など'我が家にあった子を選ぶ'作業を始めた。飼い主はネット、知人・友人などから情報を集めたり、街やペットショップでイヌ・ネコを観察したりしていたが、最終的にはペットショップなどで出会ったイヌ・ネコに「一目ぼれ」して決めることが多かった。この時の様子を、「探していた子とは違うけれど、待ちきれない気持になった」、「トコトコ寄って来たので、可愛くなった」、「売れ残っていて憐れだった」、「ペットショップで『売れてしまうかもしれない』と言われた」などと語った。また、イヌ・ネコは生後2、3か月で、「掌に載る位」、「エプロンのポケットに入る位」の小ささだった。獣医師に「初めて飼うにはその犬種は難しい」とアドバイスされても

「憧れの犬種だから」と大型犬に決めた飼い主もいた。このように、飼い主は'我が家にあった子を選ぶ'というより、そのイヌ・ネコと気持ちが通じ合い、'めぐり会ったこの子'であると直感するような【交感的交流】に基づいて決めるケースが多く見られた。

まとめ：準備段階の特徴と援助の課題

準備段階の飼い主は、イヌ・ネコが自分達に'良いものをもたらしてくれる'という期待と'互いに、元気で、楽しく、無理のない暮らし'というイメージをもち、その実現に向けて準備していった。一方、現実的な問題をも想定して【家庭ケア中心の飼育ケア体制】作りの重要性も認識していた。その具体的な作業が'我が家に適した子を選ぶ'こと、'キーパーソン中心に家族でケア分担'をすることであった。しかし、最終的には、合理的なイヌ・ネコ選びではなく、情緒的・瞬間的な【交感的交流】によって決めるケースが多かった。このように、準備段階の飼い主にはイヌ・ネコと暮らすことへの期待や楽しいイメージ、小さく幼い動物の飼育に対する楽観的思考が先行するという傾向がみられた。この段階での援助としては、現実との落差が大きくならないように、専門家と共により適切に'我が家にあった子を選ぶ'ことや実際の飼育ケア過程で出会う事柄を含めて検討する機会を提供することが必要である。ただ、飼い主の情緒的で楽観的な態度はイヌ・ネコへの愛情を深め、飼育ケアへの意欲を高める可能性もある。そのような飼い主の態度が、現実の飼育ケア・プロセスのなかでうまく活かされるようにサポートすることが必要であろう。

2. 健康期の飼育ケア、'互いに、元気で、楽しく、無理のない暮らし'の実現 [4]

(1)【家庭ケア中心の飼育ケア体制】と【専門的ケアの利用】

　飼い始めのころ、イヌ・ネコは若く、元気で、愛らしく、飼い主が期待したような'互いに、元気で、楽しく、無理のない暮らし'が始まった。飼育ケアは【家庭ケア中心の飼育ケア体制】で行われ、'健康ケアは最優先'であった。飼い主は、イヌ・ネコの食欲や便、活動性、姿勢、毛艶、歩行の様子、いつもの場所にいるか、声掛けへの反応など'全身を使ったコミュニケーション'によって健康状態をチェックしていた。「大好きなおやつにも飛んで来ない」、「毛が逆立っている」時は「何かおかしい」のである。また、イヌ・ネコにはさまざまな弱点があった。腰椎や股間節の異常、骨折や脱臼、耳のただれやアレルギー皮膚炎、下痢のしやすさ、肥満傾向などである。このような弱点に対し、飼い主は階段の昇降時は抱き上げる、食餌や衣服、室温の調整をする、耳の手入れや軟膏の塗布をするなど'弱点への継続的配慮'を行った。'健康ケアは最優先'という方針は【専門的ケアの利用】にも表れており、飼い始めてすぐに動物病院で健康診断やワクチン接種をしてもらったり、毛や爪のカットなどは'ペットサービスの利用'をしたりしていた。'信頼出来る獣医師選び'をするため、飼い主は診療の様子を観察していた。イヌ・ネコの体を丁寧に触って診察するか、飼い主の話を最後まで聞くか、説明がわかりやすいか、公平にイヌ・ネコや飼い主に接するかをチェックしていた。通院の便利さ、待ち時間、夜間・休日の連絡や診療体制も重要で、飼い主仲間からの情報も参考していた。ある飼い主は「病気になって

からでは良い獣医さんを探す余裕はない。元気なうちに見つけておく必要がある」といくつかの病院を試していた。

イヌ・ネコの躾は、人間との生活のルールを覚えさせ、お互いに安全に無理のない生活をするためには欠かせないことである。そのために、飼い主は「これだけは教える」として '最低限の躾' をしていた。トイレや寝る場所、立ち入り禁止の場所を覚えさせる、人間の食物を欲しがらない、「お座り、待て」など人間の命令に従う、歯でも耳の中でも、どこでも触らせることなどである。イヌの飼い主は「お手のような芸を覚えさせるのは、負担になるだけ」と考え、ネコの飼い主も「叱るようなことにならないようにすることが大事。棚の上の置物など落とされて困るものは片づけた」と言うように、ストレス状況を作らないようにしていた。近隣への配慮として、無駄吠えや攻撃的行動、毛の飛散や排泄物の処理に注意していた。特にマンション住まいの場合は、屋内で排泄をしないように抱きあげたり、留守中に録音を取って無駄吠えの有無をチェックしたりする飼い主もいた。

【飼育ケアの困難】もあり、特に '予想外の問題行動' への対処は課題だった。例えば、トイレ外の排泄、家具や衣服、本や携帯電話を齧る、脱走する、夜になっても騒ぐ、高く飛び上がってものを落とす、おもちゃを飲み込む、化粧品をなめる、食卓に飛び乗る、発情特有の声、音や人を恐れて走り出すなどである。飼い主はイヌ・ネコの運動能力の高さ、本能や食欲の強さ、過敏さに驚きつつも、何とか自分なりの方法で対処しようとしていた。30分置きにトイレに連れていく、家具の代りにタオルを丸めて齧らせる、夜中でも散歩して騒ぎをなだめる、脱走したイヌ・ネコを家族や近所の人で探しまわるなどで

ある。これらはすべて【家庭ケア中心の飼育ケア体制】で行われ、トレーナーや獣医師など【専門的ケアの利用】はしていなかった。この理由について、ある飼い主は、「目の前のことをどうにかしようと自分でやってみるのが先で、本を読むとか、専門家に聞くとかの余裕はなかった」と述べていた。問題行動への対処で体調を崩した飼い主は「医者に『過労だ』と言われた」、「これからどうなるのか不安で泣きたくなった」など'ケア負担が重くなる'こともあった。躾がうまくいかず風呂場がトイレになったり、シートを部屋のあちこちに置いたりするケースもあった。飼い主は「甘いと言われるかもしれないが仕方がない。完璧を求めてもいないから」と現状を受け入れていた。

　いろいろな課題を抱えつつも、飼い主は全体的には'互いに、元気で、楽しく、無理のない暮らし'を楽しんでいた。飼い主は、イヌ・ネコを抱き、撫で、声を掛け、褒め、食餌をやり、遊び、散歩やドライブ、旅行、帰宅時に喜ぶさまや寝ている姿を見ることなどを楽しみ、心を和ませていた。家族の会話や笑いが増え、「リビングに家族が集まるようになった」。

　家庭ケアでは'日常的な場面での発見を取り入れる'ことも多かった。ある飼い主は、自分が取り落とした氷や残飯整理のおじやをイヌが喜んで食べる様子から、時々、それらを与えるようになった。「いろいろな味を楽しみたいだろう」とフードの種類やメーカーを変えたり、おもちゃやネコ砂やシーツを吟味したり、首輪やリード、服や雨具の新商品を購入したりしていた。

　次第に、食餌やトイレ、運動や遊びなど【家庭ケア中心の飼育ケア体制】が整い、飼育ケアの内容や手順が'ルーチン化'

していった。通院時の運転や休日の散歩は'キーパーソン中心に家族でケア分担'していた。また、「何かあったら、〇〇先生のところに行く」と掛り付けの獣医師も決まり、定期的なワクチン接種、持病の管理をゆだねていた。行きつけのグルーミングサロンもあり、【専門的ケアの利用】も定例化した。このように【専門的ケアの利用】を取り入れた【家庭ケア中心の飼育ケア体制】を作り、ケアを安定させていった。

(2)【交感的交流】の深まり

飼い主はもともと'イヌ・ネコ大好き'であり、イヌ・ネコ選択の時も'めぐり会ったこの子'と感じるような【交感的交流】を経験していた。一方、イヌ・ネコは自分達に何か'良いものをもたらしてくれる'という功利的な期待もあった。

飼育ケアを実際に始めてみると、飼い主は'全身を使ったコミュニケーション'によって健康状態を把握したり、問題行動に対処したりするうちに、イヌ・ネコへの理解が深まって'この子の立場で考える'ようになり、ありのままの'本性と個性を愛でる'ようにもなった。ケアや遊びを通して'喜びの共有'をする機会も多く、「十分に散歩したあとは、顔が笑っている」、留守番させたあとは「ひがんでいる」と感じるなど、イヌ・ネコとは'わかり合えているという手応え'を感じるようになった。このように、日々の飼育ケアにイヌ・ネコが応えるという循環的な【交感的交流】になっていった。

イヌ・ネコとの生活が安定し、楽しんでいるという飼い主は「一生世話をする責任はあるけれど、それをかたく考えるのではなく、私がここで見ているから、安心して遊んでいなさいと見守っている感じ」と述べ、'互いに、元気で、楽しく、無

理のない暮らし'が出来ていると感じているようであった。

(3)【飼育ケアの困難】として残る課題

　飼い主は飼育ケアを適切に行う努力をする一方で、問題の重要性を認めないで先送りする'問題の見過ごし'をすることがあった。「脱臼しても、カクッと元通りに入るので大丈夫だ」と考えていたため、脱臼したまま固定してしまったケース、「停留睾丸と言われたが、獣医さんに『様子をみよう』と言われたのでそのままにしていたら、突然歩けなくなって、末期ガンが発見された」ケースがあった。このような時、飼い主は「少しくらい調子が悪くても食欲や散歩の様子が変わらないから、気づかなかった」と悔いる一方、獣医師に対しては「信頼して見てもらっていたのに」と'獣医師へのアンビバレントな感情'をもつことがあった。また、「動物病院に連れていくと、何かを見つけて病気と言われる」、「避妊の手術を勧められるのが煩わしい」、「室内飼いだから病気はうつらない」など、獣医療や獣医師に頼る一方で不信感をもつという'獣医師へのアンビバレントな感情'もみられた。

まとめ：健康期の飼育ケアの特徴と援助の課題

　イヌ・ネコが健康である時期は、飼い主が望んでいた'互いに、元気で、楽しく、無理のない暮らし'は比較的容易に実現していた。健康期のイヌ・ネコは食欲や活動意欲も旺盛な時期なので世話のやりがいもあり、問題行動も次第に治まっていくので、'互いに、元気で、楽しく、無理のない暮らし'という飼育ケア方針をバランス良く実践しやすいのであろう。飼育ケアの大部分が家庭内の範囲で行えるため、飼い主の望みに近い

暮らしが出来た時期といえる。実際、飼い主は日常的ケアの内容やスキル、ケアすべき弱点について把握し、一定の手順で行えるようになり、問題がある時には信頼出来る【専門的ケアの利用】をすることで【家庭ケア中心の飼育ケア体制】を安定化することが出来ていた。このケア体制は、'全身を使ったコミュニケーション'を通してイヌ・ネコの喜びや苦痛をとらえ、ケアに反映しようとする飼い主とイヌ・ネコとの【交感的交流】によっても支えられていた。

　問題として残るのは、問題行動の対処を家庭内で処理していること、気づいていながら'問題の見過ごし'をすることである。健康期ではものごとを楽観的に捉えるため、当面、生命の危険のないことには関心は持ちにくい。'獣医師へのアンビバレントな感情'から受診を先延ばしすることもある。援助としては、元気で楽しい生活の先には老いや病があること、獣医療との関わりは避けられないこと、余裕があるうちに'信頼出来る獣医師選び'をしておくことなど、長期的視点から飼育ケアを考えるようにサポートすることである。

II　体調衰退期の飼育ケア－'体調にあわせた暮らし'[4]

(1)　【専門的ケアの利用】を多く取りいれた【家庭ケア中心の飼育ケア体制】

　イヌ・ネコの健康状態はこれまでと変わらない面もあるが、散歩に行きたがらない、寝ている時間が多くなるなど行動が不活発になり、白内章や聴覚、嗅覚の衰え、糖尿病や腎不全がみられるようになった。リハビリ訓練として、飼い主は声や足音を大きくしたり、餌を床に撒いて探させたりこともあった

が、次第に老化や慢性病を自然なものとして受け入れるようになった。そして、イヌ・ネコが安心して安全に暮らせるように '弱点への継続的配慮' を続け、イヌ・ネコの '体調にあわせた暮らし' へと【飼育ケア方針】をシフトしていった。

'弱点への継続的配慮' には、腹部をタオルで持ちあげて歩行やトイレの介助、手製のクッションで褥創防止、カートに載せての散歩、添い寝をして撫でて安心させる、室温を調節し、階段の昇降では抱き上げる、家具の配置を変えないなどがあった。栄養や水分の補給では柔らかい食餌や水をスポイトで与えたり、「この子は甘いものが好きだし、栄養もあるから黒砂糖を溶かしたお湯を飲ませたりする」など介護や看護を通して '日常場面での発見を取り入れて' いった。【専門的ケアの利用】をすることも多くなり、獣医師の検査や診療を受け、病気の知識を得たり、食餌や服薬、水分補給など家庭ケアの方法を教えてもらったりしていた。このように自分自身の気づきや獣医師のアドバスを活かした在宅ケアとして【家庭ケア中心の飼育ケア体制】を作っていた。

飼い主は健康を取り戻すことではなく、現在の健康状態が続くことを望んでいた。治療が必要な場合でも老齢のイヌ・ネコにとって安全で苦痛がないことが条件で、「麻酔はリスクがあるから、麻酔が必要な手術はしない」、「治療で痛い思いをさせたく」など、'救命と苦痛の軽減' も重要なケア方針になった。終末期については、信頼出来る獣医師がいる場合は「これまでのことをよく知ってもらっているから、いつもの獣医師さんのアドバイスを参考にする」と語っていた。

(2) 【交感的交流】の深まりとその限界

イヌ・ネコの体調が不安定になると、飼い主は一層注意深く'全身を使ったコミュニケーション'を行い、体調管理に注意を払った。また、'日常場面での発見を取り入れる'ことで、少しでもイヌ・ネコが元気になり、食欲が出るようにしていた。黒砂糖を溶かしたお湯を飲ませた飼い主は、「飲んだ後、おしっこも出た。ちゃんと内臓は動いていることがわかった。思った通りだった」と喜んでいた。このように、衰退期では、飼い主のケアにイヌ・ネコが僅かでも応えるという繊細な【交感的交流】となり、飼い主は'わかり合えているという手応え'を強く感じているようだった。ある飼い主が「家族になっているから、最期までみるのは当たり前」と語ったように、衰退期にはこの子と'一緒に生きてきたという実感'を強く感じているようであった。

一方、【交感的交流】の限界から【飼育ケアの困難】が生じることもあった。飼い主はイヌ・ネコの体調、快不快、苦痛を確かめたいが'言葉で確認出来ない不安'があった。「ぐったりされると、どうしたら良いのかお手あげになる」、「自分がわかってあげないといけないのに」という責任感や焦り、「これで良いのか、よかったのか」という'疑問と悔いが付きまとう'感覚もあった。また、イヌ・ネコが老いるころには子どもは家を離れ、'キーパーソンを中心に家族でケア分担'という【家庭ケア中心の飼育ケア体制】が崩れていった。そして、飼い主一人が介護・看護を担い、'ケア負担が重くなる'こともあった。

まとめ：衰退期の飼育ケアの特徴と援助の課題

老化や慢性疾患への対応が必要になると、イヌ・ネコの安全を守り、苦痛を与えないように、'体調にあわせた暮らし'

が【飼育ケア方針】となった。飼い主は、食餌、生活用品の吟味、運動の調整など家庭ケアの充実と、獣医療の受診や服薬、治療食など【専門的ケアの利用】を組み合わせて、【家庭ケア中心の飼育ケア体制】作りを行い、介護的ケアの内容や回数を増やし、ケアのレベルを高めていった。イヌ・ネコに対する介護は、イヌ・ネコとの【交感的交流】を深める機会となり、飼い主はイヌ・ネコへの理解や愛情を深めていた。一方、【飼育ケアの困難】として、イヌ・ネコの体調把握が重要になるほど、状態確認、意思確認が困難になるという問題があった。子どもの自立により家族ケアの協力体制が崩れ、飼い主の'ケア負担が重くなる'傾向もみられた。

　援助の課題としては、飼い主に日頃からイヌ・ネコの老いや病に関する知識や対策を伝えておくこと、衰退期でも在宅ケアが主であるので【専門的ケアの利用】を効果的に行える方法を伝えておくこと、薬や用具を含めて家庭介護のヒントを提供することがあげられる。このような援助によって、飼い主は余裕をもって介護・看護のケアを通した【交感的交流】を経験し、飼育ケアの新たな意義を感じることが出来ると考えられる。

Ⅲ　終末期の飼育ケア——'救命と苦痛の軽減'[5)6)]

　終末期ケアは、'救命と苦痛の軽減'のために'専門的ケアの利用'を積極的に取り入れた【家庭ケア中心の飼育ケア体制】で行われていた。'専門的ケアの利用'の範囲が、地域の掛り付け医に限定されていた場合と大学病院など二次獣医療機関に広がっていた場合とではケア体験に違いがみられたので、分けて報告する。

1．家庭ケアと地域の掛り付け医による終末期ケア

　このケースに該当するイヌ・ネコの年齢は8歳〜20歳で、老衰や腎不全、悪性腫瘍で死亡するケースであった。ケアの第一の課題は栄養摂取の工夫であった。飼い主はさまざまな食品や調理法を試し、イヌ・ネコが「一口だけ」でも食べるのであれば、人間の食べ物でも与え、柔らかさや味付けを工夫していた。「手の温かさで、良く匂うようになるかもしれない」と手に載せて食べさせた飼い主もいた。また、イヌ・ネコの寝床の傍で添い寝をして、イヌ・ネコが声を立てたり動いたりすると声を掛けたり、撫でたりする飼い主もいた。イヌ・ネコが家具にぶつかって怪我したり、毛が擦り切れたりすることを防ぐためにビニールプールの中で飼うことを思いついた飼い主もいた。また、静かな環境で散歩をするため、散歩の道や時間を選んでいた。このように、飼い主はイヌ・ネコの命と安全を守り、不安にさせないなど'救命と苦痛の軽減'を飼育ケアの方針として、自分の関心や時間を介護や看護に集中する'看護・介護ケア優先への生活転換'を図っていった。

　終末期ケアも【家庭ケア中心の飼育ケア体制】で行われていたが、【専門的ケアの利用】をする場面は大幅に増えた。掛り付け獣医師のほかに訪問獣医師から漢方や自然療法、リハビリ、食餌の工夫、点滴、服薬の指導を含め、皆でサポートするという'闘病コミュニティ体験'していた。イヌ・ネコの死後、「良い子で可愛かった」と思い出を語り、カードや見舞いの花を贈ってくれた獣医師もいた。このような対応に対して、飼い主は「私の気が済むように治療をしてくれた」、「長い間お世話になって、自分達を良く分かっていて下さったから」と語り、'気

持ちを汲んだ関わり'であったと感じているようだった。

2．家庭ケアと2次獣医療機関による終末期ケア [5)6)]

このケースに該当する6頭の年齢は5歳から10歳と若いイヌ・ネコが含まれていた。飼い主はイヌ・ネコが重症のガンや腸重積に罹患しており、予後不良であること、地域では診療出来ないことを突然伝えられていた。この告知までの過程で、5人の飼い主は獣医師への不信感をもつようになっていた。

飼い主は、イヌ・ネコの重病を伝えられて「パニック状態」になる一方、本当に治療法がないのかと疑問をもったり、呼吸困難などの苦痛を取り除きたいと強く願ったりしていた。6名のうち1名だけが掛り付け医に2次医療機関を紹介してもらっていたが、そのほかの飼い主は高度な診療が出来るところをネットなどで探し、大学病院など2次獣医療機関を見つけるなど、'救命と苦痛の軽減'に向けて積極的に動いていた。外国の獣医療情報を調べた飼い主もいた。

飼い主は、病院での診療を最優先にして獣医師の提供する治療を積極的に受け、'看護・介護ケア中心への生活転換'を徹底して図っていた。2次獣医療機関での治療効果は早く現れ、入院期間も短かったため、退院後は【家庭ケア中心の飼育ケア体制】作りが重要になった。飼い主は'全身を使ったコミュニケーション'によってイヌ・ネコの体調を綿密に観察し、変化があればすぐに主治医に連絡を取った。手術の後遺症のため便が下痢状になるなど新たな'弱点への継続的配慮'や食餌の工夫が必要になることもあった。家族は治療に協力的で、通院時の運転を引き受けるなど、'キーパーソン中心に家族でケア分担'をするようにしていた。このように飼い主は介護・看護の

ケアにエネルギーを傾注していった。

　一方、突然で初めての経験であるため、飼い主はさまざまな【飼育ケアの困難】を体験していた。なかでも、最も予想外であり、困難に感じたのは、2次医療機関での診療にもリスクがあり、効果も不確実であること、その曖昧な状況で飼い主が治療方針を選択しなければならないという'手探りで進む介護・闘病ケア'であることだった。最初のころ、獣医師が詳しく病状や治療の説明をしてくれても、飼い主はなかなか理解できなかった。そのうえ、十分理解出来ないうちに治療の選択を求められたりした時には、飼い主は獣医師が「そばに座って、疑問や不安に応えてくれたら」と思うなど'獣医師へのアンビバレントな感情'をもつこともあった。また、家庭ケアも手探り状態で、'看護・介護ケア優先への生活転換'を熱心にするほど'ケア負担が重くなる'ことがあった。例えば、次々と新しい治療法を試すので治療費が嵩むこと、イヌ・ネコの体調変化に敏感になるために夜も目ざとくなって、睡眠不足になるなどである。また、救命のためには治療は必要だが、イヌ・ネコに苦痛を与えてはいないかという'救命と苦痛の軽減'の両立に悩むこともあった。このように'手探りで進む介護・闘病ケア'が続くため、飼い主はこの判断で良いのか、良かったのかと'疑問と悔いが付きまとう'ことが多かった。

　一方、2次獣医療機関では、飼い主は十分に'専門的ケアの利用'をすることが出来た。専門医である主治医を中心にして助手、他科の獣医師、動物看護師、地域の開業医が連携して、病院治療や家庭ケアのサポートをしていた。例えば、病状や検査、治療の目的と結果、今後の経過の予想の説明、自然療法やワクチンを含む新しい治療の提案、治療法が変わる時には獣医

師間の連絡や在宅療養のための地域の開業医の紹介、家庭看護の方法の指導や酸素テントなど看護用品の紹介などである。このような対応を受けて、飼い主は「皆、一緒に戦ってくれる」という'連携による医療的尽力'をしてもらっていると感じていた。また、飼い主は獣医療者が自分の'気持ちを汲んだ関わり'をしてくれると感じていた。それは、新しい治療を始める時、治療費や治療のメリット・デメリットを丁寧に説明してくれたり、入院中、動物看護師がゆっくり面会出来ように取り計らってくれたり、入院中の様子を写真にとって知らせてくれたりする時である。

小康状態になるとイヌ・ネコの苦痛は和らぎ、行動も活発になる時があった。飼い主は「ここまでしてくださった」と主治医に感謝し、2次獣医療機関で「治療してよかった」と思った。短期間の小康状態であっても、この機会に散歩や外出をするなど、「思い出をたくさん作った」飼い主もいた。

また、病院待合室で知り合った飼い主仲間との交流を支えにした飼い主もいた。闘病をめぐる【飼育ケアの困難】体験を語りあい、「辛いのは自分だけではない」ことを知った。そして、治療の努力を認め、励ましあうなど'闘病ケアの体験共有'をすることによって、飼い主は不安な気持ちを落ち着かせたり、病気以外の話をして気分転換を図ったりすることが出来た。近隣の友人が通院の送迎や相談相手をしてくれることもあった。このように飼い主は、2次獣医療機関の専門職の人々や飼い主仲間、近所の友人、家族などからなる幅広いサポート体制、つまり「皆一緒に戦っていく仲間だ」と感じられるような'闘病コミュニティ体験'に支えられていた。

治療効果が上がらなくなり、痙攣やまひ、栄養摂取の困難、

呼吸困難がみられるようになると、いつまで、どのように‘救命と苦痛の軽減’を図るのかが課題になった。飼い主は苦痛を与えずに、イヌ・ネコらしく生きられるようなケアのあり方を、‘この子の立場で考え’続けた。安楽死を選択した飼い主は、獣医師や家族と検討を重ね、「この子もこの状態で生きることは望んでいないと思う」という判断に至っていた。安楽死を選択しなかったケースでも、最期は突然やってきた。本研究の飼い主は幸いなことに腕のなかや膝の上で最後まで見守ることが出来た。

　死別後に、飼い主は飼育ケアの過程を振り返って「自分なりに精一杯のことをした」と述べ、‘終生ケアを引き受ける’ことが出来たと感じているようだった。特に闘病と死別過程では、獣医療者や家族や飼い主仲間などと共にケアすることが出来たという‘闘病コミュニティ体験’を評価していた。イヌ・ネコの状態を見守ることで【交感的交流】は深まり、‘この子の立場で考える’姿勢もいっそう強まっていた。一方、ある飼い主が「大学病院に行けば、ベストの治療がセットされていると思っていた。でも、自分でやりながらベストの治療にしていくものだということがわかった」と語ったように、飼い主にとってはさまざまな【飼育ケアの困難】を伴った闘病と看取りの過程であった。経済的・体力的な負担の重さ、‘救命と苦痛の軽減’の両立を図ることの難しさ、‘手探りで進む看護・闘病ケア’のため‘疑問と悔いが付きまとう’ことが多く語られた。

　ある飼い主は、イヌ・ネコとの18年の暮らしを振り返って「私達もあの子も十分楽しんだ。精一杯可愛がったし、お金も使った」と述べた。また、獣医師や友人に「『○さんの家で暮ら

して、本当に幸せだった』と言われて、嬉しかった」と言う飼い主もいた。このような飼い主の体験からみると、イヌ・ネコの飼育ケア・プロセスは身体面での関わりだけではなく、【交感的交流】によって相互理解を深め、'互いに、元気で、楽しく、無理のない暮らし'を状況に応じて優先順位を変えながら実現していくプロセスと考えられる。老いや病、死のケアもそのプロセスの延長上にある当たり前のものとして、飼い主は精一杯の力を尽くしたのだと思われる。

まとめ：終末期の飼育ケアの特徴と援助の課題

イヌ・ネコの老いや病は避けられないことであるが、飼い主にとっては元気だったイヌ・ネコの衰えた姿や短い余命告知は信じ難く、受け入れ難い現象である。本研究の飼い主も、健康回復や'救命と苦痛の緩和'に熱心に取り組み、'看護・介護ケアへの生活転換'を図って、持てる力を傾注していた。終末期では獣医療関係の【専門的ケアの利用】が大幅に増えるが、最後まで【家庭ケア中心の飼育ケア体制】である。それだけに飼い主の'ケア負担が重くなり'、【飼育ケアの困難】は増す。特に、飼い主が不安だったのは'手探りで進む介護・闘病ケア'が続くことであった。本研究の場合、幸いなことに家庭での介護・看護ケアと地域の獣医療、2次獣医療機関のサポートが連携して治療にあたったので、飼い主は「皆で支えてくれている」という'闘病コミュニティ体験'をすることが出来た。このように闘病ケアが一人ではなく、周囲に開かれた形で行われたため、治療面でも精神面でも支えられ、安定的に継続的に看護・介護ケアを行うことが出来たと考えられる。また、イヌ・ネコらしく生きることや治療のあり方を考える余裕も生まれ、

イヌ・ネコとの【交感的交流】を深めることも出来たのではないか。

　援助の課題として、過剰に'ケア負担が重くなる'ことを防ぐこと、'手探りで進む介護・闘病ケア'や治療中止の決断の困難さを緩和することがある。【家庭ケア中心の飼育ケア体制】を安定させるためにも、飼い主とイヌ・ネコにとって'無理のない'【専門的ケアの利用】を提案することも必要である。飼い主がそれまで培ってきた【交感的交流】に基づいて最良の判断が出来るように励ましたり、飼育ケアの努力に対する敬意を示したりして、飼い主に自信を持ってもらうことも有用である。

Ⅳ　研究結果の援助実践への応用

1．飼い主の【飼育ケア方針】の把握と最適化

　飼い主とイヌ・ネコとが楽しく、健康的に暮せるように獣医療やペットサービスを効果的に提供することが重要である。そのためには、まず、飼い主の【飼育ケア方針】がどのようなものかを把握する必要がある。本研究で示した3つの【飼育ケア方針】を参考にして、日常的な飼育ケアの様子をみれば、飼い主がイヌ・ネコをどのような存在と考え、何を大切にして飼育ケアをしているのかを推察することが出来る。そして、飼い主の【飼育ケア方針】が適切であれば、それを継続出来るようにサポートし、不適切であれば適切な方向に転換するための知識やスキルを提供する。飼い主の【飼育ケア方針】を把握して、現実にあったケアにしていくことは、飼育ケア・サポートの基本的な課題である。

2．開かれた【家庭ケア中心の飼育ケア体制】作りへのサポート

　健康期から死別までの飼育ケアを担うのは家庭ケアであり、病気の場合でもイヌ・ネコの入院期間は短く、退院後は家庭ケアに任される。このように、飼育ケアの継続には【家庭ケア中心の飼育ケア体制】をしっかりと作ることが重要である。そこに【専門的ケアの利用】を効果的に組み込んでいく必要がある。'闘病コミュニティ体験'を参考にすると、多種の専門職の連携、家族や仲間の協力、介護スキルと気持ちの伝え合いなど関わる人々が協働する飼育ケアの共同体を作ることが援助になろう。飼育ケアを飼い主とイヌ・ネコだけの関わりに閉じ込めるのではなく、外部に開かれた協働的な飼育ケアにすることで、【家庭ケア中心の飼育ケア体制】は安定し、【飼育ケアの困難】にも対処することが出来るのではないか。

3．【交感的交流】を深める

　飼育ケアを実践していくのは【飼育ケア方針】と【家庭ケア中心の飼育ケア体制】であるが、そこに大きな影響を与えているのが【交感的交流】である。飼い主が【交感的交流】を深めるほど、イヌ・ネコの状態を正確に捉え、適切な【飼育ケア方針】を立て、自分達にあった飼育ケアにしていくことが出来る。また、飼い主が飼育ケアの喜びや張り合い、イヌ・ネコへの愛情を感じるのは、お互いの気持ちや意思、喜びや苦しみが通じ合う【交感的交流】が出来ている時であろう。一緒に暮らす期間が長くなるほど【交感的交流】は深まり、飼い主は'わかりあえている手応え'や'一緒に生きてきたという実感'を強く味わっていた。【交感的交流】によって健康期には多くの場面で

'共に楽しむ'ことができ、病や死の場面では'この子の立場で考える'ことで命やQOLを深く考えるようになった。このような飼い主の体験から、援助者は飼い主とイヌ・ネコとが元気な時でも衰えた時でもそれぞれに意味のある【交感的交流】が出来ることを認識し、独自の気持ちの通じあえる交流が出来るように援助していくことが重要である。

　　付記：研究に協力して下さいました多くのイヌ・ネコ飼い主の皆さまに心から御礼申し上げます。貴重なご経験をお話下さった獣医師やトレーナーの方々に感謝申し上げます。
　　また本論は、文献の中の3)4)5)6)の内容に修正を加えたものです。

引用文献
1) 木下康仁 (2007).：ライブM-GTA　実践的質的研究法　修正版グラウンデッド・セオリー・アプローチのすべて.弘文堂,東京
2) ペットフード協会(2013):平成25年度全国犬・猫飼育実態調査.
3) 小倉啓子(2012):イヌ・ネコ飼い主の日常的飼育ケアの安定と継続に関する質的研究－飼育の準備段階における飼い主の体験から－,アニマル・ナーシング,15・16(1): 17-23.
4) 小倉啓子(2013):イヌ・ネコ飼い主の日常的飼育ケアの安定と継続に関わる質的研究(2)-比較的健康な時期の飼い主の体験から－.アニマル・ナーシング, 17: 1-8.
5) 小倉啓子(2013):イヌ・ネコの看病と看取りにおける飼い主のケア過程の質的研究－2次診療を選択した飼い主へのインタビュー調査－　第19回ヒトと動物の関係学会　ポスター発表抄録集 p56
6) 小倉啓子 (2015)：イヌ・ネコ飼い主の病気治療と終末医療のケア・プロセスの質的分析―初めて二次獣医療を選択した飼い主へのインタビュー調査―, ヤマザキ学園大学雑誌, 5: 1-13.

第２部　ケアラー支援の先進事例

第7章
ケアラー支援とエンパワーメント

木下　康仁

1　ケアラーを問う視点

　この章では、福祉国家成熟期の課題として、あるいは、成熟の先を展望すればポスト福祉国家の議論への接続テーマとして、ケアラーという存在について考える。日本における家族介護の現状分析が目的ではなく、当事者であるケアラー支援のプログラムとしておそらく現時点でもっともすぐれていると考えられる英国（イングランド）の Caring with Confidence を取り上げ、ケアラー支援のアジェンダ化に向けて問題提起を試みる。こうした迂回的アプローチをとるのは、家族介護の文脈に吸収されずに議論のレベルを維持するためである。

　ここで、ケアラーの位置づけについてツウィッグとアトキン (Twigg and Atkin, 1994) の研究をもとにまとめておこう。彼女らは次の4タイプに類型化しており、全体枠組みとして参考になる。すなわち、主たる介護資源としてのケアラー、介護協働者としてのケアラー、クライエントとしてのケアラー、そして、ケアラー規定を越えたケアラーである。最初のタイプは、ケアラーがほとんどのケアをしていても、それを当然とみる立場である。関心は要介護者におかれ、ケアラーと要介護者に利害関係が起こりうることは無視される。ケアラーは無料の

資源とされ、インフォーマルなケアを公的ケアで対応しようとしたり、ケアラーの負担の軽減については社会的、政策的に関心がもたれない。これは、日本の伝統的な家族介護、とくに女性が介護の当然の担い手をされていた世界に相当する。

　二番目は、ケアラーは専門職と協働してケアに従事する人として認識され、公的ケアとインフォーマルなケアの統合が試みられる。要介護者の状態を改善することが双方に共有された目的で、そのためにはケアラーの意欲、モラールが重要とされる。ケアラーの負担も考慮されるが、それはこの目的の範囲においてである。このタイプは、介護保険下の現在の日本の状況に近い。

　第三タイプは、要介護者だけでなくそのケアラー自身も援助の対象者であるという考えである。ケアラーのストレスを軽減し、その結果高いモラールで介護役割を継続的に果たせることが期待され、さまざまな形でのレスパイト・サービス（介護者一時休息用サービス）が大きな効果をだせるのもこのタイプである。これは、ケアプランにショートスティやディケアが組み込まれることによって、実質的にケアラーの負担軽減になっている場合もあるから、介護保険下でも部分的には該当する。しかし、その目的がケアラーを援助の対象としているわけではないから厳密な意味でこのタイプとは言えない。

　最後の第四タイプは、介護状況にある要介護者とケアラーを切り離し、ケアラーを要介護者との関係で従属的に規定しない立場である。両者を個人として個別的に支援する。このタイプが理想的とされる。

2 ケアラーのエンパワーメント：Caring with Confidence (CwC) を事例として

　Caring with Confidence ("自信をもってケアを"、以下 CwC と略記) は、英国保健省の政策として開発、試行された、同国においてこれまでに例をみない規模の包括的ケアラー支援プログラムである。総予算1,520万ポンド（約21億2800万円、1ポンド140円レートで換算）、試行期間は2008年からの3年間で、27,000人のケアラーを対象とすることが計画された。それまでさまざまに実施されていた支援プログラムを統合しつつ一つの包括的なプログラムとして完成させ、ワークショップの実施運営方法も含めてパッケージとして提案された。地域居住の18歳以上のケアラーが対象で、受講は無料、また、必要に応じて受講時のレスパイト・サービスが提供された。

　しかし、リード大学が保健省の委託を受けて行ったプログラム評価研究を受け、当初計画満了に半年を残し2010年9月に打ち切られた（最終報告者は Yeandle and Wigfield, 2011）。その主たる理由は、目標受講者数27,000人に対して5,427人、実施場所目標108,000か所に対して40,292か所が2年半経過時点での実績であり、費用効率の悪さにあった。目標設定と計画期間が適切であったがか問われることとなったのである。

　一方、CwC 事業全般のマネジメントの失敗にもかかわらず、最終報告書でも指摘されているようにこのプログラム自体は非常に優れたものであり、受講したケアラーへの調査結果は極めて肯定的であった。この節ではプログラムとしての CwC について検討する。

第7章　ケアラー支援とエンパワーメント　(木下)

　CwCの基本特性と関係するので、このプログラムの開発と実施を保健省から委託されたコンソーシアムについて簡単に触れておく。Expert Patient Programme, CICという非営利法人を中心に、次の関連4法人とで2007年にコンソーシアムが組織された。Carers UKはケアラー支援の啓発活動を全国規模で展開している非営利法人(慈善事業)、Princess Royal Trust for Carersはアン王女を総裁にいただくケアラー支援非営利法人(慈善事業)、Crossroadsは主にレスパイト・サービスを提供している非営利法人(慈善事業)、そして、障害児者のいる家族支援のPartners (Family Leadership), CICである。なお、このうちPartnersとExpert Patient Programmeのふたつは CIC (community interest companies) と呼ばれる新しいタイプの非営利法人で、寄付だけでなく民間の資金援助を受けられる社会企業型NPOとして2005年から導入された。

　中心となったExpert Patient Programmeの名前の由来は、地域社会で生活する慢性疾患患者の経験を自助的活動により広く共有することを目的に、医療費削減への貢献を期待されて医療保険制度 NHS (National Health Service) の中に作られたプログラムの名による。このプログラムの特徴は疾患別ではなく、慢性疾患患者が日常生活を送るうえで直面するさまざまな課題とそれへの対応に焦点をあて、優れた経験知のある人たちを他の患者への助言者として医療保険制度内に位置づけた点にある。つまり、医療専門職の知識ではなく、患者が病気の制約に対処しながら地域社会において日常生活を維持する経験から培われた知識を言わばもう一つの専門的知識として公的に評価するもので、Expert Patientとは患者経験のある素人の専門家という意味である(詳しくは、松繁、2010)。

援助専門職、医療専門職の視点からのケアラー支援ではなく、当事者が経験する日常生活世界の理解を踏まえて、心身面の疲労への対応方法から家計のやりくりの方法まで生活全般のマネジメントの力量形成を重視している。CwC は Expert Patient Programme のこの基本特性を継承したもので、このプログラムは当初 Expert Carer Programme と呼ばれていた。

CwC のプログラム特性

ケアラー支援の主力サービスは在宅および施設利用のレスパイトである点は強調しすぎることはないのだが、それだけでは十分ではないことを CwC は教えてくれる。レスパイトと共に提供されているケアラーへのサービスとしてカウンセリング、気分転換／リラックゼイション、情報提供などが主なものであり、ケアラーが当事者同士語り合う機会も重視されている。これらの要素は CwC にも組み込まれてはいるが、ここで強調すべき点はケアラー自身をエンパワーしていく具体的な方法が CwC の特徴となっていることである。当然とはいえ前提にあるのは、支援の対象としてのケアラーという方向性であり、ケアラー自身が日常的現実に対して取り組む力を増す、エンパワーメントを実際に盛り込んだプログラムは少ない。CwC は、参加するケアラーが自分の中にある強さを認識しそれを実際に発揮できるようになること、他の参加者と一緒のグループディスカッションに参加すること、問題解決できること、そして、目標設定とその達成に向けた実行計画を立てられることを狙いとしており、これらが"自信をもって with confidence"に込められたメッセージである。

CwC はグループワークのダイナミズムを活用し、周到に計

画されたエンパワーメントを目的とするプログラムである。単に講義や説明を聞く受け身的な参加ではなく、配慮された運営方式のもとで同じ境遇にある人たちとの出会い、遊びやゲーム、小さな成功体験の機会、予定を立てることによる〈今〉から先への時間志向、等々、困難な状況にある人々の心理特性を踏まえた諸要素が盛り込まれている。そして、このプログラムの成否を左右すると言っても過言ではない、運営と進行を担当するファシリテーターのために細かな時間配分と具体的な内容の詳細なマニュアルが用意されている。

CwCは、一回完結型の7つのセッションから構成され、各セッションは週一回、所要時間は3時間である。以下がセッションのタイトルである。

Finding Your Way「自分に合った方法を見つけよう」(初回)
Caring Day-to-Day「ケアの毎日：服薬から緊急事態まで」
Caring and Coping「ケアと受け止め：自分の感情の振り返りとストレスへの対処」
Caring and Me「ケアと私：自分の健康と自分の生活」
Caring and Resources「ケアと活用できる資源：収入を最大化する」
Caring and Life「ケアと息抜き：することは尽きない現実の中でどうバランスをとるか」
Caring and Communicating「ケアとコミュニケーション：経験を他者と共有する」

参加者は必ず最初にFinding Your Wayのセッションに参加するが、それ以外は自分の必要性と状況的余裕によってどれか

ら参加してもよいしすべてのセッションを受けなくても構わない。初回のセッションでは以後の参加予定を決めやすいよう各セッションの内容が紹介される。また、同じセッションが2, 3か月の間に3回、決まった曜日と時間帯で提供されるので予定が立てやすいし、参加できないセッションがあっても別の日時のものに参加することができる。これは、ケアラーのおかれている状況が予定通りの行動をむずかしくする場合が多いことによる。各セッションは一回完結型であり、終了後に参加認定証がもらえ、全7セッションを完了すると大きな CwC 参加認定証がもらえる。

これら基本の7セッションに加えて、特別なニーズのあるケアラーを対象にした以下の5つのセッションも提供されている。

Caring for Disabled Child「障害児のケア」
Lesbian, Gay, Bisexual and Transgender Carers and Cared for People
「ケアラーとケアする人が性的マイノリティの場合」
Caring with Someone with Dementia「認知症の人のケア」
Caring with an Adult with Complex Needs「複合的ニーズのある人のケア」
Caring for Someone with Mental Ill Health「精神面で病気のある人のケア」

さらに End of Life（看取り）に焦点をおいたセッションも追加されており、Finding Your Way near end of life のように上記の7セッションのうち最初の5セッションが「near end of life」が付いた名称になっている。これに「Coping after caring（看取り後の対処）」と「Life after caring（看取り後の自分の生活）」のふたつのセッションが新規に追加されている。

　CwC の詳細な説明がここでの目的ではないので、このプログラムの基本的な考え方を理解するためにひとつの具体例を取り上げる。「私の計画 My Plan」として初回のセッションである Finding Your Way だけでなく他のセッションにも含まれているものである。これをグループの中でおこなう。図は導入的説明で用いられる「絵で計画を立ててみよう（Picture Plan）」である（Cairns, 2012）。これは記入例であり、実際には二人一組になってそれぞれ空欄の書式に、行いたいが今の生活ではできないことをケアラーに考えてもらい、それが実現できるよう具体的に計画していく作業を行う。中断したままの水泳の練習、ゆっくりとショッピングすること等々、普通にしていることでありながらケアの生活によってできなくなった事柄をそれぞれのケアラーに考えてもらう。絵にするのは構えることなく気楽に作業しやすいようにとの配慮で文字だけの記入でも構わない。大きさや色には特別な意味はなく、同様の配慮による。

　最初に記入するのは右下の最後のボックスである。ここに、実現したいが今の生活ではできないことを具体的に入れる。この例では、久しく合っていない姉と週末をどこかリラックスできるところで過ごしたいという計画である。次は左上の最初のボックスである。例ではケアに疲れてしまっているという自分の現状が入っている。以下、左から右に、上から下へとその実現のために必要なことがらを入れていく。順に、「ケアしている夫の Ash の状態は安定している」→「市役所の社会サービス係に電話する（まただ）」→「申請のためにかかりつけ医から書

第2部　ケアラー支援の先進事例

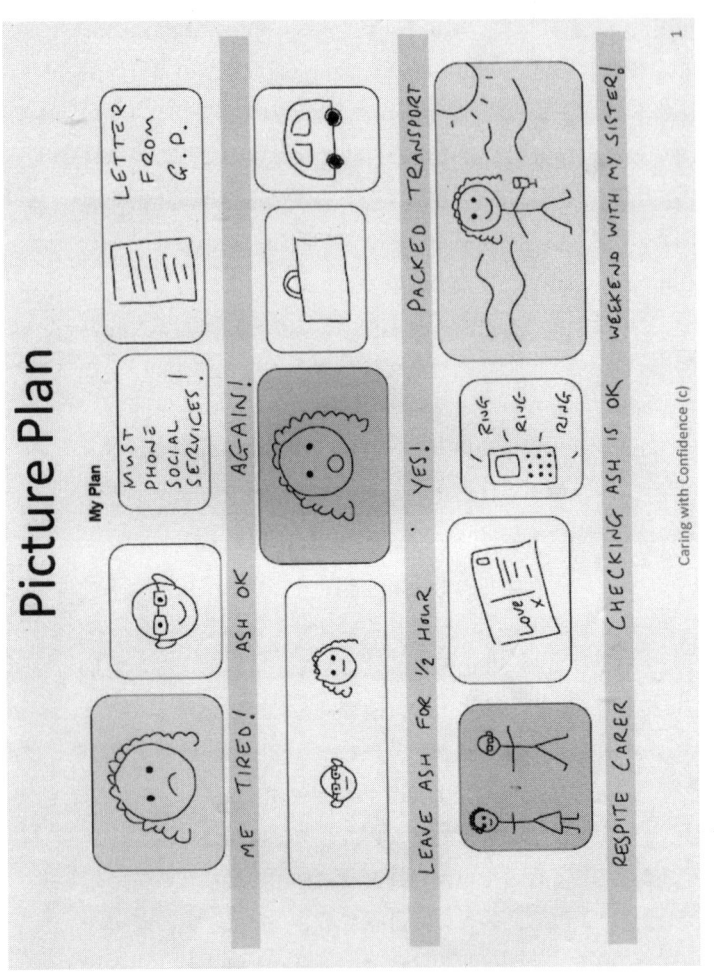

Picture Plan

My Plan

MUST PHONE SOCIAL SERVICES!

ME TIRED! ASH OK AGAIN!

LEAVE ASH FOR ½ HOUR . YES! PACKED TRANSPORT

RESPITE CARER   CHECKING ASH IS OK   WEEKEND WITH MY SISTER.

Caring with Confidence (c)

Picture Plan

類をもらう」→「手続きのために30分ほど家を空けなくてはならない」→「よし、段取りはついた」→「旅行支度をし、切符を手配する」→「留守中レスパイト・サービスに来てもらう」→「最初の夜には夫に電話を入れて大丈夫かどうか聞こう」／「その次の日は絵葉書を出そう」。こうして一連の準備を進めることにより目的の実現が確実になっていく。願望では動かない現実を自身のイニチアチブで達成していく。

　子どもが描くようなかわいい絵であり、計画内容も常識的なものと思われるかもしれない。では、Picture Plan は、どのような意味でケアラー支援となっているのだろうか。この部分は明示的には説明されていないが、次のように理解できる。まず、ケアラーが余裕のない日常生活にあるという基本認識である。CwC のセッションに来ることだけでも大変なことであると理解し、全体として和らいだ雰囲気で学習できるようユーモアや五感への刺激、動作を積極的に組み込んでいる。この例では、簡単な絵にしてみるという形がとられている。

　次に、この計画はケアラーである自分のためのものである。むろんケア上必要なことを計画する場合もあるが、自分にとってしたいことを計画するところに大きな意味がある。ケアラーの役割が自分の生活のすべてではなく、自分にも自分の生活があってよいのだということを経験し確認することができる。

　ケアの日常はしなくてはならない事柄で埋め尽くされていて心身ともに余裕がもてない中で、最初はささやかな計画であれ段取りをして実現していくという成功体験を狙っている。最初のセッションの内容であるから、次のセッションのときに、通常は同じグループメンバーになることが多いので互いに誰がどんな計画を立てたのかを知っているので、その後の経過につい

て報告でき、そのことが計画実現への動機づけの強化につながる。

　もっとも重要なのは、小さな成功体験から始めることでケアラーが閉塞した日常、囚われの日常から、将来的時間志向を具体的にもつことで日常を意識的にコントロールできるようになることである。これは、意識の在り方を含めた一種のスキルでもあり、自分にとっての生活部分の確保と拡大につながる。しかも、ケアの日常では少しでもその場を離れることがむずかしく、要介護者がケアラーの一時的不在に対して感情的に不安定になったり、ケアラー自身がいつも一緒にいなければならないと思い込んでしまいやすい。したがって、このスキルを身につけると段取りをつけて「一時離れる」という空間的コントロールも可能になっていく。

　姉と一緒に週末を過ごすことが実現できれば、さらに自分にとって意味のある、しかし、実現のむずかしそうな事柄をも計画できるようになる。単純なボックスには簡単な計画から複雑で多様な計画までが記入されていく。最初だけでなく他のセッションにもこの計画づくりの作業が含まれていることの意味はここにあると考えられる。例えば計画目標のボックスに「仕事をしたい」を入れれば、たとえすぐに実現はむずかしくてもそのためには何を、どうしなくてはならないかが具体的にシミュレートできることになる。

　計画づくりは単に一例にすぎないが、CwCには当事者をエンパワーしていく工夫が実に豊富に組み込まれている。

　CwCプログラムの運営方式も、非常にユニークである。グループが単位となり、だいたい10名から15名の参加者で構成される。各グループに二名のファシリテーターがつくのである

が、参加するケアラーの抱えている問題や課題の複雑さと困難さを考慮し、安定したセッション運営がしやすいように二人体制とし、一人がメインの進行を担当し、もう一人が補助的な役割をとる。感情が不安定になった参加者への対応なども補助者が行う。

　組織的には、ファシリテーターの養成、セッション運営への助言、参加するケアラーへの連絡窓口を担当するコーディネーター、そして、全体を統括する本部スタッフからなる。ファシリテーターは実際のセッションの運営のみを担当しそれ以外には参加者とかかわらない。受け付け、問い合わせ対応など参加者とのやり取りはセッションには参加しないコーディネーターが行う。その理由は、参加者の中には個人的な問題をファシリテーターに時間に関係なく相談してくる場合があるのでファシリテーターが負担過重とならないためにこうした分担をしている。

　ファシリテーターは一般の住民から募集し3日間の集中的研修で養成する。ゲームやカードなどの多様な小道具類を含めて、詳細な運営マニュアルが短期間での養成を可能にしている。ケアラー経験のある応募者もあるが、それが応募の条件ではない。研修終了後に実際にセッション運営を担当し始めるが、ワンサイクル7セッションを二回経験した後で本部スタッフが実際に様子を観察して評価し、認定されれば正規のファシリテーターとなる。これは認定試験の意味合いだけでなく、助言に力点がおかれ、例えば「もっとはっきりとした口調で話す」「自分が話しすぎているのでグループ参加者にもっと自由な時間を与えるべき」「参加者との距離が近づきすぎている」といった指摘がなされる。評価できる点にも言及され「落ち着い

た雰囲気で参加者を和ませている」「絵や図などの教材をわかりやすくはっきりと説明している」などのコメントがつく。そして、一年に一回、すべてのファシリテーターを集めた研修会が一日かけてもたれる。ファシリテーターとして不適と判断される人もいるので、外れてもらうことになる。

このようにファシリテーターの役割が非常に重要となり、実際にはかなり複雑なグループワークをリードすることになる。再び初回セッションの Finding Your Way を例にとると、三時間の構成は次のような内容と時間配分になっている。①歓迎の挨拶と CwC の紹介（六分）、②今回のセッションの目的と期待される効果（三分）、③セッションの構成（六分）、④グループメンバーの紹介と初対面の緊張をほぐすアイスブレーカー（二十分）、⑤知識とスキル（二十五分）、⑥気になっていることとニーズ（十五分）、⑦ Finding Your Way についてここまでのまとめ（十五分）、休憩（十五分）。⑧休憩後は具体的な内容に入り⑨大きな絵（十五分）、⑨ Stop/Go（二十五分）、⑩行動計画（二十分）、⑪全体のまとめと終了の挨拶（十五分）となっている。

これに進行ガイドがつく。①では歓迎の挨拶で「参加者全員に得るものがあるようがんばります」と述べること、最後の⑪では参加者が疑問を残して帰らないよう確認することなどの確認点が示されている。カードや絵などの使用の仕方の説明も具体的で、⑨では交通標識を使い、Stop には「朝起きて鏡を見て、なんて疲れたひどい顔なんだ」といった自分へのネガティブな語りかけはやめること、反対に「さあ、コーヒーを入れて今日も一頑張するか」などポジティブな言い方を Go とする。このほか、クイズやゲームも用意されている。

CwC はケアラーに移動負担をかけないよう、できるだけ居住地域で提供される必要があり、おもに地方自治体の依頼を受け CwC の母体である非営利法人 Expert Patient Programme,CIC が提供する。参加費は無料で、プログラム提供に関わる費用は地方自治体など依頼側がもつ。地方自治体以外でも依頼することはできる。ファシリテーターは当該地域から募集し研修で養成する場合もあれば、CwC に所属するファシリテーターが担当する。長期的に安定したプログラム提供をするためにはローカルにファシリテーターを養成しておく方が有効であり、上記の認定を受けた後は独自の CwC のプログラムを企画、実施することもできる。

地方自治体からの依頼が多いのは、英国ではケアラー自身が自治体のソーシャルワーカーによりアセスメントを受けられることが法律で定められていることと関係している。しかし、その結果に基づき何らかの支援が保証されているわけではない。そこで、自治体としては独自のケアラー支援策として CwC を地域で提供しているからである。ただ、ケアラー・アセスメントを受けることが CwC 参加の条件ではない。

実施が決まると、市役所、病院や開業医のクリニックなどに広報し、ソーシャルワーカーや医療専門職の勧めで参加者を募ることになる。

3 ヤング・ケアラーの「発見」

前節ではケアラー支援のプログラムとして注目される英国の CwC について述べた。ここでは、英国やオーストラリアで近年重点化されているヤング・ケアラーについて取り上げる。

ヤング・ケアラーとは、次章で詳述するようにオーストラリアの公的定義では25歳未満とされているが、主たる関心が置かれているのは高校以下の通学年齢にあり、身体的、精神的に障害や病気のある親のために家庭でのさまざまな役割を果たしているために通学が中断されたり、遅刻や早退、宿題の忘れ、成績不良や学習の遅れなどがみられる子どもたちを指す。これまで、学習態度に関する子ども本人の問題と思われがちであったが、その背景に家庭でのケアラー負担のあることが指摘されるようになった。ヤング・ケアラーという認識自体が確立されていないため現在、支援活動の一端として学校の教師やカウンセラーと連携し、写真展や当事者の語りなどの企画を通して意識啓発と掘り起し作業が進められている。

　実際の支援プログラムとしては、同じ仲間たちとキャンプに出かけたり、家を離れてのレクレーションの機会が提供されている。

　英国ではCwCのコンソーシアムに参加したThe Pricess Royal Trust for Carersという慈善事業目的の非営利法人がこの問題について精力的に取り組んでおり、単一の法人としては最大規模の25,000人のヤング・ケアラーを支援している（2011年9月のヒアリング）。学校の中でどのように彼らを支援したらよいのか理解してもらうのが当面の課題で、子どもたちの様子を観察し、家庭での生活状況を把握することが期待されている。

　学校が支援機能を多角的に果たせるようにすることが戦略的であり、そのために専任のスタッフの配置を求めている。教員や親たち、そして子供たちへの意識啓発活動や子供たちの様子の観察、安心して相談できる窓口といった役割が期待されてい

る。学校ができることは非常に多いのである。

　ヤング・ケアラーが親の身体介護までしている場合に対しては、成長期にある子供には過重な負担であり、親が十分なサービスを受けていないことを問題と捉え関連機関との連携で対応している。また、身体介護までではなくとも、親の障害や精神面の問題のために年長の子供が小さい兄弟の着替え、洗面、朝食の準備などをしてからでないと学校にいけないとか、あるいは、家の掃除や洗濯など家事を担っているかもしれない。幼い兄弟の世話や家の手伝いはそれ自体としては自然なことでもあり一概に否定すべきではないが、子供への負担が通常考えられている以上と思われるときにはケアラー役割と判断する立場に立っている。そして、的確に判断するためには子供たちの日常の様子を詳しく観察する必要があり、そのためにも学校は重要な場所なのである。

　生活上の問題を抱えたひとり親家庭のケースも少なくない。

　ヤング・ケアラーの発見をむずかしくしているのは、ケアラーとしての視点が十分定着していないためでもあるが、親が公的サービスを受けることを躊躇し子供に家庭内のことをさせている場合や、親としての責任を果たしていないと思われることを恐れているためである。そのため子供に依存してしまい、公的サービスにも、インフォーマルな範囲である友人にも、助けを求めない傾向もみられる。仮に援助を求められても友人の側も何を、どうすればよいのかわからないこともある。その結果、子供たちのおかれた状況がますます外から見えにくくなるという悪循環になる。そうした状況の子供が自分から相談に来るのを期待するのは現実的とは言えない。

　実際に提供されている活動は、同じ境遇にある仲間たちと一

緒のいろいろなアクティビティであったり、キャンプや小旅行などである。仲間と一緒の時間を過ごすことは大きな意味をもち、日常から離れた楽しいひと時を過ごすのは気分転換にもつながる。こうしたことはむろん大事なのであるが、もう一つの視点として強調されているのは、彼らはそのあと変わらぬ家庭環境に戻るという現実に対してその改善の方向がセットの関係にあるということである。

4　まとめ

　介護者支援と言えば説明は不要で支援内容に話が進むか、その不十分さへの批判となり、介護経験をめぐっても多くの研究が蓄積されているから、議論は尽くされ、要は支援内容の問題であるのかもしれない。しかし、ケアラーのおかれた厳しい状況は深刻化すれども改善されてはいない。この章では、家族介護者に限定するのではなくそれ以外の人々をも含む存在としてケアラーの概念を提起し、当事者のエンパワーメントのプログラム、そして、ケアラーの意味の拡がりを確認できるヤング・ケアラーについてみてきた。その結果、家族という枠組みを外してみたときインフォーマルな存在であるケアラーの支援は、重要な政策化の対象であり、かつ、主力サービスであるレスパイトと当事者のエンパワーメントの組み合わせで構成される必要があることに気付く。フォーマルとインフォーマルの区分を前提とするのではなく、海水と淡水が満ち引きの中で濃度を変えてまじりあう汽水域のように、多様性を特徴とするケアラーは漂うようにみえながら実は両者のバランス点に位置しどちらとも異なる独自の領域を示す存在なのである。

付記。本章は「ケアラーという存在」というタイトルで、『親密性の福祉社会学：ケアが織りなす関係』(庄司洋子編、東京大学出版会、2003) に掲載された章に加筆したものである。

参考文献

木下康仁、2007、「第六章　介護者支援の強化」、『改革進むオーストラリアの高齢者ケア』東信堂。

木下康仁、2009、「第一章　老夫、老妻ヲ介護ス」、『質的研究と記述の厚み』弘文堂。

松繁卓哉、2010、『「患者中心の医療」という言説 − 患者の「知」の社会学』、立教大学出版会／有斐閣。

Carns, Linda, Caring with Confidence Lecture Handout, 2012

Twigg, Julia and Karl Atkin, *Carers Perceived: Policy and Practice in Informal Care,* Taylor & Francis. 1994

Yeandle, Sue and Andrea Wigfield, eds. *The National Evaluation of the Caring with Confidence Programme,* University of Leed, 2011

第8章
オーストラリアのケアラー支援政策の現状

木下　康仁

1　はじめに

　公的なサービスに対して家族などによるケアをインフォーマルケアと呼ぶが、ケアラー（carer: 介護者）とはインフォーマルケアを担う人々のことであり、ケアラー支援とはそうした人々へのさまざまな公的サポートのことを指す。そして、ケアラーへの支援は、公的支援の対象である要ケア者をターゲットとする制度本体において副次的位置づけとなるのであるが、それをどこまで拡充強化していくかが重要な課題になってきている。本体の制度は福祉国家としての共通性をもちながらも、その国特有の課題への取り組みによって改革の軌跡が特徴づけられ、ケアラー支援の展開もその影響を受けることになる。オーストラリアも例外ではない。

　オーストラリアのケアラー支援の政策と実践は近年拡充されており、連邦政府から地方自治体、地域社会までをカバーする全国ネットワークによる体系性と、ケアラーに関する柔軟で包括的な規定、民間団体が大きな役割を果たす福祉多元主義的展開などにおいて、世界的にみて一つのモデルを提示していると評価できる。

2 ケアラー支援の政策化の流れ

　オーストラリアの社会保障制度の基本的性格は、社会保険方式主体の日本とは異なり、イギリスやスウェーデンのように租税方式による普遍主義的タイプである。しかし、福祉制度改革により1990年代中ごろ以降、高齢者ケア領域では所得審査や資産審査が積極的に導入されて選別主義的性格がみられるようにもなっている。

　オーストラリアは、北部準州を含め7つの州で構成される連邦国家である。連邦政府よりも州が先に成立していたという歴史的経緯があり、社会福祉領域における州の役割は相対的に大きいのが特徴である。これは本章のテーマに関しても言えることで、高齢者関係は連邦政府、障害者関係は州政府という伝統的分担がみられる。しかし、ケアラー支援の拡充は要ケア者が高齢者であるとか障害者であるとかを越えて展開してきており、連邦政府と州政府の分担を含め現状の複雑な制度を横断する、独自の位置づけになりつつある。

　ケアラー支援の施策化は高齢者ケアをめぐるオーストラリア特有の課題への対処として形作られてきた。1960年代から1970年代にかけて民間営利事業者の参入を奨励する形でナーシングホームを拡充したことが基点となって、以後、施設部門の支出抑制が政策課題となり1980年代初めの労働党政権時代から種々の改革を余儀なくされ、1990年代の保守連立政権下での新自由主義的改革を経ていくという展開になっている。これが言わば中心的文脈であり、ケアラー支援もそれとの関係で理解しなくてはならない[1]。例えば、オーストラリアの特徴として広く知られている専門家チームによるアセスメント方式[2]

(Aged Care Assessment Team, ACAT^{エイキャット}) は施設入所の適正化を目的に、そして、連邦政府が6割財政負担を行い州が実施主体の地域在宅ケア制度 (Home and Community Care) の創設は1985年改革において導入されたものである[3]。また、1990年代に入って導入された複合的ニーズの要ケア高齢者を対象とするパッケージ・プログラムは地域在宅ケアを目的とするユニークなものであるが、政策的な狙いは施設入所代替策としてである[4]。

節目となる大きな改革は、1985年の高齢者ケア改革戦略 (Aged Care Reform Strategy) に始まり、1997年の高齢者ケア構造改革 (Aged Care Structural Reform) へと続く。ケアラー支援が明確な形で位置づけられたのは1997年改革で、その後2010年に制定された「ケアラー貢献認識法 (Carer Recognition Act)」に基づき2011年に全国ケアラー戦略 (National Carer Strategy、NCS) が政策枠組みとして提示されさらに強化されるという展開で現在に至っている[5]。

ケアラー支援が主要政策となるのは、1997年の高齢者ケア法 (Aged Care Act 1997) に基づく高齢者ケア構造改革においてであった。連邦政府によるこの改革は、施設ケア、在宅ケア、そしてケアラー支援の3本の柱で構成され、ケアラー支援が施設、在宅と並列される画期的な位置づけとなる。構造改革の中心は、従来のナーシングホームとホステルを高ケア、低ケアと位置づけ施設体系を一元化し分断されていたサービスのシームレス化を目指したことと、老朽化した施設の水準向上を目的に施設認証制度を導入し補助金制度を連動させた点にあった。施設利用者の負担の増加も導入された。これに加え、地域在宅ケアの推進とケアラー支援が改革の柱とされたのである。

前者では、1992年から開始された施設入所代替策であるパッケージ・プログラムの拡充、後者では、ケアラー支援の中心的サービスであるレスパイト（respite：介護者一時休息）プログラムを重点的に提供するためのマネジメント機関を地域エリアごとに配備し全国をカバーする体制をとった。

施設ケア、在宅ケアと並びケアラー支援が同列で位置づけられた背景には、当時において障害者や高齢者が受けているケア全体の約74％を家族、友人、近隣住民などのインフォーマルなケアラーが担っているという現実があり、在宅ケアを継続的に支えるためにはケアラーの支援が重要性を増しているという認識があった（木下、2007）。

ケアラー支援を目的に、レスパイト・サービスのマネジメントを主に行うケアラー・レスパイト・センター(Carer Respite Centre)と、一般住民への意識啓発や情報提供、ケアラーへのカウンセリングなどを行うケアラー資源センター(Carer Resource Centre)が設置された。レスパイト・センターはサービスエリアごとに設置され、ケアラー資源センターは各州に一つ拠点がおかれ首都キャンベラに全国代表組織、Carers Australiaがおかれた。

オーストラリアの特徴は人口特性に基づき全国をサービスエリアに区分してネットワーク化している点で、ビクトリア州を例に挙げると州全体を9つのエリアに分け、人口の多いメトロポリタン・メルボルンは東西南北に区分されている（図4を参照、p. 270）。ケアラー・レスパイト・センターは9つのそれぞれのエリアに一か所設置されている。図中の丸数字は当該エリアにおかれているアセスメントチーム（ACAT）数である。

なお、連邦政府は1999年から住民に対してケアサービス全

般について効果的に情報提供を行なうべくケアリンク・センター (Carelink Centre) を全国的に設置し始めた。ケアに関して住民は共通の無料電話を利用して全国どこからでも問合せができる体制が整備された。その後、ケアラー・レスパイト・センターとケアリンク・センターは併設形態の形をとり、2010年時点で全国に54か所設置されている。

3 2011年全国ケアラー戦略 (National Carer Strategy 2011、NCS) の意義

　ケアラー支援は連邦政府主導により高齢者ケア領域で整備、拡充されてきたのであるが、一方で障害者ケア領域でのケアラー支援は州政府のサービスの枠内で対応されてきた。こうした状況を受けケアラー支援の総合的政策化を目的とする全国ケアラー貢献認識枠組み (National Care Recognition Framework) が2009年に提示される。そこから、2010年のケアラー貢献認識法 (Carer Recognition Act) が制定され、さらに、2011年には全国ケアラー戦略 (NCS, 2011) が打ち出された。この戦略は、既に進行中の障害者やその家族を対象とする政策枠組み (National Disability Strategy) を補完するものとされている。すなわち、ケアラーをケア対象者別ではなく横断的視点にたち、ケアラーをケアラーとして独立して位置づける方向に一般化を狙っていると言える。したがって、ケアラーの概念も大きく拡張され、地域在宅において日常生活の維持に困難を抱える住民をインフォーマルな立場で支援、ケアしている人たちがケアラーという一つの概念で包括されることとなった。

したがって、ケアラーとは、高齢者、障害者の場合だけでなく、精神疾患のある人、慢性疾患患者、薬物依存症の人、病院から退院する患者、終末期患者など、抱える問題はさまざまであるが独力では日常生活の維持が困難な人々をインフォーマルな立場でケアしている人々とされる。近年社会的に大きな関心を集めているのは、こうした中に親が問題を抱えているために家事を行い、また幼いきょうだいのケアを担っている子どもたちの存在であり、ケアラーとして「発見」され支援の対象とされるようになった。ヤング・ケアラーと呼ばれるこうした子どもたちの存在は、ケアラーとその支援の必要性を強調する上で象徴的テーマになってきている。

　なお、ヤング・ケアラーの公式な年齢定義は25歳未満である。後述のようにオーストラリア統計局はケアラー全体の中で主ケアラーの定義要件を15歳以上としている。社会的関心を集めているのは就学中の子どもたちが中心で、問題の発見が課題とされ教師など学校関係者との協働が重視されている。

　このように全国ケアラー戦略(NCS)は、ケアラー支援を横断的な一般的政策課題の方向へと大きく転換しようとするものと解釈でき、詳しくは事例をもとに後述するが、連邦政府と州政府の分担、社会福祉と保健医療の制度的区分、対象者別の省庁部局の縦割り制度の現実的状況下で、横断的にケアラー支援を行うことであり、この構造は実際のサービス・レベルにおいて大きな負荷要因となっている。なぜなら、施設利用・在宅・ディなどの形態の異なるレスパイト・サービスの個別提供マネジメント、住民からの相談への対応と情報提供、カウンセリングなどの実際の支援サービスは、高齢者ケア構造改革で設置されたケアラー・レスパイト・センターとケアリンク・センター

が担い手となり、機能拡充により対応しているのだが、これらのセンターは連邦政府、州政府の関連部局からいくつもの補助事業を入札により個別に受託し、その後は補助事業ごとのさまざま規定に縛られながら運営をしなくてはならないからである。入札準備は地域のセンター・レベルではなく母体となる法人や団体が行うが、センターはサービス提供を厳密な予算管理のもとで実施しなくてはならない状況にある。

言うまでもなく、1997年からの高齢者ケア構造改革におけるケアラー支援の実績がこうした拡大を可能としたといえる。加えて、早期の退院を進めざるを得ない医療制度の問題、中でも民間健康保険制度が選択肢として導入されているがその多くは退院後の支援サービスが不十分なため退院支援の段階からレスパイト・サービスへの依存傾向が強まっているといった問題もある。

インフォーマルな立場であるケアラーを公的に支援する根拠は、ケアラーの行為自体を尊いものとして評価することと、彼らのおかげで本来であれば公的負担になっているはずの財政面への貢献の評価であり、法律や政策枠組みにある「recognition」には両方の意味が込められている。

4　ケアラー貢献認識法と全国ケアラー戦略の関係

図1は、「より堅固で、公平なオーストラリアへ」と題された連邦政府における社会的包摂宣言で、このもとに全国ケアラー貢献認識枠組みが設定され、それを踏まえて2010年のケアラー貢献認識法（左側）と全国ケアラー戦略（NCS、右側）が位置づけられている。矢印は相互の関係を示している。ケア

第8章　オーストラリアのケアラー支援政策の現状　(木下)

```
┌─────────────────────────────────────────┐
│     オーストラリア連邦政府の社会的包摂宣言      │
│         "A Stronger Fairer Australia"       │
└─────────────────────────────────────────┘
                    ↓
┌─────────────────────────────────────────┐
│         全国ケアラー貢献認識枠組み           │
│   (NCRF: National Carer Recognition Framework) │
└─────────────────────────────────────────┘
            ↓                    ↓
┌──────────────────┐   ┌──────────────────┐
│  ケアラー貢献認識法  │←→│   全国ケアラー戦略   │
│ Carer Recognition │   │ National Carer    │
│    Act 2010       │   │  Strategy 2011    │
└──────────────────┘   └──────────────────┘
```

ケアラーの定義

ケアラーとは、障害や健康問題（終末期、慢性疾患を含む）、精神疾患、あるいは高齢による衰えのある人々に対して、身の回りのケア、支援、援助を提供する人々である。

展望

オーストラリアのケアラーは社会によってその貢献を認められ、尊敬される。彼らは経済的、社会的、地域社会での生活に参加する権利と選択と機会を有する。

オーストラリアのケアラーに向けた基本方針
NCRFを導く10の中核原則

1. すべてのケアラーは、年齢、人種、性別、障害、性自認、宗教的及び政治的信条、先住民背景、文化的および言語的違い、社会・経済的状態、居住地域に関わらず、他のすべてのオーストラリア人と同じ権利、選択、機会を有するべきである。
2. ケアラーである子どもや若者は、すべての子や若者と同じ権利をもち、自身の潜在的可能性を完全に発揮できるよう支援されるべきである。
3. ケアラーによる多大な社会的、経済的貢献は正当に認識され、評価、承認されるべきである。
4. ケアラーは、最適の健康状態と社会的生活状態を享受できるよう支援されるべきであり、また、家族や地域社会での生活に参加できるよう支援されるべきである。
5. ケアラーは、担っているケア役割に関してであれ、それ以外であれ、自分自身のニーズをもつ個人として認められるべきである。
6. ケアラーと彼らによってケアされている人の関係は、適切に認識され、社会的に敬意を払われるべきものである。
7. ケアラーが培っている独自の知識や経験は価値あるものであり、ケアサービス提供事業者とはパートナーの関係であると理解されるべきである。
8. ケアラーは、尊厳と敬意をもって接せられるべきである。
9. ケアラーは、よりよい経済状態や安定的生活維持のために支援されるべきであり、また、必要な場合には就労や教育を受ける機会をもつべきである。
10. ケアラー支援は迅速に、敏感に、適切に、そして、利用しやすい形で提供されるべきである。

目的

ケアラーのニーズは多様で、変化しやすいので、サービスや支援は、柔軟に、適切に、入手可能なものを、包括的、かつ、持続可能となるようコーディネートされなくてはならない。

重点強化領域

- 適切な貢献認識と敬意
- 情報とアクセス
- 経済的安定
- ケアラーへのサービス
- 教育とトレーニング
- 健康と安定した社会生活

責務

これらは、オーストラリアのすべての公共サービス機関およびサービス提供事業者に対する責務である。

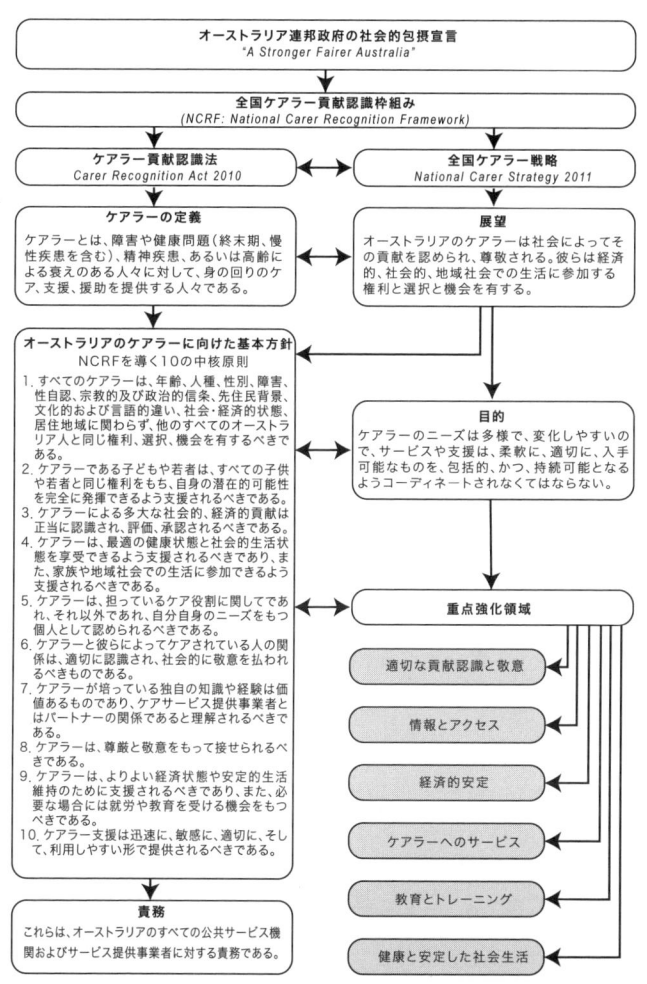

出典：*Australian Government National Carer Strategy*, Commonwealth of Australia, p.13, 2011

図1　全国ケアラー支援枠組み

ラー支援の具体策は、ケアラーの貢献認識と敬意の表明、情報とアクセス、経済的安定、ケアラーへのサービス、教育とトレーニング、健康と安定した社会生活の6領域が重点強化領域として挙げられている。

この図でまず注目すべきは、2010年のケアラー貢献認識法の内容である。この法律はケアラーについての基本的な考えを明記したもので、オーストラリアのすべての公共サービス機関およびサービス提供事業者に対してその遵守が責務とされる。しかし、法的義務にはなっていない。考慮義務はあっても法的強制力まではなく、この点はイギリスなどのこの種の法律においても同様である。

この法律におけるケアラーの定義は、「障害や健康問題（終末期や慢性疾患を含む）、精神疾患、あるいは、高齢による衰えのある人々に対して、身の回りのケア、支援support、援助assistanceを提供する人々である」とされている。ケアラーは、職業的ケア者や教育課程での実習生を除くといった細かな外的条件で定義されているが、要点はインフォーマルな立場であることで、提供している実際のケアや支援や援助の程度は問題とされない。また、その範囲も直接の家族員だけでなく友人、親族、近隣居住者、あるいは、障害等のある子どもをケアしている祖父母や里親も含まれる。

ケアラーの定義はこの法律とは別に、連邦政府や州政府が先行実施している支援サービスにおいても受給条件などとの関連で規定されているが、この法律によってそれらが無効とされるのではない。しかし、他のいかなる法律や規則もこの法律の範囲を制限したり狭めたりすることはできない。要するにどういうことかというと、ケアラー貢献認識法の定義がもっとも包括

的であり、ケア、支援、援助を受ける対象を要ケア高齢者から子どものケアまで一挙に拡大し、また、その提供者を直接の家族から社会関係にある者まで拡げている。

ただ、ケアラーを柔軟かつ包括的に定義することはこの法律以前からの特徴である（木下、2007）。例えば、公的統計を所管するオーストラリア統計局（ABS）は1998年全国調査では「主ケアラー(primary carer)」と「中心的ケアラー(principal carer)」の二つの概念を使用しており、両者の大きな違いはケアラーの年齢であった。後者は、前者のなかでケアラーの年齢が15歳以上とされた。しかし、それ以降「主ケアラー」のみが用いられることになるが、現在までケアラーに関する公式な、統一的定義はない。2009年に統計局(ABS)が実施した障害者と高齢者のケアラーに関する調査では、ケアラーは「年齢に関わらず、障害のある人、長期の困難状態にある人、あるいは、60歳以上の高齢者に対して、援助や見守りの形でインフォーマルな支援を提供している人であり、この支援は継続的ないしは少なくとも6か月は継続する場合でなくてはならない」と定義されている。そして、ケアラーの中で15歳以上の人たちをとくに「主ケアラー」と限定している。ケアを受けている人の障害の程度については、統計局は、日常的基本行為であるコミュニケーション、移動、セルフケアのうち、一つかそれ以上に障害がある場合としている(AIHW, 2011, 207)。障害の程度、6か月という期間は定義要件として一貫している。

ケアラー貢献認識法に基づく基本原則として10項目挙げられている。ケアラーが果たしている貢献を正当に認識し、その行為に敬意を表することを明示したうえで、ケアラーをケア役割から位置づけるのではなく、他のすべての人々と同様の権利

が保証され、その人固有の社会生活と人生を歩む存在とされている。ケアラーの行為は当事者間の日常生活の延長において必要に迫られる形で行われる傾向があるため、文化的、社会的に当然視され、関心は過重負担とその軽減に注がれてきた。しかし、この10原則は過重かどうかの相対的な問題としてではなく、つまり、ケアラーの行為自体を問う以前に、ケアラーという存在への認識を多面的に提示しているのである。基本原則のレベルではあるが、この意味は、同じ支援サービスであってもその根拠と目的がケアラーの負担軽減ではなく、何のための負担軽減かを目的としているということである。

図1の右側の全国ケアラー戦略はケアラー貢献認識法を具体的に実行するためのもので、展望と目的から関連付けられた重点6領域が掲げられている。それぞれについて施策化の方向が2項目挙げられ、各項目について連邦政府が現在実施中のものと今後実施予定のものが具体的に示され、予算額も含まれているものもある。以下がその要点である。

第一重点領域の貢献認識と敬意の表明に関しては、ケアラーの果たしている役割の重要性と個人としての権利について社会的理解と認識を深めることと、ケアラーが公的ケアサービスにおいてパートナーとしてかかわることを保証することの2点が施策化の方向として明示されている。予算として社会的理解と認識の強化に関しては2010年度より二年間にわたり160万豪ドルの支出が計画されている。

第二重点領域である情報とアクセスでは、施策化の方向としてケアラーが最新にして必要な情報にアクセスできるよう、地域におけるケアラー支援の中核組織であるケアリンク・センターとケアラー・レスパイト・センターの情報提供機能を強化

すること、また、ヤング・ケアラーに対してはヤング・ケアラー・レスパイトと情報サービスのプログラムの活用が具体的に示されている。

第三に、経済的安定では、賃労働への参加を検討しやすいよう支援することで向こう4年間にケアラー補助（Carer Supplement）として290万豪ドルの支出予定であること、および、所得補償制度であるケアラー報酬（Carer Payment）、ケアラー手当（Carer Allowance）、ケアラー補助、障害児援助報酬、ケアラー調整報酬に毎年度、50億豪ドルの支給予定であることや、各制度の増額が提示されている。

四番目の重点領域であるケアラーへのサービスに関しては、ケアラーの個別事情に対応したサービス提供の施策化を進め、例えば高齢者のケアラーに対してはレスパイト用に向こう4年間で9億8900万豪ドルの支出、障害者のケアラーにはレスパイト用小規模施設の整備を含めレスパイト全体として6000万豪ドル、精神保健関係のレスパイトに向こう2年間で1億9700万豪ドル、自閉症児と家族に2億2000万豪ドル、等々。また、今後の政策立案、プログラム策定、サービス提供の基礎となるデータ整備も施策化の方向とされている。

第五重点領域である教育とトレーニングでは、ケアラーが関連技術と知識を修得できるようその機会の提供と、就学中のケアラーが教育を継続して受けられためにさまざまなトレーニングの機会に参加できるようにすることである。ヤング・ケアラーが中等教育や職業訓練を中退せず完了できるよう、また、すでに中退している場合は復学に向けて、学校や教師、教育委員会などの理解と協働の必要性が指摘されている。

最後のケアラーの健康と安定した社会生活に関しては、ケア

ラーが身体的健康、情緒的安定を保ち、自身の社会生活を維持するためにストレス管理や対処方法を身につけられるよう支援することが施策化の方向とされる。

5 ケアラーの現状[6]

オーストラリア政府によると、2009年時点で総人口の12％にあたる260万人が障害のある人あるいは高齢の人のケアラーである。このうち約29.7％にあたる771,000人が主ケアラーである。図2は主ケアラーを性別、年齢区分別に表したものだが、全体の三分の二が女性、年齢では65歳以上が25％を占め、15歳から24歳の年齢層も3％となっている。

また、ケアを受けている人との関係を、配偶者/パートナー、息子あるいは娘、親、その他の親族あるいは友人の4点から主ケアラーの年齢集団別にグラフにしたものが図3である。

特徴を見ると、15歳から24歳の集団では息子・娘が親を

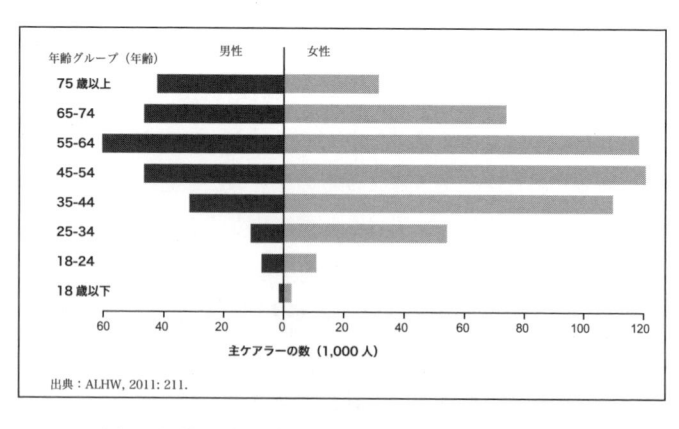

出典：ALHW, 2011: 211.

図2　年齢・性別による主ケアラーの推定数、2009

第8章 オーストラリアのケアラー支援政策の現状 (木下)

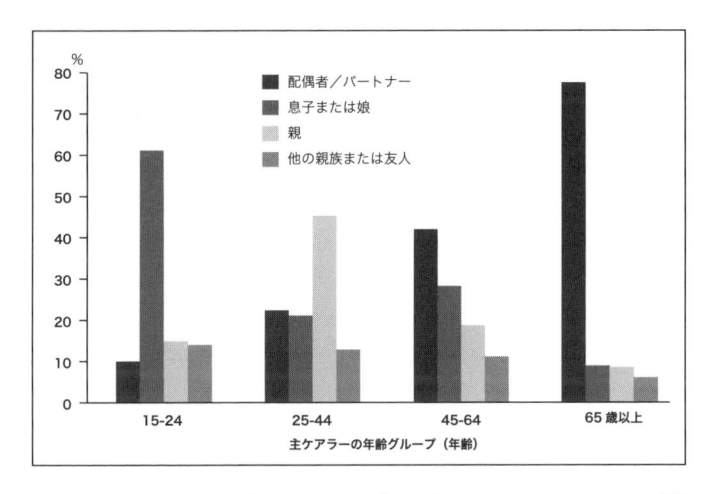

[図: 主ケアラーの年齢グループ別の棒グラフ。凡例: 配偶者/パートナー、息子または娘、親、他の親族または友人。15-24歳、25-44歳、45-64歳、65歳以上の区分]

図3 主ケアラーの年齢からみた、要ケア者に対する主ケアラーの関係性2009(%)

ケアしているパターンが61%である。25歳から44歳では親が子供をケアしているパターンが多い(45%)。45歳から64歳になると配偶者/パートナーが42%と最も多く、次いで息子・娘のケア、次に老親のケアの順になっており、この年齢層が人数的にも最も多く、ライフステージ的に配偶者、子ども、老親のすべてが対象となっている点が特徴的である。一方、65歳以上のグループでは、圧倒的多数の77%が配偶者/パートナーをケアしている。なお、65歳以上の主ケアラー(195,900人)のうち約7%が成人子をケアしているが、これは障害のある子どもを長期間ケアしているためでケアラーである親の高齢化が進んでいる。

ヤング・ケアラーに関しては、2009年時点で25歳未満のケアラーは304,800人であったが、このうちの8%が主ケアラーであった。ヤング・ケアラーはひとり親家庭の場合が多く、ケ

アの期間も長期にわたる傾向が指摘されている。同時に、ヤング・ケアラーは依然として隠れた存在で、統計上の数は実態を反映していないと言われている。

ケアの負担を時間数でみると、主ケアラーの53％が週に少なくとも20時間以上で、40時間以上が35％もいる。また、主ケアラーの三分の一は少なくとも10年間ケアを担っている。

6　ケアラーへの金銭補助制度

ケアラーに直接金銭を支給する制度は従来ケアラー報酬(Carer Payment：以前はケアラー年金、Carer Pensionと呼ばれていた)と、ケアラー手当（Carer Allowance)の二種類であったが、現在はこれに障害のある子どもをケアしている場合の障害児支援報酬(Child Disability Assistance Payment)と、ケアラー補助(Carer Supplement)が加算支給として導入されているから、全部で4種類となっている。ただ、主力はケアラー報酬とケアラー手当である。

ケアラー報酬は、ケアを担っているために安定的な就労が困難であったり、著しく制約を受ける状態にあるケアラーのなかで16歳以上の人に支給されるもので、資産調査の対象である。受給者は自動的に年金受給者割引カードももらえ、一部の保健医療サービスや医薬品などを含め広範囲の割引特典を受けることができる。ケアラー報酬として、2009年度実績で連邦政府は23億豪ドルを支出している。

ケアラー報酬は成人の場合と子どもの場合に分けられており、前者では、ケアされている人が成人障害アセスメント・ツールを用いたアセスメントを受け、日常生活動作に著しい障

害のあることを認定されなくてはならない。ケアラー報酬の受給者は2010年時点において約17万人で、その92％は成人をケアーしている人たちである。さらにその中の半数は配偶者／パートナーをケアしている。

支給額は高齢者年金に連動しており（木下、2007）、2013年度では単身者で二週間[7]当たり733.70豪ドル、夫婦の場合、入院や施設入所などのため別居ひとり生活であれば553.10豪ドル／二週間、二人一緒の生活で1106.20豪ドル／同である。

次にケアラー手当であるが、16歳以下の子どもをケアしている場合、115.40豪ドル／二週間、16歳以上の場合は115.40豪ドル／同であり、この手当には資産調査は必要なく、非課税である。

障害児支援報酬は16歳以下の子供のケアをしているケアラー手当受給者に対して、年額1000豪ドルを一括支給するもので、セラピー代や必要な物品の購入を支援するものである。

ケアラー補助は2009年度から導入され、ケアラー手当、ケアラー報酬等の受給者をさらに支援するために年額600豪ドルを一括支給するものである。補助の補助という性格のものである。

7　地域のケアラー支援の現状と課題
――メトロポリタン・メルボルン――

次に、実際のケアラー支援のサービスについて、メルボルンを例に説明する。図4のように、ビクトリア州は9つのサービスエリアに区分され、そのうちの4エリアはメトロポリタン・メルボルンである。東西南北に分かれているが、それぞれにケ

第2部　ケアラー支援の先進事例

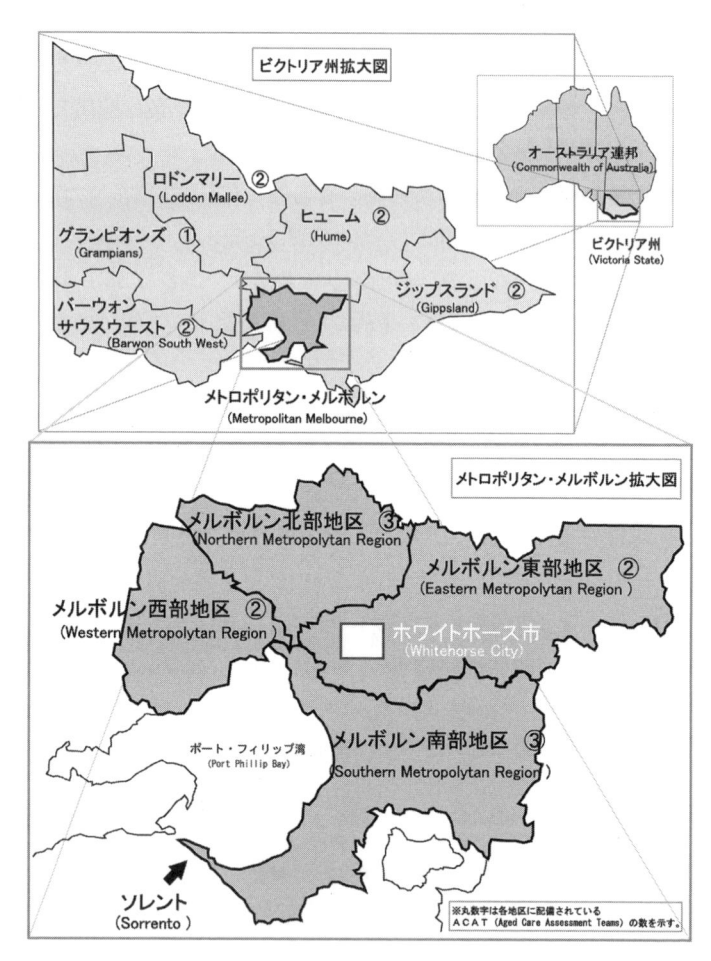

図4　メルボルンのサービスエリア区分

アラー・レスパイト・センターとケアリンク・センターがセットで配置されている。ここではこのうち南地区を中心に取り上げ、東地区、西地区の情報を加える[8]。これらのセンターは同じ事業を受託していても規模が異なったり、異なる事業を受託していることも一般的で、さらには、例えば施設レスパイト用のベッド数確保で独自の方式を用いている場合のように多様である。

南地区のセンター（正式名称 Commonwealth Respite and Carelink Centre, Southern Region）は、ケアラー支援活動だけでなく同じ敷地内に高ケア施設（ナーシングホーム）と低ケア施設（ホステル）、それに認知症専用施設があり、病院経営を主体とする同一法人の一部となっている。1988年にケアラー支援のパイロット・プロジェクトとしてビクトリア州の補助で高齢者ケアの枠組みで開始されたが、その先駆的センターのひとつとして活動が始まる。12年前4名のスタッフでスタートしたが、現在ではレスパイトとケアリンクの両センターで94名の体制である。当初はケアラー・レスパイト・センターのみで始まったが、2005年からケアリンク・センター事業も受託し統合的サービス体制となる。なお、南地区は担当エリアが広いだけでなく、低所得者が多い地域、障害者が多い地域、障害のあるひとり親家庭も多いなど複雑な地域特性を抱えていることもあり、エリア内に4つの支所をおいている。

ケアリンク・センターの活動は、住民からの相談対応と情報提供である。全国統一の無料電話番号が利用され、住民はどこからでもこの番号にかけることができる。ただし、レスパイトやそれ以外のサービスが受けられるのは居住しているサービスエリア内に限定される。他州、他のエリアからの電話の場合、

全国54ヶ所のうち該当するエリアのセンターに転送される。あらゆる質問、問い合わせに一つの電話番号で対応するシステムになっているので、住民には便利である。南地区全体で月平均約1,200通の電話がある。受付時間は通常は9時から17時だが、緊急にレスパイトが必要な場合は24時間受け付けている。電話対応にはソーシャルワーカー、カウンセラー、心理学専攻スタッフの3名が当たっており、このうちの二人は修士課程を修了している。電話での内容は多岐にわたり深刻な場合もあるので、最初の受付段階で的確な状況把握と担当部門への連絡が重要となるだけでなく、ストレス状態にある人へのカウンセリング対応も行われている。レスパイト・サービスの必要性は、短期（通常3か月から6か月）か、あるいは緊急かどうかで判断される。3か月に一度はすべての電話相談をチェックしている。ケアリンク・センター部門で年間50万豪ドルの補助事業である。

電話だけでなく、ウェブサイトを一般ケアラーと障害者のケアラーに分けて二つ開いており、最近ではウェブでの問い合わせも増えている。

障害者のケアラーでは継続してレスパイトを受けられる場合があるが、高齢者ではケアラーは年間63日分が上限とされ、利用時の自己負担はある。

レスパイトの相談は家族からがほぼ半分、残りは地域開業医であるGP、アセスメントを担当するACAT、サービス提供をしている事業者、高齢者や障害者のケアマネジメントの担当者、そして増加傾向にあるのが退院予定者についての病院からの連絡である。つまり、当事者以外は、ケアラーの状態についての情報を得る立場にある専門職や、ケアラーの有無を確認し

たい医療機関などからの連絡である。ヤング・ケアラーの場合には学校からの連絡だけでなく在宅サービスの事業者が入っていれば問題に気付いた事業者からの連絡がくる。

ケアラー・レスパイト・センターは、担当別に高齢者チーム、認知症チーム、障害者チームに分かれている。レスパイトの判断にあたっては個別訪問と面接によるアセスメントを行っている。補助金は、認知症を含め高齢者関係は保健・高齢省、家族などはFaCHSIA省(ファクシア)（家族・コミュニティ・住宅・先住民関係：Family, Housing, Community Service and Ingenious Affairs）、精神保健関係、障害者関係の部局などから出ており、それぞれに入札により個別に獲得していくことになる。各補助事業は事務経費とサービス経費からなるが、基本は一人当たり定額に人数枠をかけたものが事業規模になり、大小いろいろである。東地区のセンターでは12本の受託事業で運営している。センターの事業規模は受託事業の合計となるから、応募可能な募集があれば年度の途中であっても入札に参加することになる。契約期間は3年間でその都度公開入札となるが、継続となる場合がほとんどで事業者が変更となるのは例外的である。メルボルンでは東エリアで入札の結果、現在のキリスト教法人であるUniting Churchが落札している。これは、ケアリンクにせよケアラー・レスパイトにせよ担当エリアの住民・利用者情報、関連事業者情報などについて広範囲に相当詳しい情報や知識が必要となるからで、3年間の実績があればかなりの蓄積となる。したがって、よほどのことがない限り継続性が期待されるからである。

レスパイト・センターが行うのはケアラーのニーズに応じてサービスを購入するマネジメントだけで実際のサービスを独自

に提供するわけではない。したがって、施設利用のためのベッド確保から在宅レスパイト（in-house respite）、日中だけのディ・レスパイト、あるいは日中の一定時間だけの対応など、多様な事業者を確保していなくてはならない。南区のこのセンターはエリア全体でケア施設に常時30床を認知症対応、夫婦同時利用可能など発生する事情に対応できるよう数だけでなくタイプ別に準備している。一方、西地区のセンターはその都度施設と交渉するスタイルでベッドの常時確保はしていない。それぞれの利用者実績とコストの兼ね合いで対応は分かれる。

　施設レスパイトに比べ在宅になると個別事情への対応となるからさまざまな事業者を確保しておかなければならない。南エリア全体を担当するこのセンターでは、500以上のサービス事業者と契約している。この背景には、一部の障害者の場合を除きレスパイト・サービスが継続保障されるのではなく－このタイプは on-going case と呼ばれる－、ほとんどは3か月から6か月、あるいは、それよりも短期間であることと、計画的利用だけでなく緊急時対応－こちらは episodic case と呼ばれる－が増加しているという事情がある。もっともケアを受けている人の状態は変化するからレスパイト・サービスの必要性も一定ではなく、期間の設定に当たってはサービス開始時点での問題が改善されるまでの時間的長さが考慮される。認知症であれば6か月で大きな変化があるかもしれないし、障害児では就学開始の時期あるいは学校が休みの時期などにケアラーの必要性が集中しやすいし、また、高齢者ではディサービスが休止される12月にレスパイトの希望が集中する。施設入所待機中に状態が悪化しその結果ケアラーが消耗することもあり、短期レスパイトを繰り返すなどの緊急的対応となる場合もある。一方、レ

スパイトではないが死別悲嘆のカウンセリングなどのように必要な時期がはっきりしているものもある。

 次の例は、ケアラー支援の必要性が突発的に生じた場合である。ケアリンク・センターにエリア内の病院の医療相談室から電話が入り、救急車で搬送された高齢男性によると自分は自宅で認知症の妻の介護をしていたので妻が家に一人残された状態なのでセンターから様子をみに行ってもらいたいという連絡があった。男性は3日ほど入院予定なので、この間在宅レスパイトか施設レスパイトが必要となる。しかもたまたま金曜の午後だったため派遣できる人の確保がむずかしいというタイミングであっても、センターは対応しなくてはならない。自分のセンターで対応できなければ近接の他のセンターで対応してもらう。

 ところで、ケアラーへの個別支援内容は、ニーズだけから決められるのではなく重要なもう一つの条件との関係で判断されることになる。予算の執行状況との兼ね合いである。複数の補助事業を受けている中で、ケアマネジメントを担当するスタッフはそれぞれに裁量できる予算額をもっている。例えば、南地区のこのセンターで高齢者のケアラー・サポートであれば年間裁量額は25,000から30,000豪ドルくらいである。しかし、予算超過はセンターの持ち出しになるから絶対避けなくてはならず、担当者レベルでは毎月執行状況を報告、確認している。さらに受託事業別およびセンター全体としての予算管理が定期的に行われ、母体の法人や団体には財務担当責任者がおかれ全体を統括している。

 ただ、実際には柔軟な対応も認められており、連邦政府補助額と州政府補助額の総額内での転用的やりくりはある程度認め

られている。また、レスパイト・センター間での相互協力が必要となるため協議会を設置し担当スタッフのネットワークが形成されている。

8　ケアラー資源センター(Carers Resource Centre)

この組織は1997年高齢者ケア構造改革で各州に一か所設置され、一般住民へのケアラーについての意識啓発活動やケアラーのセルフヘルプ活動の支援、個別カウンセリング、図書資料の整備を行うコミュニティ組織である。これらに加え、近年ではケアラーの位置づけが横断的になってきたことも受け、ケアラー全体の利益を代表する団体として連邦政府、州政府へのロビー活動が強化されている。選挙の時、予算編成の時期には具体的提言を文書で発表している。ビクトリア州では「ビクトリア州ケアラー協会（Carers Victoria）」という民間団体がその指定を受けている。ケアラー資源センターが導入される以前からケアラー支援の活動をしていた実績をもつ団体である。1994年にはスタッフが3名であったが、現在ではフルタイム換算で80名の体制になっている。ただ、ビクトリア州ケアラー協会はケアラー資源センターでありながら、メルボルン西地区のケアラー・レスパイト・センターとケアリンク・センターの運営も受託しており、この職員数にはセンター関係も含まれている。資源センターがケアラー支援の現業部門も運営するというのは全国的にみても非常にユニークなことで、ここだけと思われる。

当初は高齢者のケアラー支援として始まったが、政策拡大を受けて障害、精神保健、慢性疾患のある人や、緩和ケアやがん

患者など、ケアラーの対象範囲も拡大した活動にかわってきている。この点はヒアリングにおいて強調され、責任者レベルでの現在の認識状況をうかがうことができる。

　興味深い活動としては、ケアラー向け情報をコンパクトにまとめたもの（ケアラー支援キット）を無料で配布しており、ストレスを癒すカセットテープなども含まれている。これらは16の言語で用意されている。また、サービス提供事業者や行政向け、そして、一般向けの研修や教育活動の一環としてケアラーの経験を広く理解してもらうため"スピーカーズ・バンク（speakers bank: 講演者バンク）"を組織し、ケアラー経験終了者だけでなく継続中の人をボランティアとして登録している。100名以上が登録されており、学校や市民団体、宗教団体などから講演の依頼があったときに希望内容に応じて登録者を派遣する。当事者の語りは説得力があり多くの人々の関心を集めるので、テレビ、ラジオ、新聞などマスメディア対応にも力点をおき、話の構成、質問への対応の仕方など事前に資源センターのスタッフが助言し、同行することもある。

9　まとめ

　オーストラリアのケアラー支援の最大の特徴は、長年にわたるケアラー支援の実績と経験をもとに、現在、ケアラー貢献認識法を基盤に支援サービス提供のためのセンターを地域レベルに配置し、全国規模でネットワーク化しているところにある。高齢者ケア領域から本格着手されたケアラー支援の実績と発展をよりどころに、領域別に行われていた障害者ケアのケアラー支援を組み込み、さらに健康問題を抱える人たちやヤング・ケ

アラーまでを含む、包括的、一般的な支援のモデルを形成しつつある。ケアラーの概念の柔軟性、包括性はケアラー支援においては必然的と言える。

オーストラリアは地域在宅生活を支える強力な戦力としてケアラーの存在を認め、その支援のアジェンダ化を達成し、本格的実施体制に進んでいる。

付記：本章は「オーストラリアのケアラー（介護者）支援」の論文名で、『海外社会保障研究』no.184 , pp. 57-70, Autumn, 2013に掲載されたものに一部加筆したものである。

文献リスト

AIHW, 2011　　Australia's Welfare 2011, Australian Institute of Health and Welfare, Canbera

Australian Government　2011　National Carer Strategy, Commonwealth of Australia, Canbera

木下康仁　2007　改革進むオーストラリアの高齢者ケア、東信堂

注
1) 詳しくは、木下（2007）、とくに第二章を参照のこと。
2) やや煩雑になるが、重要な固有名称は英語で理解しておくのが有効であるため本稿では日本語訳名と併記する。
3) HACCは高齢者だけでなく若年障害者も対象とするが、現在、連邦政府は州政府が行ってきたHACCの高齢者部門を州から切り離し連邦政府に一元化する政策を進めている。ビクトリア州と西オーストラリア州以外はその方向に進んでいる。(2010年9月8日、ビクトリア州政府でのヒアリングによる)。
4) アセスメントの結果、高ケア相当（ナーシングホーム入所相当）と判定された高齢者を対象とする在宅生活サービスパッケージである EACH (Extended Aged Care at Home)、そのうち認知症者の場合のEACH-D (Dementia)、一方、低ケア相当（ホステル入所相当）と判定された場合のCACP (Community Aged Care Pack-

age) などで、ケースマネジメントと定額請負方式 (brokerage) 人気が高く拡充されてきている。それぞれの補助金額は基本的に同レベルの施設入所者と同額である。
5) 　ケアラーの貢献を認める法律は基本的にすべての州で制定されている。なお、連邦政府や他州に先行し西オーストラリア州では2004年に立法化され、1995年のイギリス (UK) に次いで世界で二番目と言われている。
6) 　Chapter 7 (Informal carers)、AIHW, 2011を参照。
7) 　二週間はオーストラリアの一般的な支給期間の単位で、給与、年金、家賃などの適用されている。
8) 　メルボルンにおけるフィールド調査は2009年度と2010年度に実施した。

終章　ケアラー学に向けて

木下　康仁

1　ケアラー学への視点

　本書では、日常生活に困難を抱える人々をインフォーマルな立場でさまざまに支援する人々をケアラーと総称し、そうした人々の多様な経験的世界、支援プログラムの実態と課題、ケアラーの貢献認識に基づく施策化の先進事例などを検討してきた。現在の日本において、家族介護者の代わりに、友人や身近な他者を含めた包括的概念としてケアラーを提起する理由は、介護や養育における家族の役割を自明視し、社会規範として強化し続け、その前提で社会保障サービスが議論され提供されていくという枠組みを相対化するためである。現実には家族の果たしている役割が大きな比重を占めているから、家族介護者とケアラーはかなりの部分重なる。しかし、強調したいのは重なる部分ではなく、重ならない部分の方である。例えわずかであってもその部分への着目は、現在直面しているミクロからマクロまでの課題に対して取り組む方向性を提供するからである。

　こうした立場にたつと、ケアラーの経験は特定の状況におかれた人々の特別のものではなく、誰もが人生のさまざまな局面で経験するものとして一般化することができる。ここから二つ

終章 ケアラー学に向けて （木下）

の視点が導かれる。ひとつはライフスタイルとケアラー経験の関係であり、もうひとつはライフサイクルあるいはライフステージとケアラー経験の関係である。前者は、誰もが誰かをいつかはケアすること、また、誰もが誰かにいつかはケアされることを指し、ケアの相互的、互換的関係性を浮上させる。公的サービスの利用を前提とするから、逆にこうしたインフォーマルな関係性を焦点化する必要がある。他方、後者は子どもや高齢者など社会通念的にケアされる側と思われている人たちが、親や幼いきょうだい、あるいは高齢の配偶者をケアしているという両義性を指す。英国やオーストラリアで"発見"されてきたヤングケアラーの存在や、我が国で当然のごとく使われている老々介護の現実を思い浮かべればわかりやすいであろう。ヤングケアラーにしても高齢ケアラーにしても、自分のことで精いっぱいになりやすい人生段階にありながら、他者のケアや日常生活のための役割を果たしている。境界の理解がカギとなるのだが、家族の関係ではこうしたことは自然でもあり不自然でもある。その見極めに、ケアラーの概念が重要となる。

　要するに、これらの視点を導入するにはさらに前提とすべき認識が必要であり、介護にしても養育にしてもケアラーは現在では一定の公的サービスを利用しているということ、そしてもう一方では、ケアラーとはインフォーマルな専従的存在ではなくライフスタイルにおいても、ライフサイクルにおいても自分自身の人生を生きる存在でもあるということである。現実には家族関係にある者が過重な負担を担っているので支援のための公的サービスの拡充が求められていて、それはその通りであるのだが、なぜ拡充の必要があるのかという根拠部分に関してケアラーの視点を導入することで、単に負担過重のレベルだけで

はなく、より根底的な論点を提示できるのである。この点が後述する、ケアラーの果たしている"貢献"の認識の仕方に関わる問題である。ケアラーの視点に立脚した問題設定が急務となっているのは、介護保険にみられるように家族の中の介護・養育者は公的サービスの枠組みに組み込まれ、もっとも身近に存在しているのに不可視化されがちになっているからである。インフォーマルな専従的存在という表現の意味である。提供されるサービスの不足分を暗黙のうちに補うことを期待され、状況的に介護者化のスパイラルに引き込まれかねない。家族規範が強かったかつてとは別の構造の中で家族介護・養育者は不可視化されやすいのであり、介護保険施行15年を迎え、介護の社会化の意味を制度創設期とは異なる視点、すなわち、理念よりも現実の評価の観点から議論すべき時に来ている。

　身近な他者との関係性とは親密性に象徴されるように双方の人生を豊かにするという面と、犠牲と抑圧を強いる面とを特徴とすると考えられ、ケアの関係要素が追加されるとこの関係は非常に微妙なものとなりやすい。過重な負担を担いながらもケアに積極的な意味を見出してもいることもよく知られているが、関係性の境界があいまいになり状況的な一体感が支配的となりやすい。ケアラーの視点はこの境界の意識化、少なくとも境界があることを確認しやすくする。

　以上をまとめると、ケアラーという新たな視点の導入により歴史的というと誇張と思われるかもしれないが、少なくとも時代状況、社会状況的に新たな局面を拓けるのではないかという主張である。少子高齢化、形態や相互扶助機能における家族の縮小化、ライフスタイルの個人化、地域社会の弱体化、公的社会保障制度の持続困難性等々に直面する今日の社会において、

当事者の日常生活に関わるミクロなレベルから、地域社会や中間組織のメゾレベル、そして社会制度や社会そのものの在り方に関わるマクロレベルまで通底する視点としてケアラーは戦略的である。なぜなら、これらの個々に関してはすでに言語状況は飽和化しているからであり、ケアラーをライフスタイルとライフサイクルとの関連で位置づけることにより、現行制度では高齢者、障害児者、精神保健、子育て、地域医療など分断されそれぞれの枠内で従属的位置づけとされているケアラーを、固有の独立した存在として認識し、制度横断的に位置づけなおすことにつながるからである。あるいは、現在推進されている地域包括ケアがシステムとして機能するためには、包括的概念であるケアラーを強力に組み込むことが必要である。社会政策的には、ポスト福祉国家的課題、あるいは福祉社会の成熟化への課題とみることもできる。

2　本書での検討から

　第1部では多様なケアラー体験を理論モデルの形で提示した。第1章は、老夫がケアの意味づけを妻との関係から更新しながら、危ういバランスの中で日常を維持している実態を理論モデルとして提示した。第2章は、中山間地という環境特性とそこで一生を生きてきた夫婦の一体的関係から、介護状況における個人の意識よりは与件としての一体性（夫婦の来歴）の重要性を明らかにし、モデルを提示した。
　第3章は、若年認知症の夫をケアする妻の立場から、原因が分からないまま日常生活の中でさまざまな問題に対処し始め、やがて重度化していく中で、生活態勢の継続的再編成とアイデ

ンティティの継続的再編成の相互的プロセスを明らかにした。診断の確定と当事者の集まりである家族の会への参加が、このプロセスにおいて重要な意味を持つことを示した。

　第4章は、重度心身障碍児の母親を対象にトータルコミットメントの意識状況から自身の人生を模索しようとする姿を記述的に示した。自分の人生を希求するのは、重度障碍児をもったことに対する自身の責任感と母親役割の規範圧力を内面化してそれに応えようと努力してきたからこその希求であった。フルタイムの職業に就けるか否かという問いに、母親であることとケアラーであることの関係が凝縮されていた。

　第5章は、子育ての困難性に焦点をおき、行き詰るプロセスとほっとするプロセスの関係を理論化した。この関係が一方向のものではなく反復しながら、安定した受け止め方が形成されるプロセスを明らかにし、さらにモデルの実践的活用に向けた調査にまで進んでいる。第4章と重なるが、「子どものため」というあらゆる関心方向が、周囲だけでなく母親自身も含め、ひとりの人間としての母親の存在が意識化されにくい構造を明らかにしている。母子分離サービスの欠如という概念も提起されており、本質をついている。

　第6章は、コンパニオン・アニマル（ペット）飼育について開始段階から要介護・終末期までの全プロセスにわたってケアラーとしての飼育者の行動をモデル化した。家庭ケア中心のケア体制と呼ぶ概念を中核に、ペット（イヌ・ネコ）の状態の変化に応じて家族が分担によるケア体制を再編しながら対応していくプロセスが説明された。ライフスタイルとケアラー経験の関係でみれば、ペットの存在は人々の日常生活にまで浸透している。

終章　ケアラー学に向けて　(木下)

　第2部を構成する二つの章は、イギリスにおけるケアラーのエンパワーメントを目的とする具体的なプログラムとオーストラリアにおけるケアラー支援の政策の体系性と施策化の詳細を論じた。第7章で取り上げた Caring with Confidence のプログラムは困難な日常にあるケアラーを対象に、その現実の中から少しずつエンパワーしていけるように周到に配慮された内容で、ケアラー支援の主力サービスであるレスパイト・サービスに代表される負担軽減策と並立する、もうひとつの支援アプローチとして注目される。

　そして第8章は、ケアラー支援を現時点でもっとも精力的に展開している国としてオーストラリアの試みを論じた。ミクロ (当事者としてのケアラーへの日常的支援) ―メゾ (民間非営利団体・地域社会・地方自治体) ―マクロ (連邦政府主導の制度枠組みと施策) の各レベルによって全体が体系的に組み立てられ、ケアラー支援に関する総合的モデルとして位置づけられる。

　日本にとってオーストラリアが参考になるのは、ケアラー支援についての総合性と体系性である。よく知られている「自助―共助―公助」の考え方をケアラーの支援について具体化したものと理解することができる。ケアサービスの対象者だけでなく、ケアラーも支援の対象としている点でこの概念枠組みを二重化でき、さらに両者の関係を検討できる。なぜなら、ケアラーを要ケア者に対して従属的位置づけとし不可視化するのではなくケアラー自身を支援の対象者と設定することで二本立ての枠組み論が自然に導けるのである。

　次節とも関連するが、この点を明確にするために英国やオーストラリアではケアラーの貢献をケアラー支援法の根幹におき、レスパイトなどのサービスとともに、ケアラー自身がアセ

スメントを受ける権利を保障している。仮に要ケア者が反対しても、ケアラーはアセスメントを受けられる。ただ、現状ではアセスメントは受けられるもののその結果によりその個人に具体的なサービスが提供されるわけではなく、ケアラー支援の包括的サービスに接続されるという制約はあるが、支援の方向性は確立されている。しかし、ケアラーを独立した存在として公的に位置づける上でアセスメントを受ける権利を認めることには、それ自体もさることながらシンボリックな意味も非常に大きい。

3　ケアラーの貢献認識 (recognition) をめぐる問題

　家族が自発的に相互に助け合うことは家族の定義と重なるほど基本的なことであり、どの国においても価値ある行為とされているが、第二部で見た英国やオーストラリアであってもケアラー支援については社会意識の啓発活動が継続されてきた歴史がある。伝統的に自明とされてきたため政策的アジェンダとして設定するためには意識の変革が必要だったのであり、住民への意識啓発だけでなく政治家へのロビー活動が活発に行われてきた。この役割を担ってきたのは民間非営利団体が多く立法化や施策化以前から、というよりもそれを目標にした長い活動歴をもっている。ケアラー支援の民間団体はEU圏やそれ以外の国々にも設立されており、相互の連携活動もみられるようになってきている。日本でも一般社団法人日本ケアラー連盟 (http://carersjapan.com/index.html) が2011年に設立され、精力的に活動している。

　オーストラリアの例からも分かるように、ケアラー支援の体

系的な展開のためにはケアラー貢献認識法のような基本法の制定が必要である。英国やオーストラリアは連邦政府だけでなく各州においても立法化されている。ケアラーをどのように位置づけ、その支援がなぜ必要であるのかの国家の意思を示すものだからである。日本ケアラー連盟は独自に市民版としての法律案を作成し公表している。

　介護保険に限ってみても、日本では2015年改正においてもケアラー支援は、家族介護支援事業なる名称により市町村が行う地域支援事業の中の任意事業となっており、この点は今回の改正以前と変わらない。ケアラーの表現はまだ公的に認知されてもおらず、どこまでも家族介護者という位置づけである。施設利用の要介護度を上げ、介護予防事業を市町村の事業として移管し、地域包括センターの機能強化などによる地域支援事業の拡充という改正の方向性の中で、家族介護支援がどの程度の位置づけとなっているかは一目瞭然であり、仮にこの比重バランスが適切であるとするならば家族介護者の果たす役割を軽視できるほど本体の介護サービスが充実している場合だけであろう。しかし、実際には家族の果たしている役割は拡大し、その内容も過重化している。巨大な自然増の圧力のもとで社会保険制度の持続のためにない袖はふれないという現実制約論が根底にあると言えよう。そして、この立場は社会一般においてもさほどの違和感はもたれていないようである。家族介護者の負担が過重にならないように支援することは共有されていても、家族の役割として当然視されると支援の必要性は全体状況の中ではどこまでも相対化されていくであろう。文化規範として家族のあるべき姿とされているし、民法の相互扶助規定もある現状では、寝た子は起こさずという政策意図がうかがえる。

ただ、注目すべき動向として、近年国民生活にとって深刻な問題への対処の方向性が、超党派の議員立法の形で具体化してきていることである。2013年に制定されたいじめ防止対策推進法（2015年4月1日施行）、同じく2013年制定の子どもの貧困対策推進法（2014年1月17日施行）、そして、2014年制定の過労死等防止対策推進法（2014年11月1日施行）であり、具体的な施策よりも基本理念と責任主体を規定する内容であるが、今後の取り組みの基盤となるものであり、その意義の大きさは言を俟たない。むろんこの背景には関係者の並々ならぬ活動があったのであるが、ケアラー支援に関しても方向性は示されていると言える。先に言及した日本ケアラー連盟が公表している法律案はここに位置づけられるものである。

　ここで課題となるのは、ケアラー支援の根拠となるケアラーの果たしている役割についての一義的規定である。英語圏ではrecognitionという単語が用いられており、一般的な意味としては認識とか認めることという意味になる。ただ、この言葉には肯定的に評価する、感謝するといった価値的なニュアンスがある。これが法律名になるということは、ケアラーの貢献をどのように位置づけるかという問題となり、単に尊いこと、敬意を表すべきことという以上の政策課題として承認するための明確な意味が求められる。それはreplacement cost（代替コスト）と表現されている。つまり、本来は政府の責任で行うべきことをケアラーは自発的に行っているのであり、その結果公的支出の増加を抑制できているという論理である。これが政策的な貢献認識であり、政治家や行政府へのロビー活動はこの点を強調している。

　日本においても、少なくとも介護保険法の次回の改正時には

主たるケアラーがアセスメントを受けられるようにすべきである。ケアラーとしての貢献を示すことになると同時に、ケアラーの実際の心身状態を当事者および要介護者を含めた関係者が的確に把握することになるので、支援の必要性と内容について現実的、具体的な検討できるようになる。

4 ケアラーの現象特性と支援モデルの根幹

さて、この節ではケアラー支援の理念や制度政策の議論とは別の角度から当事者としてのケアラーの経験的世界とその共通特性を考えてみたい。ケアラー体験のエッセンス、根幹とは何であろうか。そこは当然、どのような形であれ支援が最も重要な意味をもって接続する戦略的部分でもある。第一部で用いた研究法 M-GTA は、データに密着した分析から独自の理論モデルを生成する質的研究法であり、理論化を進める上で重要な方法的概念として「現象特性」が組み込まれている。分析焦点者からみたときの当該現象を特徴づける"うごき"とは何であるかであり、したがって上記の問いは、ケアラーにおける現象特性とは何かと置き換えることができる。

本書から、それはケア対象者の「そばに一緒にいる」対「離れる」の構図と理解できよう。ケアラーは見守りのような比較的軽度の支援から夜間の体位交換や日常生活動作(ADL)の重介護までさまざまな内容と程度でケアしているのだが、それは、夫婦、親子といった両者の関係性に基づき共同の日常生活の延長線上で行われているのであり、さらに生活環境との相互作用も影響している。こうした多様性が認められるが、基本的特性は一緒にそばにいることが求められるという点にある。そ

の一方で日常生活上の必要や自身にとっての必要性のために「離れる」ことも迫られる。このバランスをいかにとるか、とれるかが現実的には切実な問題となる。

　ここで、状態、行為、存在から考えると問題が何かを理解しやすい。「そばに一緒にいる／離れる」というのは状態であり、一方、多様な具体的なケアは行為である。家族介護者とは公的サービスの利用を前提としても依然として、状態と行為の一体視により専従的存在として価値的にも現実的にも構成されている。ケアラーの概念は柔軟で包括的な意味範囲により、積極的意味づけにせよ、必要に迫られる形にせよ、存在と呼ぶのがふさわしいほど固定化される家族介護者を相対化、可視化することをうながす。つまり、存在としてではなく、状態と行為に分離し、そのバランス関係で考えることができる。いうまでもなく、状態と行為はケアラーの場合だけでなく、公的サービスさらには主たるケアラー以外のケアラーの役割を含めて、「誰が」に加えて、「いつ、何を」機能的に関連付けて検討できる。

　したがって、「そばにいる／離れる」という状態の問題は、行為としていたことをサービスの利用により一時的にせよ対応可能となる。ケアラー支援の実践上の要点はここにあると断言してもよいだろう。状態を特に強調するのは、家族介護者自身が社会規範として深く内面化していることが多いためで、意識への働きかけも重要だが、状態を変えること、柔軟化することが現実的でもあるし意識の変化にもつながると考えられるからである。なぜなら、「そばにいる／離れる」は空間的な場合だけでなく心理的にも当てはまるのであり、一体の関係として受け止められているから距離が取れなくなる場合がある。献身と自己犠牲が作り出すヒロイックな関係のことで、気づかぬうちに介

終章 ケアラー学に向けて (木下)

護者化のスパイラルに陥りやすい。これは表裏の関係として、介護を受けている人をますます要介護者化していくことにもなり、双方にとって窮屈で逃げ場のない世界になりやすい。

　空間的に離れることには、関係距離の調整をうながしていく自然的な働きがある。ケアラーは、サービス提供者をはじめとするさまざまな人たちと相互作用をおこない、離れることが日常的に安定して経験できるようになると単なる気分転換だけでなく自分に立ち返って考える機会にもなる。ケアラー支援は、ケアラーが「離れる」ところから始まるのである。

　GTAはデータに密着した分析から独自の理論生成を行う質的研究法であるが、オリジナル版GTA (Glaser & Strauss, 1967=1996) において、グラウンデッド・セオリーは二種類で説明されており、ある特定の領域に関する具体理論(substantive theory)とそれらの比較検討から生成されるより抽象度の高いフォーマル理論(formal theory)とが提案されている。前者から後者への理論の発展方向が示されているのだが、50年近くの時間を経てGTAの普及、多様化の一方で、フォーマル理論化は限定的なままで現在では理念的意味合いが強くなっている。Substantive theoryは領域密着型理論として訳語が定着しているのだが、現状ではこれを2段階に分け、領域を絞った具体理論とそれよりも広い領域を対象とする場合の領域密着型理論に分けるのが有効である（木下、2014）。例えば、ケアラー支援に関しては、高齢夫婦間の場合、障碍児の場合、子育ての場合、さらにはコンパニオン・アニマルの場合などは具体理論と位置づけ、これらの共通特性から生成される理論をケアラーに関する領域密着型理論とするという提案であ

る。Substantive theory から一挙に formal theory と考えるのではなく、その間に中間的抽象度をもつ領域密着型理論をおく。本書の内容とは異なるが、もうひとつ例示すると、学生の実習に関して M-GTA を用いた研究が看護の場合、社会福祉士の場合、介護福祉士の場合、教育実習の場合などさまざまな個別領域で行われているのだが、個別の場合と実習教育として横断的にみる場合とが、ここでいう具体理論と領域密着型理論に対応する。少なくとも M-GTA による研究例をみると、この区分を導入することで理論の緻密さと抽象度による一般化範囲の拡大の両方が射程に捉えられ、目的に応じて分析結果を実践的に活用しやすくなる。

　本書のもとになった研究プロジェクトは計画段階においては個別研究からフォーマルなレベルまでの理論化が構想されていたが、検討過程において具体理論と領域密着型理論の方向がみえてきた。しかし、その場合であっても具体理論の蓄積は必要であり、領域密着型理論としての理論モデル化まではさらに継続が必要となった。そのため、第一部と第二部の議論からケアラー支援の現象特性について考察した。「そばに一緒にいる」対「離れる」の構図を、それぞれの章の内容と照らし合わせると固有の部分と共通の部分とが理解しやすいであろう。

参考文献

Glaser, Barney and Anselm Strauss, 1967, *The Discovery of Grounded Theory: Strategies for Qualitative Research.* New York: Aldine Publishing Company. (=1996, 後藤隆, 大出春江, 水野節夫訳『データ対話型理論の発見』新曜社.
木下　康仁　2014　グラウンデッド・セオリー論、弘文堂

編者・著者紹介

木下 康仁（きのした やすひと）　編者・はじめに・第1章・第7章・第8章・終章
　　立教大学社会学部教授

佐川 佳南枝（さがわ かなえ）　第2章
　　熊本保健科学大学保健科学部准教授

標 美奈子（しめぎ みなこ）　第3章
　　慶應義塾大学看護医療学部准教授

石井 由香理（いしい ゆかり）　第4章
　　日本学術振興会特別研究員

中川 薫（なかがわ かおる）　第4章
　　首都大学東京都市教養学部教授

山野 則子（やまの のりこ）　第5章
　　大阪府立大学地域保健学域教育福祉学類教授

小倉 啓子（おぐら けいこ）　第6章
　　ヤマザキ学園大学動物看護学部名誉教授

M-GTA モノグラフ・シリーズ—2

ケアラー支援の実践モデル―――――――――――――――――――

発　行 ――2015年10月15日　第1刷発行
　　　　――定価はカバーに表示
編　者 ――木下康仁
発行者 ――小林達也
発行所 ――ハーベスト社
　　　　〒188-0013　東京都西東京市向台町2-11-5
　　　　電話　042-467-6441
　　　　振替　00170-6-68127
　　　　http://www.harvest-sha.co.jp
印刷・製本　（株）平河工業社
落丁・乱丁本はお取りかえいたします。
Printed in Japan
ISBN4-46339-068-3 C1036
© KINOSHITA Yasuhito, 2015

本書の内容を無断で複写・複製・転訳載することは、著作者および出版者の権利を侵害することがございます。その場合には、あらかじめ小社に許諾を求めてください。
視覚障害などで活字のまま本書を活用できない人のために、非営利の場合にのみ「録音図書」「点字図書」「拡大複写」などの製作を認めます。その場合には、小社までご連絡ください。

M-GTA モノグラフシリーズ 1
M-GTA による生活場面面接研究の応用
実践・研究・教育をつなぐ理論
小嶋章吾・嶌末憲子著　四六判　本体 1800 円
M-GTA（修正版グラウンディッド・セオリー）の応用例を M-GTA 研究会の会員による研究成果で具体的に示すシリーズ。

質的社会研究新時代へ向けて
質的社会研究シリーズ　江原由美子・木下康仁・山崎敬一シリーズ編集

美貌の陥穽　第 2 版
セクシュアリティーのエスノメソドロジー　　　　　　　　　質的社会研究シリーズ1
山崎敬一著　A5 判　本体 2300 円　978-486339-012-6　09/10

セルフヘルプ・グループの自己物語論
アルコホリズムと死別体験を例に　　　　　　　　　　　　質的社会研究シリーズ2
伊藤智樹著　A5 判　本体 2600 円　978-486339-013-3　09/10

質的調査データの 2 次分析
イギリスの格差拡大プロセスの分析視角　質的社会研究シリーズ3
武田尚子著　A5 判　本体 2700 円　978-486339-014-0　09/10

性同一性障害のエスノグラフィ
性現象の社会学　　　　　　　　　　　　　　　　　　　　質的社会研究シリーズ4
鶴田幸恵著　A5 判　本体 2700 円　978-486339-015-7　09/10

性・メディア・風俗
週刊誌『アサヒ芸能』からみる風俗としての性　質的社会研究シリーズ5
景山佳代子著　A5 判 228 頁　本体 2400 円　9784863390249　10/08

軽度障害の社会学
「異化＆統合」をめざして　　　　　　　　　　　　　　　質的社会研究シリーズ6
秋風千恵著　A5 判　本体 2200 円　978-4863390409　13/03

路の上の仲間たち
野宿者支援・運動の社会誌　　　　　　　　　　　　　　　質的社会研究シリーズ7
山北輝裕著　A5 判　本体 2300 円　978-4863390591　14/11

子どものジェンダー構築
幼稚園・保育園のエスノグラフィ　　　　　　　　　　　　質的社会研究シリーズ8
藤田由美子著　A5 判　本体 2700 円　978-4863390683　15/10

ハーベスト社